权威·前沿·原创

皮书系列为
"十二五""十三五""十四五"时期国家重点出版物出版专项规划项目

BLUE BOOK

智库成果出版与传播平台

长三角文化产业蓝皮书
BLUE BOOK OF YANGTZE RIVER DELTA CULTURE INDUSTRY

长三角文化产业发展报告（2020~2022）

ANNUAL REPORT ON THE DEVELOPMENT OF YANGTZE RIVER DELTA CULTURE INDUSTRY (2020-2022)

主　编 / 王学成
副主编 / 尤莼洁

社会科学文献出版社
SOCIAL SCIENCES ACADEMIC PRESS (CHINA)

图书在版编目(CIP)数据

长三角文化产业发展报告.2020~2022/王学成主编；尤莼洁副主编.--北京：社会科学文献出版社，2022.12
（长三角文化产业蓝皮书）
ISBN 978-7-5228-1125-3

Ⅰ.①长… Ⅱ.①王… ②尤… Ⅲ.①长江三角洲-文化产业-产业发展-研究报告-2020~2022 Ⅳ.
①G127.5

中国版本图书馆 CIP 数据核字（2022）第 215502 号

长三角文化产业蓝皮书
长三角文化产业发展报告（2020~2022）

主　　编／王学成
副 主 编／尤莼洁

出 版 人／王利民
责任编辑／谢蕊芬　孟宁宁
责任印制／王京美

出　　版／社会科学文献出版社·群学出版分社（010）59366453
　　　　　地址：北京市北三环中路甲29号院华龙大厦　邮编：100029
　　　　　网址：www.ssap.com.cn
发　　行／社会科学文献出版社（010）59367028
印　　装／天津千鹤文化传播有限公司

规　　格／开　本：787mm×1092mm　1/16
　　　　　印　张：20　字　数：300千字
版　　次／2022年12月第1版　2022年12月第1次印刷
书　　号／ISBN 978-7-5228-1125-3
定　　价／148.00元

读者服务电话：4008918866

▲ 版权所有 翻印必究

长三角文化产业蓝皮书
编委会

学术顾问 孙 玮 复旦大学新闻学院教授、博士生导师

主 任 陈 忠 上海财经大学人文学院院长、教授、博士生导师

徐蓓蓓 解放日报社副总编、高级记者

副 主 任 刘长喜 上海财经大学人文学院副院长、教授

潘 霁 复旦大学新闻学院教授、博士生导师

编委会成员 （以姓氏笔画为序）

王学成 尤莼洁 车丽娟 乔 睿 孙 哲

吴淑凤 张 谦 陈 宏 周晓红 董 宸

蒋诗萍

主要编撰者简介

王学成 复旦大学新闻学院新闻学博士，上海财经大学人文学院教授、经济新闻系主任，美国波士顿大学传播学院访问学者，佛罗里达大学传播学院高级访问学者；主持完成国家哲学社会科学基金项目1项，在《新闻与传播研究》《国际新闻界》《新闻大学》《现代传播》等权威及核心期刊上发表论文20余篇，出版学术著作2部；获得上海市哲学社科优秀成果奖等各类奖项。

尤莼洁 毕业于复旦大学新闻学院，曾从事深度报道工作多年，目前任解放日报·上观新闻数据新闻中心总监、主任记者；作品曾多次荣获各项新闻奖；第十届上海长江新闻奖得主，上海市五一劳动奖章获得者，中宣部宣传思想文化青年英才。

摘　要

目前，经济竞争中文化因素的作用日益凸显，文化产业是我国经济发展新常态背景下极具增长潜力和发展空间的新兴增长极，积极发展文化产业对增强地区综合竞争力具有重要意义。长三角地区经济发展活跃、开放程度高、创新能力强，文化产业发展与市场经济结合紧密，具有良好的内部条件和外部环境。

《长三角文化产业发展报告（2020~2022）》（以下简称《报告》）基于历年权威统计数据，分析了长三角文化及相关产业的发展现状和态势。《报告》分为三个部分：总报告从文化产业规模、文化消费、文化企业、产业园区、文化产业分行业发展等维度客观描述了长三角文化产业发展的现状与特征，从创新驱动、整体可持续发展、打造文化共同体、发挥政府关键性作用等角度提出了未来文化产业高质量发展的思路与建议；行业报告分别阐述了长三角地区出版、动漫、广电、广告、电影和音乐等产业的发展现状以及发展面临的问题与不足；专题报告主要分析了具有江南特色的文化及相关产业的发展现状，提出了有针对性的发展建议，以期为特色文化产业高质量发展提供有益的理论参考和智力支持。《报告》聚焦文化产业各门类在转型发展中的痛点与亮点，致力于为政府决策服务、供学者研究参考、助企业把握行业动态，合政产学研之力，助推长三角区域文化产业发展迈上新台阶。

《报告》认为，在新技术、新业态不断推动文化市场转型升级的当下，唯有以创新促进文化产业提质升级，做大、做强市场主体，吸引、培养文化人才，激活、增强文化消费，才能抓住机遇，形成三省一市的文化产业高质量发展的合力，推动长三角文化产业共生发展，以高水平文化供给不断增强人民的文化获得感和幸福感，构建社会主义现代化的文化产业体系。

关键词： 长三角　文化产业　文化企业

目 录

Ⅰ 总报告

B.1 长三角文化产业发展报告 …………………… 王学成　陈芷珊 / 001

Ⅱ 行业报告

B.2 长三角出版产业发展报告 …………………………… 乔　睿 / 038
B.3 长三角动漫产业发展报告 ………………… 陈　宏　杨浩晨 / 093
B.4 长三角广电产业发展报告 ………………… 周晓红　孙禄翰 / 123
B.5 长三角广告产业发展报告 ………………… 蒋诗萍　谭　镕 / 148
B.6 长三角电影产业分析报告 ………… 王学成　兰天宁　张俊杰 / 171
B.7 长三角音乐产业发展报告 ………………… 尤筱洁　张　宇 / 194

Ⅲ 专题报告

B.8 长三角文化创意集聚区发展报告 ………… 吴淑凤　杨宇清 / 219
B.9 上海实体书店建设和发展报告 …………………… 孙　哲 / 238

B.10　上海红色文化旅游发展报告 …………… 尤莼洁　周泓宇 / 258
B.11　长三角文化产业一体化研究报告 …………… 王学成　车丽娟 / 275

Abstract ……………………………………………………………… / 295
Contents ……………………………………………………………… / 297

皮书数据库阅读使用指南

总 报 告
The General Report

B.1
长三角文化产业发展报告

王学成　陈芷珊*

摘　要： "十四五"时期，我国进入新发展阶段，文化产业将深度融入国民经济体系中，在经济发展中起到更大的推动作用。相关数据显示，长三角地区文化产业发展水平始终处于全国领先地位，在国民经济中起着支柱产业的作用。通过分析长三角文化及相关产业发展数据发现，长三角文化产业发展具有竞争优势、科技赋能、聚集效应、要素丰富、发展环境良好的机遇与优势。同时，长三角产业发展面临着文化产业发展同质化和单一化、文化产业发展不平衡、文化产业关联度不高、文化产业机制发展滞后的问题。未来，应当以创新促长三角文化产业提质升级，推动江南文化整体可持续发展，加快打造长三角文化产业共同体，发挥政府在构建长三角文化产业发展新格局中的关键性作用，推动长三角文化产业共生发展，构建社会主义现

---

* 王学成，上海财经大学人文学院教授、经济新闻系主任，研究方向为文化产业、媒介管理；陈芷珊，黑龙江省社会科学院产业经济学专业2020级硕士研究生。

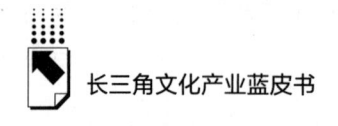

代化的文化产业体系。

关键词： 长三角 文化产业 江南文化

长江三角洲地处中国东部，由上海市、江苏省、浙江省、安徽省三省一市构成，面积仅占全国总面积的2.3%，拥有2.25亿人口，却贡献了全国1/4左右的GDP。凭借着优越的地理位置、发达的经济水平、深厚的文化底蕴，长三角地区文化产业已经发展成为长三角区域经济长期持续增长的文化支撑和动力源泉，是区域高质量发展的基础和推动力。

党的十九届五中全会提出了"十四五"时期我国经济社会发展的基本路径，即"以推动高质量发展为主题，以深化供给侧结构性改革为主线，以改革创新为根本动力，以满足人民日益增长的美好生活需要为根本目的，统筹发展和安全，加快建设现代化经济体系，加快构建以国内大循环为主体、国内国际双循环相互促进的新发展格局"（《人民日报》，2020）。党对"十四五"时期我国文化建设做出了顶层设计，明确到2035年建成文化强国的远景目标。

文化产业具有高附加值、低能耗等属性，是地区经济增长的动力源泉之一，是产业结构优化升级的重要推动力。在新发展阶段，在面对以国内大循环为主体、国内国际双循环相互促进的新发展格局下，加速长三角文化产业一体化发展进程是大势所趋。文化产业协调发展对增强长三角地区文化认同感，以文化交流打破长三角发展壁垒、促进长三角地区产业结构优化升级、提升长三角城市综合竞争力有积极作用，有助于推进长三角区域一体化进程。因此，研究如何推进长三角文化产业发展和文化产业一体化进程至关重要。

一 长三角文化产业发展概况

长三角作为中国经济发展增长极，其文化产业发展水平同样在全国名列前茅，长三角文化产业已成为中国文化产业的强大增长极。长三角地区文化既同根同源又各具特色，上海、江苏、浙江、安徽各地既共同挖掘共有的江南基因，又根据地方特点发展各具特色的文化产业，构成了错落有致的文化产业发展格局。

（一）长三角文化产业整体发展概况

如图1-1所示，近五年来，上海、江苏、浙江均位列文化产业发展综合指数排行榜全国前十。上海文化产业保持稳步增长，文化金融发达，文化商贸及高科技赋能文化业突出，文化产业在推动上海经济高质量发展中起重要作用；江苏历史名城繁多，旅游业尤其发达，科教实力领跑全国；浙江民营文化企业资源丰富，继承了越文化敢为人先、善于创造、勇于创新的精神，互联网和文化产业结合方面表现突出；安徽乡村旅游特色明显，近年来出台了一系列促进文化产业发展的相关政策，文化产业快速发展。

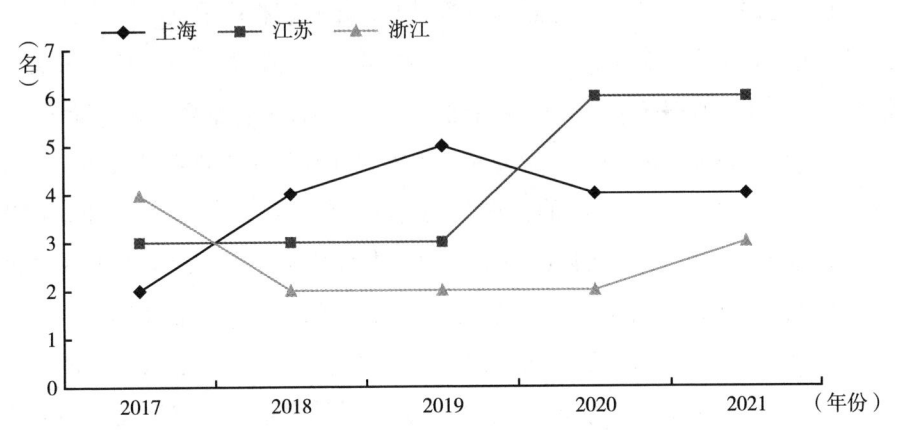

图1-1　2017~2021年上海、江苏、浙江文化产业发展综合指数全国排名

资料来源：2017~2021年中国人民大学文化科技园、文化产业研究院"中国省市文化产业发展指数"。

1. 文化产业：区域发展潜力巨大，整体协调进步明显

近年来，长三角文化产业增加值不断提升，占全国文化产业增加值的30%以上，文化产业快速发展，文化产业增加值在地区生产总值中的占比持续扩大,对经济增长的贡献率明显提高,文化产业拉动作用稳步显现,不断向产业的支柱性目标迈进,文化产业发展处于全国领先水平。上海文化产业增加值呈持续上扬趋势,文化产业规模保持平稳增长态势,文化产业成为推动经济发展的新引擎;江苏文化产业发展一直位于全国前列,文化及相关产业增加值名列前茅,文化产业发展迅速,文化产业门类齐全、体量规模大,文化产业发展成效显著;浙江凭借沿海经济大省的经济优势及深厚的文化底蕴,文化产业发展基础良好,厚积薄发,已经成为长三角文化产业增加值占地区生产总值比重最高的地区,文化产业战略支柱地位越发凸显;安徽全省文化产业发展全面提速,虽超过了全国平均水平,但离成为国民经济发展的支柱性产业还有一定距离。

2.居民文化消费情况:消费占比有所扩大,地域差距正在弥合

文化消费对文化产业的发展会产生影响,而文化产业的发展也会反作用于文化消费,文化产业的发展带动文化消费。随着地区文化产业的发展,长三角地区居民文化消费水平与需求不断提升,在一定程度上促进了文化产业发展。上海、南京、宁波、合肥、苏州、杭州、芜湖七个城市入选国家文化消费试点城市,长三角地区文化支出逐步增长,居民文化消费意识不断增强,人均文化娱乐消费逐年增加。2020年,上海、江苏、浙江和安徽人均文化娱乐消费支出占人均消费支出的比例分别为3.45%、2.59%、2.77%和2.42%(国家统计局社会科技和文化产业统计司、中宣部文化体制改革和发展办公室,2021),居民文化娱乐需求有进一步提升的空间,居民文化消费潜力巨大。

除安徽以外,长三角其他地区的居民消费能力均高于全国,具体见图1-2。其中,上海表现尤为突出,人均文化娱乐消费支出不仅远超全国人均文化娱乐消费支出,也是长三角地区的最高水平。与此同时,上海居民文化消费能力也呈现逐步递增态势,2020年人均文化娱乐消费年均增长率高出全国平均水平。浙江居民消费能力在长三角地区仅次于上海,人均文化娱乐消费支出在不断攀升,但受新冠肺炎疫情影响,2020年人均文化娱乐消费支出比2019年降低500元,仍高于全国大部分地区,浙江居民文化消费能力较强。2020年江苏人均文化娱乐消费支出较全国人均文化娱乐消费支出

高 111 元，这说明江苏人均文化消费水平高于全国平均水平，但是最近几年有下降的趋势，某些年份的增长率甚至为负。安徽是长三角地区居民文化消费水平靠后的地区，由于经济发展较长三角其他地区稍显不足，2020 年人均文化娱乐消费支出较全国人均文化娱乐消费支出低 113 元。

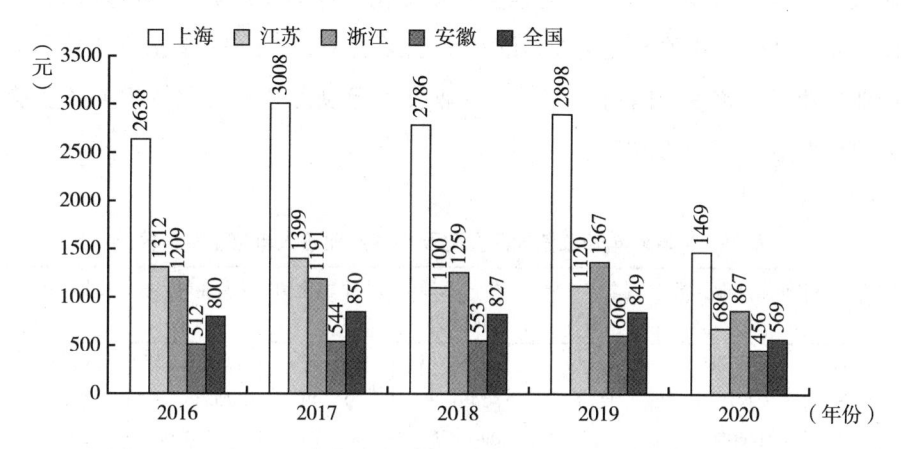

图 1-2　2016~2020 年长三角地区及全国人均文化娱乐消费支出情况

资料来源：国家统计局社会科技和文化产业统计司、中宣部文化体制改革和发展办公室，2021。

3. 文化企业概况

(1) 文化产业法人单位

近年来长三角文化产业蓬勃发展，地区文化产业市场活力不断增强，文化企业总数快速攀升。从文化及相关产业法人单位规模上看，各省市间差距较大。江苏文化产业法人单位数量最多，上海、安徽两个省市文化产业法人单位数量的总和还不及江苏一省文化产业法人单位的数量。如表 1-1 所示，近年来，江苏文化产业发展迅猛，文化产业规模大，文化及相关产业法人单位数突破 20 万个，文化产业法人单位总资产和营业收入分别约为 42462 亿元、15356 亿元，均占全国 11% 以上。浙江文化产业法人单位数量虽不及江苏，但文化及相关产业法人单位数量已突破 15 万个，近几年文化用品类、文化装备类企业增长迅速，文化制造业发展迅猛，浙江文化产业法人单位营业收入大幅提升，约达15275亿元。虽然上海文化产业法人单位及从业人员不占据数量优势，但上海文化产业法人单位营业收入较高，达11596亿元。安徽文化产业法人单位发展突飞猛进，2012年安徽文化产业法人单位仅有17762个，八年来文化产业及相关产业法人单位数翻四番，到2020年末从业人员达630497人，反映出近年来安徽文化产业的发展势头不可阻挡。然而，安徽文化及相关产业法人单位的经营能力还有待加强，安徽文化及相关产业从业人员数占全国的3.33%，营业收入却仅占全国文化及相关产业法人单位营业收入的2.80%。

表1-1　2020年长三角地区文化及相关产业法人单位基本情况

地区	年末从业人员（人）	占全国比例（%）	资产总计（亿元）	占全国比例（%）	营业收入（亿元）	占全国比例（%）
上海	727780	3.84	18355.15	6.70	11596.36	8.34
江苏	2247846	11.87	42461.88	15.49	15355.53	11.05
浙江	1460806	7.71	24648.01	8.99	15274.98	10.99
安徽	630497	3.33	7781.83	2.84	3898.96	2.80

资料来源：国家统计局社会科技和文化产业统计司、中宣部文化体制改革和发展办公室，2021。

(2) 规模以上文化及相关产业企业

从企业规模来看，江苏规模以上文化及相关产业企业数量和资产总量在长三角地区处于领先水平。如表1-2所示，2020年江苏规模以上文化及相关产业企业数量高达8191家，占全国规模以上文化及相关产业企业的12.82%，资产总计约达21693亿元，超过全国规模以上文化及相关产业企业总资产的1/10。浙江规模以上文化及相关产业企业数量和总资产仅次于江苏，两项指标均略高于上海。上海拥有3548家规模以上文化及相关产业企业，以全国5.55%的规模以上文化及相关产业企业占了全国8.95%的资产，说明上海规模以上文化及相关产业企业的经营能力较强，经营效率高。安徽各项指标在长三角地区都相对靠后，规模以上文化及相关产业企业数量不及江苏的1/3，且企业的经营能力有待提高。

表1-2　2020年长三角地区规模以上文化及相关产业企业基本情况

地区	企业单位数（家）	占全国比例（%）	资产总计（亿元）	占全国比例（%）
上海	3548	5.55	13990.50	8.95
江苏	8191	12.82	21692.51	13.89
浙江	5406	8.46	15579.23	9.97
安徽	2392	3.74	3649.06	2.34

资料来源：国家统计局社会科技和文化产业统计司、中宣部文化体制改革和发展办公室，2021。

从企业经营质量来看（见表1-3），浙江经营质量最好，规模以上文化及相关产业企业营业收入高达11700.10亿元，营业利润远超上海、江苏、安徽三地。上海规模以上文化及相关产业企业营业收入达到9050.26亿元，且人均产出高，在长三角地区位列第一，但和江苏、浙江二省的营业收入相比仍有一定差距。江苏规模以上文化及相关产业企业营业收入约为安徽的4.15倍，这一方面可能跟安徽规模以上文化及相关产业企业数量不多有关，另一方面可能与安徽文化产业发展水平不高有关。

从居民文化有效消费需求来看，上海、江苏、浙江居民文化有效需求较为旺盛，而安徽居民文化有效需求相对疲软。营业收入体现了当地居民对文化产品的消费量，一个地区文化产业营业收入越高，说明居民对文化的需求越高。由表1-3可知，浙江居民文化有效消费需求最为旺盛，安徽居民有效消费需求相对疲软。

表1-3　2020年长三角地区规模以上文化及相关产业企业经营情况

单位：亿元

地区	营业收入	地区	营业收入
上海	9050.26	浙江	11700.10
江苏	11161.85	安徽	2689.92

资料来源：国家统计局社会科技和文化产业统计司、中宣部文化体制改革和发展办公室，2021。

(3) 文化产业研究开发与创新

如表1-4所示，江苏规模以上文化制造业企业研发与创新活动遥遥领先于长三角其他三省市，R&D经费内部支出、新产品开发项目数和新产品开发经费支出的占比都达到了全国的10%以上。江苏文化制造业企业研发与创新活动在长三角地区一骑绝尘。浙江规模以上文化制造业企业研发与创新活动的各项指标均高于上海和安徽。浙江在新产品开放方面投入较多，近66亿元，新产品开发项目数达5510个，且浙江文化制造业企业研究开发与创新的效率最高，新产品开发项目数与开发经费之比高于其他地区。上海是四省市中规模以上文化制造业企业研发与创新活动经费支出最低的，因资金投入不足，新产品开发项目数也落后于长三角其他地区。

表1-4 2020年长三角地区规模以上文化制造业企业研发与创新活动情况

地区	R&D经费内部支出（万元）	占全国比例（%）	新产品开发项目数（个）	占全国比例（%）	新产品开发经费支出（万元）	占全国比例（%）
上海	124945	2.37	541	1.66	113918	1.67
江苏	813949	15.46	4161	12.80	1161112	17.03
浙江	461932	8.77	5510	16.94	658180	9.65
安徽	309276	5.87	1767	5.43	377027	5.53

资料来源：国家统计局社会科技和文化产业统计司、中宣部文化体制改革和发展办公室，2021。

（二）长三角文化产业园区发展概况

我国文化产业发展呈现在经济中比重逐渐增加的趋势，文化产业步入提速发展新阶段。文化产业园区作为文化产业发展的重要载体，在文化产业快速发展的同时也得到迅速发展。我国文化产业集群已逐步形成以珠三角地区、长三角地区、环渤海地区为核心集聚发展的总体空间格局。

长三角文化创意产业园区的发展水平在全国处于领先地位。长三角共有四个文化产业园区入选第二批国家级文化产业示范园区创建名单，分别为大创智创新发展示范园区、苏州元和塘文化产业园区、横店影视文化产业集聚区、合肥包河创意文化产业园，另有江苏省的南京秦淮特色文化产业园和浙江省的衢州儒学文化产业园暂时保留"国家级文化产业试验园区"称号并开展国家级文化产业示范园区创建工作。

长三角文化创意产业园区以上海为发展核心，辐射带动苏州、南京、杭州等城市，各地区彼此关联，协作与竞争并举。上海文化产业园区已呈规模化发展，大量旧厂房被重新规划与改造成为文化创意产业园区，形成具有其区域特色的文化创意产业聚集区。2022年上海已有149家市级文创园区、16家示范楼宇和28家示范空间[①]，共入驻两万余家包括影视、出版等传统领域和时尚、设计等新兴领域的文化企业。上海周边经济发展潜力较大的城市的文化创意产业园区也逐渐发展起来，苏州发展成为长三角地区的创意产业生产基地，南京和杭州则聚集了以动漫、广告策划、室内装修设计、艺术设计为主的文化创意产业园区。

（三）长三角文化产业分行业发展概况

1. 长三角音乐产业：数字音乐发展势头强劲，以沪杭为核心带动周边发展

长三角音乐产业发展水平高，一直走在全国前列。一是长三角地区具备音乐产业发展的禀赋优势。国际化的音乐文化土壤、高素质的原创音乐人才、活跃的资本市场和巨大的音乐消费市场共同为长三角音乐产业的发展夯实基础。二是长三角地区音乐文化丰富且多元。海派文化、金陵文化、吴越文化、淮扬文化、徽文化、皖江文化交流紧密又互相渗透，形成了长三角共同的音乐标识。三是长三角音乐产业迈向规模化发展。目前长三角地区共有

---

① 徐晶卉、张天弛：《首届世界设计之都大会今天启幕，"上海设计"共铸城市品牌点亮美好生活》，https://baijiahao.baidu.com/s?id=1743989140140785670&wfr=spider&for=pc，最后访问日期：2022年12月2日。

9034家音乐企业，占全国音乐企业的18.25%，其中上海、江苏、浙江和安徽的音乐企业数量分别为1708家、2506家、2924家和1896家[①]。长三角数字音乐产业发展势头强劲，数字音乐产业已经成为长三角地区音乐产业的核心产业之一，以5G、VR、AR、区块链等技术为代表的新型驱动力正在持续优化音乐产业发展生态。龙头企业网易云音乐抢占了在线音乐的一级市场。

2020年全国共出版录像制品5320.30万盒/万张、录音制品12194.70万盒/万张。其中，长三角地区共出版录像制品1284.70万盒/万张，占全国录像制品出版数量的24.15%；录音制品876.20万盒/万张，占全国录音制品出版数量的7.19%。三省一市中，上海音乐行业发展表现尤为突出。2020年上海录像、录音制品出版数量分别占据了全国的21.40%、5.33%，录像、录音制品出版数量庞大。浙江共出版141.50万盒/万张录像制品、102.20万盒/万张录音制品，分别占长三角地区的11.01%、11.68%（见表1-5）。江苏、安徽在录像、录音制品出版方面表现并不突出，占全国录像、录音制品出版数量的比例均不足1%。

表1-5 2020年长三角地区录像、录音制品出版情况

地区	录像制品出版数量（万盒/万张）	占全国比例（%）	录音制品出版数量（万盒/万张）	占全国比例（%）
上海	1138.70	21.40	650.10	5.33
江苏	3.30	0.06	120.90	0.99
浙江	141.50	2.66	102.20	0.84
安徽	1.20	0.02	3.00	0.02

注：由于表中保留两位小数，表中比例相加后与上文表述略有误差。
资料来源：《2021年中国电子出版物市场分析报告》。

2018年长三角三省一市音乐家协会共同成立"长三角音乐发展联盟"，促进三省一市优势资源互补和共享，实现音乐产业协同发展。音乐产业是长

[①] 企查查，https://www.qcc.com/。

三角文化产业的新军,长三角地区共有2个音乐产业基地,即上海国家音乐产业基地和浙江国家音乐产业基地,占全国音乐基地总数的2/5。上海国家音乐产业基地虹口园区是全国首个国家级音乐产业集聚区,上海音乐谷承载着打造上海"音乐之都"的重要功能和作用,以"音乐+"创新融合发展模式,依托现有发展资源优势和创新型企业资源,逐渐发展成为人才集聚、产业服务集成的音乐文化产业发展承载区。浙江国家音乐产业基地萧山园区是之江文化产业带奥体(湘湖)发展重点建设项目,聚焦数字音乐和音乐版权等领域,力争打造具有中国特色的音乐产业发展中心,目前已有网易云音乐、易尚春、防刺电音等音乐类企业入驻。长三角地区两个国家音乐产业基地将依托自身平台和资源优势,带动周边地区音乐产业发展,共同将长三角的音乐产业一体化发展推向更高水准。

2. 长三角新闻出版产业:产业体量继续扩容,产业规模保持领先

长三角地区新闻出版产业规模继续增长,保持规模优势。长三角三省一市新闻出版产业的发展水平一直处于全国领先地位,近年来均入选新闻出版产业总体经济规模综合评价全国前十。2020年,受新冠肺炎疫情影响,新闻出版产业规模有所下滑,但发展基本面仍保持稳定。全国出版、印刷和发行服务业实现营业收入共计16776.3亿元,较2019年下降了11.2个百分点;实现利润总额共计1024.8亿元,下降了19.2个百分点;拥有资产总额共计22578.7亿元,下降了6.3个百分点;拥有所有者权益(净资产)共计11425.4亿元,下降了6个百分点[①]。其中,长三角地区实现营业收入共计5123.49亿元,占全行业营业收入的30.54%;实现利润总额共计285.91亿元,占全行业利润总额的27.90%;拥有资产总额共计6200.11亿元,占全行业资产总额的27.46%(《中国出版年鉴》杂志社有限公司,2021)。

如表1-6所示,2020年长三角三省一市全部入选新闻出版产业总体经济规模综合评价全国前十,江苏、浙江、上海、安徽分别占总体经济规模综合评价第3位、第5位、第6位、第8位。江苏、浙江、上海、安徽新闻出

---

① 文中数据来源于《2020年新闻出版产业分析报告》。

版产业营业收入分别占全行业营业收入的 11.87%、8.29%、6.62%、3.76%。三省一市新闻出版产业增长态势良好，江苏、浙江、上海、安徽的资产总额和利润总额分别占全行业的 10.01%、7.47%、5.90%、4.08% 和 11.01%、5.50%、6.82%、4.57%，长三角新闻出版产业在全国新闻出版产业发展中起着重要作用。2020 年，受新冠肺炎疫情影响，全国各地新闻出版产业的增长速度均受到一定程度的冲击，但相较而言，江苏新闻出版产业比长三角其他地区发展水平更高，其营业收入、资产总额和利润总额均领先其他地区，是长三角唯一进入新闻出版产业地区增长速度[①]全国前十的地区（见表 1-7）。

表 1-6 2020 年新闻出版产业总体经济规模综合评价排名前十的地区

综合排名	地区	综合评价得分	2019 年排名	排名变化
1	广东	2.98	1	0
2	北京	2.18	3	1
3	江苏	2.11	2	-1
4	山东	1.76	4	0
5	浙江	1.07	5	0
6	上海	0.92	6	0
7	四川	0.34	8	1
8	安徽	0.20	9	1
9	福建	0.15	7	-2
10	江西	0.09	10	0

注：（1）选取营业收入、增加值、总产出、资产总额、所有者权益（净资产）、利润总额和纳税总额 7 项经济规模指标，采用主成分分析方法，通过 SPSS 直接计算所得，仅用来显示各地区的相对位置；（2）未包括数字出版、打字复印、邮政发行、版权贸易与代理、行业服务与其他新闻出版业务。前十位地区实现营业收入共计 12877.4 亿元，占全行业营业收入的 76.8%，较 2019 年提高了 1.4 个百分点；拥有资产总额共计 16507.2 亿元，占全行业资产总额的 73.1%，提高了 1.1 个百分点；实现利润总额共计 759.1 亿元，占全行业利润总额的 74.1%，提高了 1.8 个百分点。

资料来源：《中国出版年鉴》杂志社有限公司，2021。

---

① 地区增长速度=（该地区本年营业收入-该地区上年营业收入）/该地区上年营业收入×100%。

表 1-7　2020 年新闻出版产业营业收入同比增长速度排名前十的地区

单位：%

排名	地区	增长速度
1	甘肃	8.76
2	新疆	7.37
3	西藏	3.12
4	贵州	0.81
5	广东	0.09
6	广西	-0.32
7	宁夏	-0.51
8	上海	-0.64
9	黑龙江	-0.90
10	江苏	-1.60

资料来源：中国出版工作者协会、中国出版科学研究所，2021。

3. 长三角动漫产业：国产动漫集聚地带，市场发展方兴未艾

长三角地区是我国动漫产业发展的高地之一，坐拥全国 35% 以上的动漫产业园区。深厚的动漫文化底蕴、丰富的动漫创意资源、成熟的产业发展模式、多样的动漫衍生品等推动动漫产业市场持续扩大。

长三角地区是我国动漫企业的主要集聚地，动漫市场发达，业态丰富，长三角动漫企业在动漫全产业链和价值链上协作交流活跃度高。长三角动漫产业发展带以上海、杭州、苏州、无锡、常州为中心，拥有许多实力雄厚的动漫企业，同时动漫衍生品开发亦涉及影视、游戏、零售、主题乐园等方面，形成了全方位的业务生态。如表 1-8 所示，2020 年长三角地区共有 121 家动漫企业、4151 名动漫行业从业人员，其中江苏以 51 家动漫企业排在全国动漫企业数量首位。2020 年长三角地区动漫企业共创作 857 部原创漫画作品、836 部原创动画作品，累计营业收入达到 20 亿元。

表1-8　2020年长三角地区动漫企业基本情况

地区	企业数（家）	从业人员（人）	资产总计（万元）	营业收入（万元）	原创漫画作（部）	原创动画作（部）
全国	484	19228	2441507	975028	23574	6328
上海	35	1369	221488	91761	469	259
江苏	51	812	130407	28995	24	190
浙江	16	871	142983	36749	290	108
安徽	19	1099	86071	44806	74	279
长三角	121	4151	580949	202311	857	836

资料来源：国家统计局社会科技和文化产业统计司、中宣部文化体制改革和发展办公室，2021。

上海是中国第一部动画片的诞生地，上海动漫产业规模达到200亿元，占全国总产值的10%，持续保持领先水平。庞大的企业群体全方位支撑起完整的产业链，头部企业——上海哔哩哔哩科技有限公司，拥有全国最大规模的二次元用户，月活用户数达到2.02亿人。① 5G、VR、区块链和云技术等高科技成为上海动漫产业发展的推动力，数字化助力上海动漫会展的服务能力稳居全国第一。浙江全省共有将近700家动漫游戏企业，形成集研发、发行、策划、运营、服务于一体的布局，拥有玄机科技、中南卡通、友诺文化、阿优文化等知名企业，曾打造出《秦时明月》《天眼》《乐比悠悠》等知名动漫IP。江苏每年承制动画产量占全国总产量的70%，拥有较强影响力和辐射力的动画产业集群。江苏拥有全国最多的国家级动画产业发展基地，近400家相关生产和产业开发企业，超过60所开设动画相关专业的大专院校，一批动漫企业年出口额在百万美元以上，堪称动漫大省。安徽有合肥、芜湖两个国家级动漫产业基地，建设了一批高质量数字电影院线、有线数字电视网络、互联网、手机网络等传播平台，一批优秀的动漫企业进入高速发展阶段，逐步形成具有安徽特色的品牌企业。

国家广播电视总局关于全国国产电视动画片制作备案公示剧目显示，

---

① 简工博、张熠、钟菡：《动漫中小企业，为何坚持选择"很贵的"上海》，https://baijiahao.baidu.com/s?id=1718021603397208592&wfr=spider&for=pc，最后访问日期：2021年12月2日。

2020年上海备案公示的动画片有28部，片长共8670分钟；江苏备案公示的动画片有49部，片长共16285分钟；浙江备案公示的动画片有78部，片长共24019.5分钟；安徽备案公示的动画片有37部，片长共17878分钟，三省一市无论是备案动画数量还是片长都位列全国前十。2021年，长三角地区出品的《追梦少年》《下姜村的绿水青山梦》《旗旗号巡洋舰第一季》《良渚寻梦夜》《舒克贝塔第三季》入选2021年度优秀国产电视动画片及创作人才扶持项目（见表1-9）。

表1-9　2021年度优秀国产电视动画片及创作人才扶持项目

作品名称	出品机构
《林海雪原(1~20集)》	央视动漫集团有限公司
《熊猫和开心球》	央视动漫集团有限公司
《熊猫和小跳羚》	央视动漫集团有限公司
《新大头儿子和小头爸爸——智能小当家(1~100集)》	央视动漫集团有限公司
《棉花糖和云朵妈妈——快乐生活》	央视动漫集团有限公司
《锡兰王子东行记》	北京广播电视台卡酷少儿频道
《毛毛镇之冰雪加油队》	北京空速动漫文化有限公司
《宠物旅店(1~13集)》	北京猫猫家文化传媒有限公司、上海腾讯企鹅影视文化传播有限公司、广州艺洲人品牌管理股份有限公司
《无敌鹿战队第二季(上)》	北京爱奇艺科技有限公司
《梦娃(第三季1~13集)》	天津北方动漫集团股份有限公司
《追梦少年》	江苏广电影视动漫传媒有限责任公司
《下姜村的绿水青山梦》	杭州友诺动漫有限公司
《旗旗号巡洋舰第一季》	杭州天雷动漫有限公司
《良渚寻梦夜》	浙江蓝巨星国际传媒有限公司
《舒克贝塔第三季》	杭州好久不见影视动漫有限公司
《翻开这一页第四季》	湖南金鹰卡通传媒有限公司
《23号牛乃唐第二季》	湖南金鹰卡通传媒有限公司
《巧手鲁班——智慧宝盒(53~104集)》	深圳崇德动漫股份有限公司
《小凉帽3之白豚湾奇遇》	深圳华侨城文化集团有限公司
《延安童谣》	陕西大河智业文化传播有限公司、延安高新文创科技有限公司、央视动漫集团有限公司

资料来源：《国家广播电视总局办公厅关于公布2021年度优秀国产电视动画片及创作人才扶持项目评审结果的通知》，http：//www.nrta.gov.cn/art/2022/8/1/art_113_61126.html，最后访问日期：2022年12月2日。

4. 长三角影视产业：高质量发展领跑全国

影视产业作为文化产业中不可或缺的部分，以其独有的魅力吸引了来自世界各地的观众。长三角影视产业的发展水平领跑全国，影视产业优势得天独厚，但区域内发展不平衡，沪苏浙皖发展程度不一，安徽影视产业的发展水平落后于其他地区。如表1-10所示，2020年长三角广播电视企业总收入为1619.02亿元，占全国广播电视企业总收入的20.13%；广播电视企业营业收入为1586.23亿元，占全国广播电视企业营业收入的20.47%，长三角占有全国广播电视将近五分之一的市场份额，但安徽的占比不足百分之一。

表1-10 2020年长三角地区广播电视经营状况

地区	总收入（亿元）	占全国比重（%）	营业收入（亿元）	占全国比重（%）
上海	704.62	8.76	696.38	8.99
江苏	337.86	4.20	328.02	4.23
浙江	511.14	6.36	498.64	6.43
安徽	65.40	0.81	63.19	0.82

资料来源：国家统计局，2021。

长三角地区是中国影视产业最开放、国际化程度最高的地区，长三角影视产业企业法人单位约占全国1/5（见表1-11）。长三角影视相关企业数量全部进入全国影视相关企业数量排行榜前十，约有10万家，占比近1/5。据2020年电影、电视剧立项统计，长三角地区影视立项数占全国总数的60%以上。上海、江苏、浙江、安徽等地区的影视公司和基地发挥各自的优势，与其他地区相关企业高效协同发展，形成速度快、质量高的强大发展合力，推进中国影视产业一体化发展。

表 1-11　2020 年长三角影视产业企业法人单位数

单位：家

地区	总计	广播	电视	影视节目制作	广播电视集成播控	电影和广播电视节目发行	电影放映	录音制作
上海	1541	104	55	884	7	74	324	93
江苏	5856	956	97	2642	62	216	901	982
浙江	10668	968	243	7964	39	373	848	233
安徽	2726	719	45	1086	31	61	402	382
长三角	20791	2747	440	12576	139	724	2475	1690

资料来源：国家统计局普查中心，2021。

2020 年，在新冠肺炎疫情影响下，全国影院停业长达半年之久，给国内电影市场带来了前所未有的挑战和考验。在如此环境下，长三角地区的影院不断努力克服困境，2020 年长三角累计电影票房达 52 亿元，占全国票房的四分之一[①]。电影票房排名前十的城市中，长三角地区的上海、杭州、苏州和南京占据四席。长三角地区影视市场规模持续提升，约有影院 2500 家，是中国电影票房的主要票仓之一[②]。

长三角地区拥有丰富的影视拍摄基地资源，集聚了多个影视产业集群，包括国内最早的影视基地无锡影视城、规模最大的横店影视城、近年来发展速度最快的象山影视城。上海影视乐园拍摄了《情深深雨濛濛》《新上海滩》等知名影视作品，东阳横店影视基地是《甄嬛传》《延禧攻略》等古装大戏的拍摄基地，无锡国家数字产业园围绕"数字影视+数字制作+数字文娱+数字版权"大力发展数字文化产业，吸引了一大批国内外知名影视制作及数字文化企业落户，承接了《中国机长》《捉妖记》等视效超群的电影。

---

① 黄景源：《2020 年长三角电影票房达 52 亿元，下一步如何加强合作？》，https://view.inews.qq.com/a/20210617A0851K00，最后访问日期：2022 年 12 月 2 日。

② 陆乙尔：《覆盖长三角，上影首推 10 亿元"影院抗疫纾困基金"——为有效拉动影院行业复苏祭出实招》，https://baijiahao.baidu.com/s?id=1660714131856920811&wfr=spider&for=pc，最后访问日期：2022 年 12 月 2 日。

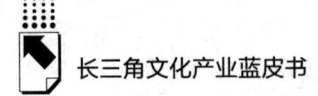

长三角地区主要的影视拍摄基地包括上海影视乐园、上海胜强影视基地、江苏无锡国家数字电影产业园、浙江象山影视城、浙江东阳横店影视基地、安徽滁州长城梦世界影视城等联合发布了"长三角影视拍摄基地合作机制",共同建立健全的影视拍摄服务体系,形成长三角影视拍摄服务紧密合作和一体化联动的新格局,推动长三角地区影视产业协同发展。未来,长三角影视拍摄基地合作联盟将加大资源整合力度,帮助和促进影视工业产业升级,实质性推动长三角地区影视产业的共同繁荣发展,助力长三角成为中国影视的黄金产业三角带。

2020年,长三角国际影视中心落地上海,占地77亩,获得投资超过10亿元,共建设7个摄影棚,其中最大摄影棚的面积达到3000平方米[①]。未来,有足够的影视企业入驻后,将吸引产业上中下游的其他企业入驻,比如美术、道具、服装、群演、后期制作等相关公司,加速"创意—生产—制作—发行—国际合作—产业生态"完整产业链的形成。

5. 文化遗产：文物资源丰富多元,传承保护扎实有效

长三角地区传承了中华文化的精髓,形成了优雅、崇文、奋进、守序的江南文化。江南文化是长三角地区共同的文化标识和共通的文化内核,是促进长三角地区蓬勃发展的力量源泉。目前全国共有137座历史文化名城,其中长三角三省一市共有30座历史文化名城,占全国的21.90%。其中江苏拥有的历史文化名城数量最多,以13座位列全国历史文化名城数量第一,包括南京、徐州、淮安、镇江、常熟、苏州、扬州、无锡、南通、泰州、常州、宜兴、高邮;浙江共有10座历史文化名城,分别是杭州、绍兴、宁波、衢州、临海、金华、嘉兴、湖州、温州、龙泉;安徽共有亳州、歙县、寿县、安庆、绩溪县、黟县、桐城市7座历史文化名城。2020年底,文化和旅游部正式对外公示第五批国家级非物质文化遗产代表性项目名录推荐项目名单,有民间文学、传统音乐、传统舞蹈等十大类共计337项入选。长三角

---

① 《首期用地77亩,投入超10亿!长三角国际影视中心项目启动》,https://baijiahao.baidu.com.cn/s?id=1659238103193609732&wfr=sipder&for=pc,最后访问日期:2022年12月2日。

地区共有 62 项入选，其中上海 11 项、江苏 16 项、浙江 24 项、安徽 11 项，长三角非物质文化遗产丰富，代表性项目占全国 18.40%。

沪苏浙皖历史源远流长，拥有较为丰富的文物藏品。2020 年长三角地区文物保护管理机构共有 731.18 万件（套）文物藏品，超全国总数的五分之一，藏品保存状态良好。其中江苏、上海文物保护管理机构分别拥有 256.69 万件（套）、211.55 万件（套）文物藏品，分别位列全国文物保护管理机构文物藏品数量榜第 7、第 9；浙江、安徽则以 166.62 万件（套）、96.31 万件（套）分别位列全国第 11、第 16。长三角博物馆文物藏品不如文物保护管理机构文物藏品的数量多，长三角博物馆文物藏品数仅占全国博物馆文物藏品数的 15.12%，上海、江苏和浙江博物馆文物藏品数以 208.66 万件（套）、202.51 万件（套）、151.19 万件（套）位列全国博物馆文物藏品数排行榜前十，安徽博物馆文物藏品数以 90.88 万件（套）位列全国第 15。

上海作为国家历史文化名城，其城市文化经历了三次大融合，具有独特的历史底蕴，三次文化大融合积淀形成了"开放、规则、精致、时尚"的城市文化内涵，并留存了中共一大会址、外滩、老城厢、人民广场等丰富的历史文化空间和戏曲、民谣、民间传说、手工技艺、节庆庙会等形态繁多的非物质文化遗产，于 1986 年被国务院正式公布为国家历史文化名城。目前上海共划定 44 个历史文化街区（历史文化风貌区），总占地面积 41 平方千米；划定 397 条风貌保护道路（街巷）、84 条风貌保护河道；有全国重点文物保护单位 29 处、上海市文物保护单位 238 处、优秀历史建筑 1058 处；上海已公布 5 批、10 大类、400 余项非物质文化遗产，包括着重体现海派文化的昆曲、沪剧等传统戏剧，滑稽戏、海派木偶戏、浦东说书等曲艺，海派面塑艺术、海派剪纸艺术等民间美术和豫园灯会、龙华庙会、罗店龙船等民俗，以及体现本地民俗文化的江南丝竹、青浦田山歌等民间音乐。上海不断拓展深化历史文化保护内涵，丰富文化遗产保护类型，增加文化遗产保护对象的数量与保护规模，强化成片风貌保护，完善历史文化保护要素体系，并着重强化革命遗址、近代建筑、工业遗产和名人旧居的专项保护，以集中展

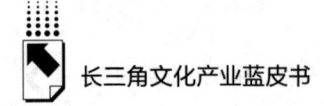

现上海城市历史发展脉络以及多元交融的文化特征①。

江苏是吴越文化的发源地，千百年来江苏人民创造了灿烂的文化，给后代留下了弥足珍贵的文化遗产。江苏有苏州园林、南京明孝陵等世界文化遗产；有昆曲、古琴等人类口头和非物质文化遗产代表作；有南京明城墙、南朝陵墓石刻等全国重点文物保护单位；有白蛇传传说、清曲等国家级非物质文化遗产代表性项目；有以周庄、同里为代表的江南水乡古镇和名人故居等丰富多彩的物化形态；有以民间艺术、紫砂陶器、惠山泥人、扬州漆器、苏州苏绣、南京云锦等精美绝伦的非物质文化遗产，它们共同构筑了江苏文化深厚的文化底蕴。江苏的国家历史文化名城、中国历史文化名镇和中国历史文化街区的数量都位列全国第一。其中，国家历史文化名城13座、中国历史文化名镇31座、中国历史文化街区5处；省级历史文化名城3座、名镇9座、名村6座、历史文化街区56处、历史文化保护区1处；各级文物保护单位4300多处，其中全国重点文物保护单位226处、省级文物保护单位833处；世界文化遗产3处，列入中国申报世界文化遗产预备名单的4处。江苏还是红色资源大省，据统计，江苏全省现有不可移动类革命文物1031处，公立博物馆纪念馆收藏的可移动革命文物92525件（套）（《江苏文化和旅游年鉴》编纂委员会，2021）。

浙江作为中华文明的重要发祥地，有悠久的历史、灿烂的文化和丰富的文化遗产资源。浙江现有国家级非遗代表性项目、国家级非遗代表性传承人数量均居全国第一。浙江目前共有国保单位281处，数量位列全国第4；省保单位869处，市县保单位5000余处，文物藏品超过150万件；国家历史文化名城10座，中国历史文化名镇27座、名村44座，中国传统村落636个。浙江全省现有国家级非遗代表性项目217项、省级886项、市级3843项、县级9623项，入选人类非遗代表作名录和急需保护的非遗名录项目10项；各级文化主管部门公布的非遗代表性传承人有国家级196人、省级1215人、市级

---

① 《保护历史文化遗产｜上海城市规划（2017—2035）》，http://news.sohu.com/a/505357772_121229363，最后访问日期：2022年12月2日。

3482人、县级6849人①。浙江重大文化遗产保护取得突破性进展，成立全国首家非物质文化遗产主题文献馆——浙江省非物质文化遗产文献馆，杭州西湖文化景观、京杭大运河浙江段、良渚遗址成功列入世界文化遗产。

安徽文化昌盛，锦绣多姿，有着丰富优美的风光和丰厚的人文底蕴，是我国史前文化的发祥地之一。安徽历史积淀深厚，文物品类齐全，内涵丰富，特色鲜明，全省有不可移动文物25005处，其中国保单位175处、省保单位915处；世界文化遗产3处，国家历史文化名城7座、中国历史文化名镇和名村35座、中国传统村落400个、省级历史文化名城10座、省级历史文化名镇和名村37座、省级传统村落754个；各类博物馆、纪念馆242家，国有可移动文物115万多件。安徽是非物质文化遗产资源大省，现有人类非遗代表作名录项目3项、国家级非遗代表性项目99项、省级非遗479项，市、县级非遗5600余项；有国家级非遗代表性传承人119人、省级非遗代表性传承人792人，市、县级非遗传承人7100余人；国家级非遗生产性保护基地3个，省级非遗传习基地（传习所）87个，省级非遗教育传习基地30个；有国家级文化生态保护区1个（徽州文化生态保护区），且其入选首批国家级文化生态保护区（全国仅7个），各类专题博物馆、民俗博物馆、专题展示厅逾300个（《安徽文化年鉴》编辑部，2021）。

为扎实推进长三角非物质文化遗产保护工作，促进优秀非遗项目和传承人加强合作交流，长三角举办"长三角非物质文化遗产博览会""长三角城市非物质文化遗产特展"等供集聚展示、合作交流的平台，建成省级文化传承生态保护区，加强非物质文化遗产区域性整体保护。为完善非遗保护政策保障体系，沪苏浙皖分别修订出台《上海市市级非物质文化遗产保护专项资金管理办法》《江苏省非物质文化遗产保护专项资金使用管理办法》《浙江省文化遗产保护专项资金管理办法》《安徽省非物质文化遗产保护专项资金管理办法》，进一步规范专项资金的申报、使用、预算执行和绩效考评。

---

① 浙江省文物局，http://wwj.zj.gov.cn/col/col1638834/index.html，最后访问日期：2022年12月2日。

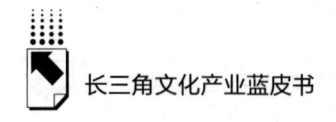

二 长三角文化产业发展机遇与优势

(一)竞争优势进一步加强

一是地理位置优越。长三角三省一市地处东南沿海,位于长江入海口,拥有密集的立体交通运输网络,具有得天独厚的区位优势,是中国构建以国内大循环为主体、国内国际双循环互相促进的新发展格局的核心地区。

二是发展资金充裕。长三角地区的GDP占全国GDP的1/4,是中国最发达的地区,凭借强大的经济实力,长三角文化产业发展有充裕的资金支持。上海作为中国最发达的城市之一,是吸引外资的第一阵地,可为文化产业发展提供充足的资金支持。浙江民营企业发达,吸引大量民间资本,为长三角文化产业发展注入新的资金来源。江苏和安徽坐拥历史文化名城,旅游资源丰富带来不菲的旅游收入,并且出台了一系列支持文化产业发展的政策,为文化产业营造了良好的发展环境。

三是文化企业市场竞争力强。第十三届"全国文化企业30强"中有11家企业来自长三角地区,包括东方明珠新媒体股份有限公司、上海电影(集团)有限公司、江苏凤凰出版传媒集团有限公司、江苏省广播电视集团有限公司、江苏省广电有线信息网络股份有限公司、浙江出版联合集团有限公司、浙报传媒控股集团有限公司、华数数字电视传媒集团有限公司、浙江华策影视股份有限公司、安徽出版集团有限责任公司、安徽新华发行(集团)控股有限公司,这些企业都是文化产业中的佼佼者,无论是在产业布局还是在市场竞争力上,都始终都走在行业前列,这反映了长三角文化产业具有较强的竞争优势。

沪苏浙皖地缘相近,历史文化相通相融,拥有优越的地理位置、雄厚的经济实力、强劲的文化企业,加上长三角一体化、长江经济带等国家重大战略破除行政障碍,进一步推进长三角地区文化产业向更高质量、更高水平发展,为地区经济发展发挥巨大推动作用。

（二）数字文化产业发展势头强劲

数字经济对一个地区的发展产生了深远影响，数字经济发展水平与地区发展息息相关，而数字文化产业就是数字经济带来的果实之一。江南文化依托长三角发达的数字基础设施，附加值逐步提升，成为具有更高价值的数字文化资产。《长三角数字经济发展报告（2021）》显示，2020年长三角数字经济规模占区域GDP的比重约为44%，占全国数字经济规模总量的28%，长三角数字文化消费呈现又快又稳的发展态势。在新冠肺炎疫情影响下，长三角数字文化产业发展依旧保持良好走势，同时随着5G、人工智能、大数据、虚拟现实等技术在文化领域应用的扩展，长三角地区数字文化产业规模持续扩大，数字文化产业发展取得一定进展，其中上海、杭州的发展指数分别高达62.21、51.80。长三角文化消费呈现"一超三强"布局，上海是领头羊，杭州、南京、苏州紧随其后，共同构成长三角数字文化消费的区域四大中心，四大中心数字文化指数总和约占长三角的50%。上海、苏州、杭州和南京在各细分领域处于引领态势，先发和均衡发展优势明显。长三角数字文化产业发展较其他城市群均衡性更高，长三角内各城市数字文化指数的中位数与均值的差值低于珠三角和京津冀城市群，长三角文化产业一体化发展态势明显[①]。

2018年长三角地区主要领导座谈会审议并原则同意《长三角地区一体化发展三年行动计划（2018—2020年）》，进一步明确长三角一体化发展的任务。三省一市开展5G先试先用联合行动，共同推动5G外场技术试验和5G网络布局，联手保障网络信息安全，推动长三角城市群数字经济率先发展。截至2021年，长三角地区已经建成22.1万个5G基站，约占全国5G基站总量的26.9%，5G在工业互联网、车联网等重点领域创新应用示范项目超过1000个。数字经济的发展释放了传统行业极大的经济发展潜力，数

---

① 《引领未来消费 首份长三角数字文化消费报告发布》，https://m.gmw.cn/baijia/2020-11/26/34404169.html，最后访问日期：2022年11月10日。

字技术如今已经成为推动长三角地区文化产业发展的重要动力,长三角也为全国提供了数字文化产业的先行示范经验。

一是数字技术提高投入产出效率,开发文化产业新业态。数字技术和文化创意相结合,催生短视频、手游、直播、电竞、网络大电影等众多文化业态,新的业态不断涌现,推动传统产业实现智能化升级。《2020年度全国电竞城市发展指数评估报告》统计了2020年7月1日至2021年6月30日的电子竞技产业数据,选取了30个电子竞技产业活跃度较高的代表性城市进行分析评估,上海以78.7分位列"全国电竞城市发展指数"综合排名第一。作为中国电竞产业最早起步的城市,上海已成为目前中国电竞产业最活跃、最具影响力的一线城市。上海拥有国内80%以上的电竞开发公司,有1600余家持证游戏企业,拥有35家专业电竞场馆,超过四成的电竞赛事在沪举办。江苏作为网络文学大省,以网络文学IP全产业链发展为抓手,推进建设集网络文学创作、影视、网剧、游戏等文、艺、娱于一体的IP全产业链园区。浙江在数字文化产业领域处于领先地位,民营企业在浙江数字经济中占主要地位,阿里巴巴、网易、华策影视等企业发挥着领跑作用。

二是数字技术开发领先文化产品和服务,开拓文化消费新空间。近年来,长三角地区出现了一大批"数字研发+文化创意"的重点文化企业,如科大讯飞的智能语音技术领先全国。数字经济极大地拓展了文化消费新空间,推动了流量经济的增长,先进的数字文化平台吸引了大量资金、人才、技术等要素在长三角地区实现价值的创造。比如,华策影视、哔哩哔哩、阅文集团等文化产业平台已经拥有了产生巨大流量经济的先发优势。

(三)文化产业聚集效应初显

长三角区域文化产业一体化发展,既有历史文化的渊源也有现实经济的基础。极具活力的经济发展环境、开放的市场经济体系、活跃的创新氛围、充足的人力资本,使长三角成为全国文化聚集度最高的地区。长三角通过联动创新,将三省一市资源有效整合,游戏、影视和文化信息产业形成集聚效应,三省一市的网络文娱产业优势已经成形。

据统计，长三角地区拥有14个国家级文化和科技融合示范基地。近年来，随着文化和科技融合工程深入推进，文化产业为大数据、人工智能等科技创新应用提供了广阔的平台，形成了一系列文化科技类的实用新型专利，催生出大批互动性强、体验性好的文旅产品。第三届长三角文博会成立了"长三角文化产业投资联盟"和"长三角数字出版协同创新平台暨长三角数字出版创新发展联盟"两个平台，这两个平台的建立促进资源打破行政壁垒，使文化资源在长三角地区协同开放共享。通过资本和项目的有效链接，有利于长三角地区文化产业进一步协同发展，加速长三角一体化进程，形成沪苏浙皖互动效应。

（四）科技引擎拉动文化产业发展

科技的发展不仅促进了传统文化产业的升级，还催生了新兴文化业态。科技赋能为长三角文化产业发展带来新活力，科技与文化结合成为激发文化产业生产力的重要引擎。长三角地区拥有上海张江、安徽合肥2个综合性国家科学中心和全国约1/4的"双一流"高校，科技创新载体和平台众多。区域内有国家级重点实验室60多个，约占全国的1/4；工程技术研究中心70多个，约占全国的1/5。在科技企业孵化器、生产力促进中心等平台载体数量上，长三角区域也拥有绝对的数量和质量优势[①]。上海与高校、科研院所、科技公司、互联网平台合力推动关键技术自主创新，加快推进有线电视网络IP化、广电5G建设一体化发展和5G电竞赛事中心建设。江苏在出版内容生产、数字电影制作、广播电视、网络视听、创意设计服务、文化旅游发展、文化设备制造等相关文化产业领域具有领先优势。国家级音乐产业基地、国家级短视频基地两大"国字号"新地标相继落户浙江，浙江已有杭州、宁波、横店、浙报传媒、咪咕数媒、大丰实业6个国家级文化与科技融合示范基地，文化科技融合发展的平台不断提升、扩大。安徽开辟文化和科

---

① 合肥市统计局：《加快建设长三角科技创新共同体》，http://tjj.hefei.gov.cn/tjyw/jjck/1466424.html，最后访问日期：2022年11月10日。

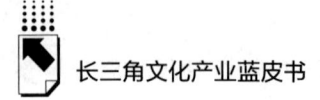

技融合的新渠道，将科技与书法、美术、演艺等传统文化门类相结合，引导文化产业集聚，培育发展新兴文化业态。

科技吸引长三角文化产业聚集。阅文集团、沪江教育、喜马拉雅、哔哩哔哩等国内行业龙头企业集聚张江文化产业园区并蓬勃发展，上海聚集了一批与基础装备、基础研发相关的文化产业；"十三五"以来江苏共组织实施了395项省级文化科技项目，布局建设了南京、苏州、无锡、常州4个国家文化和科技融合示范基地和32个省级文化科技产业园；浙江在数字影视、旅游演艺科技等行业已形成具有一定规模的产业；安徽有以科大讯飞为代表的高科技企业带动文化产业的发展。

长三角G60科创走廊将上海松江、浙江嘉兴、浙江湖州、浙江杭州、浙江金华、江苏苏州、安徽宣城、安徽芜湖、安徽合肥串联起来，成为长三角更高质量一体化发展的新引擎。在长三角G60科创走廊的牵引作用下，多地共享科创要素和生产要素，共同攻破关键核心技术，大幅提升区域产业集群的市场竞争力。上海松江与清华大学基于多年科创合作，引进清控人居集团，共同建立上海松江清控人居文化创意产业园，在文创领域共同探索G60文创升级的可能性，谋求长三角文创生态圈的建设，为长三角文化产业升级贡献力量。

（五）文化产业发展要素丰富

一是文化产业人力资本雄厚。文化产业的发展离不开人才，长三角是我国人才密集度最高、人才储备最丰富、人才吸附力最强的地区之一。据统计，长三角区域内拥有全国17.6%的高校，拥有中国美术学院、上海视觉艺术学院、上海戏剧学院、上海音乐学院、南京艺术学院、浙江音乐学院、浙江传媒学院等知名艺术类院校，培养了大量掌握专业文化知识的复合型人才。长三角丰富的人才资源为长三角文化发展带来活力，推动长三角文化产业一体化发展。

二是公共文化服务体系完善。"十三五"时期，长三角进一步统筹资源，均衡配置，促进基本公共文化服务均衡发展。目前，长三角地区共有

4638个群众文化机构、370个公共图书馆、5115个艺术表演团体、759个艺术表演场馆、240个文物保护管理机构、1028个博物馆，博物馆数量占全国博物馆总数的1/5，其中浙江省博物馆数量位列全国第一，人民群众的基本文化权益得到切实保障（国家统计局社会科技和文化产业统计司、中宣部文化体制改革和发展办公室，2021）。为推动长三角地区公共文化服务体系一体化发展，长三角各省市联合启动长三角地区国家公共文化服务体系示范区（项目）合作机制，以加强公共文化领域的交流，实现文化资源互补，推动长三角文化产业一体化发展。

（六）文化产业合作程度加深

近年来，上海、浙江、江苏、安徽积极携手，共同推动长三角文化产业一体化发展。虽然受到新冠肺炎疫情的影响，但三省一市于2020年11月19日至22日共同举办的第三届长三角国际文化产业博览会（以下简称"长三角文博会"）依旧取得了卓越成绩，与第二届相比参展商增加13%，由870余家增至1011家，国际影响力提升，辐射范围扩大。第三届长三角文博会正式取得UFI认证，吸引了众多国际参展商与观众，参展的海外文化机构所在的国家或地区数量由22个增至36个①。长三角文博会积极对接产品供需，深化产业链协作，为参展商设置三个经贸对接专区，同步举办了多场论坛、发布会、经贸配对会等活动，主办方发起成立了多个机构和平台用于推动长三角地区文化产业合作发展。长三角文化产业投资联盟的成立将搭建起四个地区文化产业交流的平台，在资本和项目间架起稳固的合作桥梁，发挥自身的带动效应和规模效应，鼓励各企业分享经验，助力长三角文化企业协同发展。安徽出版集团等四大出版集团联手打造了"长三角数字出版协同创新平台"，其将于2023年正式投入运营，成为长三角文化产业合作发展的新起点。此外，沪苏浙皖四省市

---

① 《长三角文博会：文化赋能经济新脉动》，https://baijiahao.baidu.com/s?id=1684042495615483185&wfr=spider&for=pc，最后访问日期：2022年11月10日。

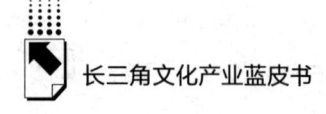

高校共同发起成立了"长三角文旅一体化发展专家智库",从文旅领域助力长三角文化产业合作。

(七)保障体系为企业市场营造良好环境

2018年,上海、江苏、浙江、安徽三省一市的人大常委会会议分别表决通过各省份的《关于支持和保障长三角地区更高质量一体化发展的决定》,确立长三角立法协同机制,保障长江三角洲区域一体化发展的国家战略顺利实施。

上海发布了《关于加快本市文化创意产业创新发展的若干意见》,提出文化创意产业是推动上海创新驱动发展、经济转型升级的重要动力,要在影视、演艺、动漫游戏、网络文化、创意设计等重点领域保持全国领先水平,实现出版、艺术品、文化装备制造等骨干领域跨越式发展,加快文化旅游、文化体育等延伸领域融合发展,为进一步推进文化创意产业在经济发展当中起支柱作用注入了新的能量。明确了到2030年,上海文化创意产业增加值占全市生产总值的比重达到18%左右,基本建成具有国际影响力的文化创意产业中心;明确了到2035年,全面建成具有国际影响力的文化创意产业中心的总体战略目标。

为加强示范区的培育和建设,促进文化和旅游产业更深层次的融合发展,江苏省文化和旅游厅印发了《江苏省文化和旅游产业融合发展示范区建设指南(试行)》。为加快提升文化创意和设计服务产业的发展水平,推进其与相关产业融合发展,结合江苏实际,苏州于2015年出台了《关于进一步加快文化创意产业发展的若干政策意见》,南京于2016年出台了《关于促进文化创意和设计服务与相关产业融合发展的实施意见》,江苏明确提出把苏州建成传统工艺与现代创意设计融合创意示范城市,南京建设成为区域性文化创意设计服务中心和建筑设计服务中心,其他城市建成各具特点的创意城市、设计都市,建成沿江创意设计城市群和沿运河创意设计特色产业带等目标要求。

浙江省财政厅、中共浙江省委宣传部印发了《浙江省文化产业发展专项资金管理办法》，每年安排补助专项资金1000万元，支持文化产业重点扶持县（市、区）加快发展。为打造浙江文化产业发展重要增长带，杭州发布了《关于加快建设国际文化创意中心的实施意见》，为文创产业在新起点上实现新发展谋划了新一轮宏伟蓝图和创新举措。2018~2022年，杭州加快推进数字内容、影视、动漫游戏、创意设计、现代演艺等优势行业及艺术品等重点行业创新发展，构建在国际上有较高知名度、在全国具有引领示范作用的之江文化产业带，打造成为全市文化创意产业提质增效发展的主引擎、全省文化产业发展的重要增长带。浙江全省各县（市、区）相继印发《关于进一步加快发展文化产业的若干意见》，设立文化产业发展专项资金，扶持重点文化企业的发展，为营造优越的文化产业发展政策环境而发力。

安徽为在更大范围、更宽领域、更深层次上提升省内文化产业和旅游产业的发展水平，发布了《安徽省文化产业和旅游产业融合发展示范区认定与管理暂行办法》。合肥发布《合肥市培育新动能促进产业转型升级推动经济高质量发展若干政策实施细则》，明确提出支持文化产业、新兴文化产业发展，重点支持创意文化产业集聚发展基地内的创意载体建设，支持文化与科技融合发展，支持文化与旅游融合发展。

三 长三角文化产业发展问题与困境

作为中国经济最活跃的地区，长三角整体文化产业发展迅速，但受经济发展不平衡、文化产业机制问题等影响，长三角区域文化产业发展面临着不小挑战。

（一）文化产业发展同质化和单一化

相较于粤港澳大湾区和京津冀城市群，长三角间城市文化产业发展分工不明确，存在同质化竞争问题。资本追求的是能够增值的文化项目和文化形态，可能会忽略优秀传统文化的传承和发展，从而使江南传统文化被消费文化同化而失去应有的特色。一是文化产业发展模式同质化。长三角三省一市

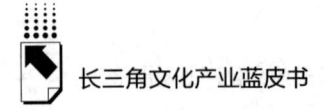

文化产业发展模式存在同质化倾向，各地都选择了"文化+旅游""文化+商业""文化+互联网"等发展模式，间接造成了区域内不同城市之间竞争激烈，并逐步同质化。二是文化产业布局和产品单一化。长三角各地区为了发展文化产业，盲目建立各种产业园区。在文化建设上重复规划，文创产品缺乏特色，特色小镇的发展千篇一律。文化产业发展的单一化容易造成资源浪费和恶性竞争。

（二）文化产业发展不平衡

在长三角区域内，上海、江苏、浙江的文化产业发展水平明显优于安徽。无论是从文化产业增加值还是从文化产业增加值占地区生产总值的比重来看，三省一市之间都存在较大差异。据上海师范大学、华东师范大学及上海相关高校研究人员共同组成的课题组联合编制完成的《2021长三角城市文化竞争力报告》，上海城市文化竞争力位居长三角地区第一，长三角城市文化竞争力呈东强西弱基本格局。上海、浙江的文化产业增加值占GDP比重都达到或者超过了5%，在国民经济中起支柱产业的作用，而江苏、安徽的文化产业尚未达到支柱产业目标。

各地区地理位置、经济发展水平、资源禀赋等因素存在差异，导致地区文化产业发展方向和发展水平不尽相同。一是经济发展相对滞后导致所获得的文化资源较少。安徽经济发展相对于长三角其他地区较滞后，资金供给不如其他地区，导致所获得的文化资源相对匮乏。二是居民文化需求相对较低。经济发展水平相对落后在一定程度上制约了居民文化消费需求。2020年，上海、江苏、浙江、安徽各地居民人均文化娱乐消费支出分别为1469元、680元、867元、456元（国家统计局社会科技和文化产业统计司、中宣部文化体制改革和发展办公室，2021），安徽居民文化消费需求明显低于其他地区。三是文化科技融合度不高。安徽省内文化产业以小中企业为主，文化科技融合的企业数量少，缺乏科技对传统文化产业的改造。四是文化产业人才不足。安徽存在文化产业从业人员数量不足、从业人员素质不高的问题，而这制约安徽的文化产品创新，使得人才对文化产业积极发展的贡献度较低。经济发展不平衡、文化资源要素分配不均等因素加剧了长三角区域文化产业发展不平衡的问题。

（三）文化产业关联度不高

长三角区域内各地区产业有效链接的能力不足，产业链相对松散。一方面，长三角区域文化产业相关的技术、人才资源、信息资源等要素之间没有形成有效流通，各城市企业之间缺乏有效沟通，甚至出现同质化的问题。另一方面，由于行政区划壁垒的存在，长三角各城市文化产业的发展均依托自身优势和特点独立进行，缺乏协调发展的观念。长三角每个城市都拥有自身的文化市场，区域内文化产业缺乏整体、全面的规划，文化市场规模小且分散，文化产业价值链未能得到充分延伸。仅靠市场自身无法形成更大范围的文化市场，各地发展只追求自身利益最大化，忽略了与周边地区资源互补能产生更高的效益，加剧了区域内文化产业发展的不平衡。只有区域内文化企业联动发展，才能使长三角文化产业一体化发展格局加快形成。

（四）文化产业机制发展滞后

制度创新是文化产业发展的重要保障。长三角地区具有深厚的文化底蕴、丰富的文化资源，但其文化产业发展缺乏总体性的规划，并未形成完备的区域文化产业发展格局。由于行政区划壁垒的存在，长三角地区文化市场被割裂，各城市间协调发展的观念不强，无法形成高效有序的区域文化协调发展机制，文化资源要素的流通受体制阻碍。文化资源要素市场的开放程度与文化产业发展水平不匹配，在一定程度上阻碍了文化产业发展。此外，虽然相关政府部门出台了促进文化发展的利好政策，但部分文化企业受传统观念约束，市场化程度不高，企业发展规划不够合理，导致企业经营无效率。

四 长三角文化产业发展对策与建议

文化产业是绿色产业、朝阳产业，具有"一业兴带动百业旺"的特点。

积极发展文化产业，促进文化产业转型升级，对于提升长三角区域居民生活质量、增强长三角区域综合竞争力具有重要意义。

（一）以创新促长三角文化产业提质升级

文化产业发展离不开研发创新，作为全国文化产业最为集中、地理位置最为优越、基础条件最为完备、发展势头最为强劲的长三角区域，在新时代以文化产业的体制创新、传承方式上的数字化创新、弘扬过程中的体验式创新、产业发展中的融合式创新促进其不断焕发文化产业新生机是不可或缺的。

一是通过科学技术的快速应用，以技术合作为主线，使文化产业在生产规模和生产布局上全面铺开，以创新指导技术为支撑，不断形成以江南文化为主体的长三角文化产业品牌，拓展长三角文化产业服务范围，完善长三角文化产业服务体系，提升长三角文化产业服务质量。与高新技术产业有机结合，将长三角文化嵌入长三角地区的旅游市场，共同打造一批具备江南特色、文化情愫的产业项目。不断加强与国内外的文化交流及合作，明确长三角文化产业发展的核心在于传承与发扬以江南文化为主体，同时具备各自地方特色的长三角文化；明确长三角文化产业发展的外围是借助现代科学技术进行数字化保护与全流程复刻，通过深层次的文化交流不断吸收借鉴优秀文化成就；明确长三角文化产业发展的平台是围绕长三角整体的全域旅游产业发展布局以及独有的文化印记下的文化品牌。将核心不断做大、将外围不断做优、将平台不断做强，为推动整体发展提供创新思维。

二是要充分发挥官产学研用的合作平台，共同助力长三角文化产业发展。不断发挥科研院所、高等院校在挖掘地方文化内涵、提供地方文化产业化发展思路、传承和保护地方文化合理内核等方面的基础性作用，使其在提升自身学术水平的同时提升创新能力，并通过与文化企业的积极合作促进科研技术创新体系的建立与完善，加快科研成果转化的速度，从而提升整个企业乃至市场的竞争力与知名度。依托高等院校的文化产业孵化园或政府设立的文化产业园区不断吸引创新性小微企业和知名文化企业入驻，加大文化企业人才的培养力度和管理水平，提升企业的市场开拓能力及目标规划能力。促进文化产业跨区合作，依靠地区文化资源禀赋及经济竞争优势，积极推动长三角地区文化产业集聚化，充分利用区域内文化产业要素，使整个地区的文化产业发展优势得以精进。

三是因地制宜错位化发展促进文化产业发展多元化。依据沪苏浙皖四地的文化特色、各自在整体文化发展中的地位以及各自不同的文化产业发展定位，充分发挥各个地方的文化产业比较优势，不断提升长三角文化产业的市场竞争力。通过增强文化交流和促进文化产业融合，进一步加强区域之间的合作联动，制定符合各地文化产业发展实际和发展要求的相关政策，探索区域文化联动发展新机制。强化各地分工协作力度，提升长三角地区文化产业发展的整体效率和水平，坚持错位发展，使长三角文化产业向多样化发展，促进长三角文化百花齐放。

（二）推动江南文化整体可持续发展

沪苏浙皖地缘相接、人缘相亲，江南文化是长三角文化产业一体化发展的历史认同基础，沪苏浙皖四地的文化共同构成了江南文化的内核。长三角地区的文化各具特色：上海的文化强调创新、开放；江苏的文化传承了吴文化外柔内刚、精致典雅的特点；浙江的文化则传承了越文化敢为人先的特点；安徽的文化具有经世致用、讲求"天下和洽"的特点。可以清晰地发现，长三角所自发认同的江南文化并不是各地区文化的简单相加，而是在相互交融中形成的具有当代特色的、兼具个性和共性的文化，是国内文化融合中最具活力的代表。

一是要重视物质文化遗产和非物质文化遗产的保护与传承，以"保护为主、抢救第一、合理利用、加强管理"作为保护和传承江南文化的原则，在文化遗产的摸排和文物保护流程上下大力气。建议沪苏浙皖四地的政府加快实施文化遗产保护与传承的立法工作，尽快修订和出台相关法规与条例；不断加大对历史文化修缮维护的资金投入，文物保护经费要做到专款专用；加大文物保护的执法和惩处力度，防范文物破坏、偷盗、流入黑市等恶性事件的发生；鼓励地方文化遗产项目借助民俗节日和文化遗产日等节庆活动，开展文化遗产进校园、进企业、进社区等活动以提高人民群众的文化遗产保护意识，为更好地传承和弘扬地方文化遗产提供有利外部环境。

二是要加大对非遗代表性传承人的帮扶力度，促进地方特色非物质文化遗产的传承和弘扬。非遗代表性传承人在传承非物质文化遗产的过程中具有举足轻重的地位，由于文化传承自身的限制因素，非遗代表性传承人所形成的社会效应较弱，仍需借助社会各方力量不断扩大社会影响。建议基于《中华人民共和国非物质文化遗产法》，从授徒、传艺和交流三个方向加强非遗代表性传承人对非物质文化遗产的传承和保护，总结、宣传和展示非物质文化遗产在保存和传承上的重要性和先进做法。加强对非遗代表性传承人的保障，借助现代技术不断探索和发展非物质文化遗产的网络化、电子化，通过非遗承载体的扩充推动非遗资源的保护、传承、共享和利用，倡导非遗融入生活、服务社会、弘扬传统。此外，鼓励居民与社会各界的积极参与，建立全社会协同推动历史文化资源保护与利用的工作机制，还可以通过授予非遗传承人荣誉称号、发放非遗传承特殊津贴等方式，更好地实现非遗代表性传承人的个人价值和社会价值的有机统一。

（三）加快打造长三角文化产业共同体

构建长三角文化产业共同体，是推进长三角更高质量一体化发展的重要组成部分。为促进长三角文化产业协调发展，构建长三角文化产业共同体势在必行。

在结构上，要形成多样化部门运作、多元化资本注入的行业经营的文化产业集团。通过生产要素质量的提升，改变产品生产质量与结构，树立品牌战略的思路，打造精品文化产品，拓展投融资的多元化，鼓励优质资本参与到产业整体运作中。充分重视科学技术在推动长三角文化产业发展中的作用，推动具有创新推动力的科学技术和科研成果快速转化为产业发展的动力，提高产品和项目的技术含量与发展水平。

在文化创新上，下大气力，做足功夫，促进科技创新和文化创新的交错集成，以推动现代数字网络技术在现代文化产业中的运用，发展壮大传统文化形式、加快发展多媒体和融媒体、积极推动动漫及数字游戏等业态兴旺。不断发挥产业园区的集聚效应，加大长三角文化产业链的前沿布局、前端突破、前卫布局，及时把握文化产业发展动态，不断以新形式、新作品、新项目、新品牌巩固长三角先进的数字文化平台，吸引大量资金、人才、技术等要素在长三角区域实现价值的创造，不断推进长三角区域更高水平一体化发展。

在文旅融合上，不断增添文化主题和时代主题以保障其发展的持续性。长三角地区坐拥丰富的旅游资源，将其文化产业发展与旅游产业发展绑定，多渠道、多机制实现文旅融合，不断厘清可持续发展理念。在长三角旅游发展较为滞后的地区，加快提升文化品牌和文化产业的发展以带动旅游产业持续升级，利用旅游产业的发展壮大带动文化内涵的不断深挖和文化品牌的创立，形成文旅融合发展协调进步的良性发展格局。

在行政制度上，要创新体制机制以打破区域行政壁垒，突破本地区单一的文化格局，促进长三角文化的协同融合发展。进一步确认市场的主体地位，使市场在资金、技术、人才等文化资源配置中起决定性作用，确保文化资源要素能在区域内流动。以文化资源的合理分配和有效配置，不断缩小长三角地区文化产业发展的地域差距、产业规模差距、产业发展差距以及产业需求差距。从更加合理的体制机制设置和规划中找准长三角文化产业资源的配置目标和中长期发展目标，实现文化市场繁荣程度差距的缩小、文化市场规模差距的缩小以及文化产业占总产值比重差距的缩小，在这个调节的过程中带动整个长三角文化产业结构的变化和革新，推动文化市场繁荣兴旺。

发挥先进城市和先进企业的带头作用。发挥好上海的龙头作用，培育和发展先进城市和先进企业的文化辐射能力，带动周边区域文化产业发展，促进长三角区域文化产业整体发展。鼓励龙头企业开展合作，以提高行业集中度，进一步完善产业链。促进区域内文化企业联动发展，加强长三角区域内文化产业协作分工、优势互补，加强区域内文化资源横向分配，促进区域内文化产业有效联动和合作，增强文化产业市场竞争力。

（四）发挥政府在构建长三角文化产业发展新格局中的关键性作用

地理位置相近、生活习性相似使长三角各地文化具有相通相容性，但各地又有其独特的文化底蕴，在文化产业发展中呈现出不同的特点，在今后的发展中如何在城市群中凸显自身的优势，对长三角各地区文化产业的发展来说是必须突破的挑战。基于此，欲推动长三角文化产业的发展，需要政府统筹发展，制定符合长三角地区文化产业合作的总体规划和各阶段发展规划，各地区、各城市间的文化产业合作发展作为共同发展的基础，在优势互补的过程中不断提升长三角文化产业的总体水平。

通过建立政府间的合作机制，不断深化组织间的协作职能，联合开展长三角文化产业发展片区规划、统一长三角地区文化服务行业的服务标准和监管条例，制定长三角地区文化产业发展和产业服务的远景目标。坚持政府引导和企业主体的原则，充分发挥政府作用，通过体制机制改革不断加快长三角文化产业协同发展步伐；以长三角文化产业发展专项项目为契机，促成多方参与的文化产业合作；完善人才保障机制，建立合理的人才引进机制，针对有特殊技能的文化产业人才，可放松落户要求，保证人力资本在区域内自由流动，优化文化产业人才评价和培养机制；加大对文化企业的资金支持力度，以股权、融资租赁等投资方式，促进文化企业的总体规模和发展水平大幅提升，鼓励支持文化企业跨区域合作，不断培育、发展和扩大文化市场主体。

参考文献

《安徽文化年鉴》编辑部编，2021，《安徽文化年鉴（2020）》，黄山书社。
国家统计局编，2021，《中国第三产业统计年鉴2020》，中国统计出版社。
国家统计局普查中心编，2021，《中国基本单位统计年鉴2021》，中国统计出版社。
国家统计局社会科技和文化产业统计司、中宣部文化体制改革和发展办公室编，2021，《中国文化及相关产业统计年鉴（2021）》，中国统计出版社。

韩东林、巫政章，2022，《我国数字文化产业区域竞争力评价——基于长三角、珠三角、京津冀的比较分析》，《武汉商学院学报》第 1 期，第 25~33 页。

胡慧源、李叶，2022，《长三角文化产业集群一体化发展：现实瓶颈、动力机制与推进路径》，《现代经济探讨》第 9 期，第 117~123 页。

《江苏文化和旅游年鉴》编纂委员会编，2021，《江苏文化和旅游年鉴 2020》，江苏凤凰科学技术出版社。

《人民日报》，2020，《中共中央关于制定国民经济和社会发展第十四个五年规划和二〇三五年远景目标的建议》，11 月 3 日，第 1 版。

王菡薇、周林意，2021，《"后疫情时代"长三角地区文化产业一体化实现路径研究》，《文化产业研究》第 1 期，第 46~61 页。

王霞霞，2022，《江南文化助力长三角文化产业一体化发展研究》，《江南论坛》第 4 期，第 30~34 页。

中国出版工作者协会、中国出版科学研究所合编，2021，《中国出版年鉴（2021）》，商务印书馆。

《中国出版年鉴》杂志社有限公司编，2021，《中国出版年鉴（2021）》，中国出版社年鉴杂志社。

行业报告
The Industry Reports

B.2 长三角出版产业发展报告

乔 睿*

摘 要： 长期以来，长三角地区凭借在经济发展水平、开放程度和创新能力方面的优势，聚集了丰富的出版发行资源，培育了广阔的市场空间，是我国出版发行行业最为发达的地区之一。随着长三角一体化上升为国家战略，该区域出版产业发展迎来了新一轮的机遇与挑战。在此背景下，本文对2016~2021年长三角地区三省一市出版产业发展的总体规模、细分业务、市场主体等核心指标数据展开历时性和跨区域对比分析，对若干关键事件、重点领域与未来发展趋势进行研判，以期为我国出版产业高质量发展提供启示。

关键词： 长三角 出版产业 融合发展 数字出版

---

* 乔睿，上海财经大学人文学院经济新闻系讲师，研究方向为媒介经营管理。

本文关注在长三角一体化国家战略下长三角地区三省一市出版产业的发展状况，从 2016~2021 年长三角地区出版业大事件、出版业产业规模、出版业细分业务、出版发行机构与从业人员多个角度，以数据勾画长三角地区出版产业的发展特征，并侧重关注疫情防控常态化时期长三角地区实体书店的发展情况。在此基础上前瞻性地探讨出版产业的发展趋势，以期有助于长三角出版产业的健康快速发展，并对我国其他地区的出版产业建设有一定的借鉴价值。

一 长三角地区出版业大事件解析

每年 1 月，由中国出版协会主办的中国出版年会定期揭晓上年度中国出版业的十件大事，既是上一年度的行业大事记，也对未来行业发展具有极强的政策导向性。本文结合 2016~2021 年度中国出版业的六十件大事（详见附录 1），对近年来长三角地区出版业在以上大事件中所投射出的典型特征展开分析，并分为主题出版、区域出版一体化、出版传媒集团、数字出版、全民阅读、应急出版六个方面。

（一）主题出版：长三角地区主题出版选题结合地域特色和优势资源，出版物形式以及展销途径创新，积极通过联合展销合力打造全国主题出版高地

自 2003 年国家新闻出版主管部门启动主题出版工程到 2021 年，主题出版的发展已经过去了 18 年。如今主题出版已进入快速发展时期，经统计，2021 年主题出版重点出版物选题共计 170 种[1]，其中长三角地区三省一市共入选 23 种，占比约 13.5%。如图 1-1 所示，2016~2021 年，上海主题出版重点出版物选题共计 36 种，是各地方出版社入选数量最多的地区，仅次于

---

[1] 《中央宣传部办公厅关于公布 2021 年主题出版重点出版物选题的通知》，https://www.nppa.gov.cn/nppa/contents/279/76852.shtml，最后访问日期：2022 年 12 月 3 日。

中央级别出版社的入选数量，在长三角地区居首位，且在2020年表现突出，这六年上海世纪出版（集团）有限公司（以下简称"上海世纪出版集团"）共计入选24种重点出版物选题，贡献率超过50%。2016~2021年，江苏、浙江、安徽分别入选23种、18种、16种重点出版物选题，在全国范围内居于前列，代表性出版集团如江苏凤凰出版传媒集团有限公司（以下简称"江苏凤凰出版传媒集团"）、浙江出版联合集团有限公司（以下简称"浙江出版联合集团"）、安徽出版集团有限公司（以下简称"安徽出版集团"）均有超过10项选题入选。

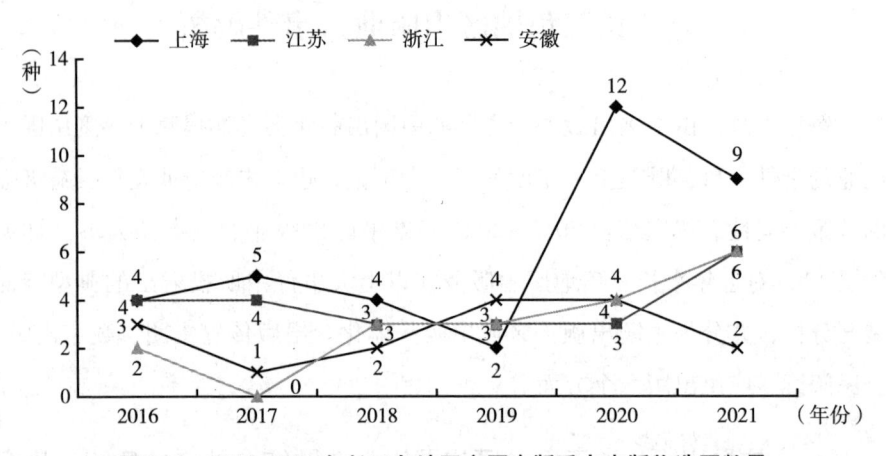

图1-1 2016~2021年长三角地区主题出版重点出版物选题数量

资料来源：国家统计局。

在主题出版方面，近年来主题出版的选题包括"改革开放40周年""中华人民共和国成立70周年""全面建成小康社会""中国共产党成立100周年"等党和国家的重大事件、重要节点，同时也包括与新冠肺炎疫情相关的突发公共事件。长三角地区三省一市的主题出版选题紧扣时事，结合地域特色和资源优势，表现出不同特点。以上海为例，积极通过主题出版激活红色资源，合力打响上海出版品牌。上海是中国共产党的诞生地，有着优良的红色传统和深厚的红色资源。"如何激活红色资源，延续红色基因，让红色故事长久焕发生机"主题出版成为一条有效路径。截至2020年7月，上海已推出超过50种精品主题读物，其中《战上海》获得中宣部第十五届精神文明建设"五个一工程"特别奖、2018年度"中国好书"奖；《革命者》《火种——寻找中国复兴之路》《中国共产党建设史》《文献中的百年党史》《外国记者眼中的早期中国共产党人》《"红色精神 百年传承"连环画微动画》被中宣部列为2020年重点出版物。在2021年7月建党百年之际，一批相关主题出版物陆续推出，如《中国共产党建设史》《中国共产党在上海100年大事记》以及"上海：党的诞生地"系列研究丛书等。2018年，浙江通过融媒体出版形式创新，按重点出版计划，在图书、影视、网络游戏、网络文学等领域发力，包括：推出《大时代——我们亲历的改革开放》《中国改革开放经济思想简史》《大地的回声》等纪念改革开放40周年献礼图书；完善重点影视作品目录，推动实施影视精品创作计划，充实浙江影视项目库，入库项目达200个以上；抓好网络游戏属地管理试点，促进浙江游戏精品创作；实施网络文学培育工程，推出优秀原创网络文学作品；推进《之江新语》多语种翻译出版工程和《中国历代绘画大系》《浙江通志》《浙江文丛》等重大出版项目①。

长三角四地出版发行协会和四大书城联合展销主题出版物，共同打造主题出版高地，并注重强化地域品牌。为庆祝中华人民共和国成立70周年，上海市书刊发行行业协会、江苏省出版物发行业协会、浙江省出版物发行业协会、安徽省书刊发行协会联手四地知名书店，首次推出联合展销，集中展示展销长三角地区的主题出版物。本次展示展销的图书包含2019年主题出版重点出版物以及四地协会分别推荐的本地出版的主题图书。其中，上海围绕红色起点、上海解放等主题，推荐《红色起点》《战上海》《1949上海解放日志》等；江苏围绕江苏四种革命精神、江苏创新型省份的探索与建设等主题，推荐《江苏创新型省份的探索与建设》《探路前行新时代》《南京传》等；浙江围绕红船精神、八八战略等主题，推荐《之江新语》《读懂八

---

① 《2018年全省新闻出版广播影视和版权工作要点》，http://gdj.zj.gov.cn/art/2018/2/9/art_1229248388_2004509.html，最后访问日期：2022年11月10日。

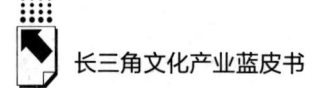

八战略》《浙江改革开放 40 年口述历史（1978—2018）》等；安徽则围绕小岗精神等主题，推荐《党旗下的辉煌——中国共产党在安徽》《红手印的褒奖——沈浩与小岗的故事》等①。

（二）区域出版一体化：以政策驱动为主，自上而下推动区域出版一体化

长期以来，长三角地区经济发展水平较高，增长能力和创新能力强，对内及对外交流开放程度高，为该地区文化产业发展打下了坚实的经济基础。同时，长三角地区属于江南文化的核心区域，人文历史资源荟萃，这为文化产业尤其是出版业的发展营造了浓厚的文化氛围。自长三角一体化上升为国家战略以来，长三角地区三省一市的出版业之间存在的诸多交往与合作，在政府、行业以及企业层面均有所体现。

在政府层面，2018 年 8 月 15 日，长三角地区三省一市新闻出版（版权）局负责人在上海书展上共同签署了《关于共同推动长三角区域出版和版权发展的框架协议》，明确未来将在行业监管、产业发展、公共文化服务以及合作交流等方面开展更加深入的合作，共促发展；将建立长三角新闻出版（版权）局长联席会议机制，每年召开一次"长三角新闻出版高峰论坛"，由三省一市轮流举办，进一步推动长三角出版业更高质量的合作共赢。一些具体合作项目，包括联手编撰出版"江南文化研究丛书"、举办三省一市精品图书联展、打造长三角阅读圈、建立中国国际进口博览会事前事中的协同保障机制、探索图书期刊印制委托书跨省报备等。

在行业层面，2019 年 6 月 27 日，在第九届江苏书展上举办了长三角出版业高质量发展论坛，中国出版协会常务副理事长和四地出版传媒集团负责人围绕"出版业高质量发展和创新性发展"议题进行深入交流。2020 年 9 月，中国黄山书会重要活动"长三角出版发行一体化发

---

① 《长三角四大书城首次联展主题出版物》，https：//meiwen.gmw.cn/2019-09/27/content_33192650.htm，最后访问日期：2022 年 11 月 10 日。

展论坛"在安徽合肥举行，四地出版发行集团负责人就后疫情时代长三角出版行业的转型升级和创新发展进行交流。2020年11月21日，安徽出版集团、上海世纪出版集团、江苏凤凰出版传媒集团、浙江出版联合集团在第三届文博会"'十四五'时期长三角文化产业发展新机遇、新使命"主旨论坛上，共同签署了《长三角数字出版创新发展联盟战略合作协议》，打造"长三角数字出版协同创新平台"[1]。长三角地区四大出版传媒集团的合作有利于充分发挥各自所在地区的综合优势、资源及能力，同时因地制宜、自主建立地区分部，共同发力互联网"下半场"和5G背景下的数字文化内容领域。

在企业层面，近年来，随着长三角一体化发展的不断推进，越来越多的出版业企业开始互相跨地域拓展，提高产业集聚度、区域连接性和政策协同效率。其中，品牌实体书店的跨区域设店经营就是一个典型代表。例如，在上海的实体书店行业中，就有来自浙江的博库书城、来自江苏的大众书局和"猫的天空之城"，其中"猫的天空之城"成为市民喜爱的"网红书店"；钟书阁等上海的品牌书店亦在江苏、浙江开设了多家分店，吸引了媒体与公众的关注。

（三）出版传媒集团：长三角地区出版传媒集团的旗舰效应突出，打造数字出版协同创新平台，形成以上海为中心、以长三角为支撑的数字出版高地

2010年，新闻出版总署在《关于进一步推动新闻出版产业发展的指导意见》中提出，在三到五年内，重点培育六七家资产超过百亿、销售超过百亿的国内一流、国际知名的大型新闻出版企业，努力打造具有国际竞争力的跨国出版传媒集团。截至2020年底，全国共有经国家出版管理部门或省级出版管理部门批准的出版传媒集团123家，其中图书出版集团39家、报

---

[1] https://www.jiemian.com/article/5300723.html，最后访问日期：2022年11月10日。

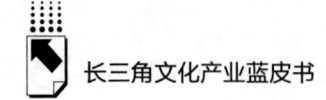

刊出版集团 45 家、发行集团 28 家、印刷集团 11 家。①整体而言，出版传媒集团资产规模进一步扩大，利润总额继续增长，主营业务收入恢复增长。

长三角地区出版传媒集团的旗舰效应突出，江苏凤凰出版传媒集团、上海报业集团、安徽新华发行（集团）控股有限公司（以下简称"安徽新华发行集团"）分别成为图书、报刊、发行集团的"领头羊"。在 39 家图书出版集团中，江苏凤凰出版传媒集团、浙江出版联合集团、安徽出版集团进入"三百亿"集团阵营，即资产总额、主营业务收入和所有者权益均超过 100 亿元，占据了七席中的三席。在 45 家报刊出版集团中，上海报业集团、浙江日报报业集团、江苏新华报业传媒集团有限公司进入总体经济规模排名前十，分别位列第一、第二和第八，其中上海报业集团、浙江日报报业集团的资产总额超过百亿元。在 28 家发行集团中，安徽新华发行集团的资产总额、所有者权益和主营业务收入均超过 100 亿元。江苏凤凰新华书店集团有限公司、上海新华发行集团有限公司和浙江省新华书店集团有限公司 3 家企业的资产总额均超过 100 亿元。此外，上海世纪出版集团、安徽出版集团、安徽新华发行集团、江苏凤凰出版传媒集团、浙江出版联合集团均连续多年入围"全国文化企业 30 强"。

长期以来，各地出版传媒集团不断推进数字化转型，并取得了一定成效。在长三角一体化背景下，三省一市的出版传媒集团共同打造数字出版协同创新平台，旨在形成数字出版高地。长三角数字出版创新发展联盟的目标是在上海张江科学城建设长三角数字出版协同创新中心和创新平台，打造一个以上海为中心，以长三角为支撑，辐射全国并影响亚太地区的数字出版新高地，引领区域出版产业体系和协同创新体系。

（四）数字出版：长三角地区数字出版精品项目迭出，涵盖主题与产品形态多元，技术赋能特征明显

近年来，我国数字出版产业蓬勃发展，产品形态不断丰富，产品质量不

---

① http：//wap.gdpg.com.cn/view?id=1705，最后访问日期：2022 年 11 月 10 日。

断提升，产业规模不断扩大，成为推动出版产业迅速发展的新引擎。自2019年起，国家新闻出版署组织实施数字出版精品遴选推荐工作，每年从数百家单位申报的超过500个项目里优中选精。2019年、2020年和2021年分别有95个、46个和20个项目入选数字出版精品项目，其中就分别包括11个、5个和1个长三角地区报送的项目（见表1-1）。

表1-1　2019~2021年国家新闻出版署数字出版精品项目（长三角地区入选项目）

年份	项目名称	申报单位
2019	"爱听外语"有声移动学习系统	上海外语教育出版社有限公司
	有声音乐图书	上海音乐出版社有限公司
	多样的生命世界	上海少年儿童出版社有限公司
	基于大数据的少儿原创音频内容智能云开放平台	上海童锐网络科技有限公司
	凤凰数字教材	江苏凤凰电子音像出版社有限公司
	"农技耘"APP	江苏凤凰科技出版社有限公司
	浙江省高校大学生理论学习平台——"理想之光"数字阅读服务APP	咪咕数字传媒有限公司、浙江大学出版社有限责任公司
	"STEM未来计划"数字融合课程平台	浙江教育出版社集团有限公司
	徽州古村落文化资源数字化知识服务项目	合肥工业大学出版社有限责任公司
	基于人工智能的"豚宝宝"学前教育艺术数字课程	安徽时代漫游文化传媒股份有限公司
	皮影中国AR绘本	安徽少年儿童出版社
2020	"华狮"小助手	华东师范大学出版社有限公司
	WE外语智慧教育平台	上海外语教育出版社有限公司
	《为了共同的健康》——疫情防控全媒体传播项目	浙江教育出版社集团有限公司
	"凤凰易教"教师信息技术应用能力提升系统	江苏凤凰电子音像出版社有限公司
	基于老年群体的移动音频智慧服务平台——乐龄听书	安徽科学技术出版社、时代数媒科技股份有限公司
2021	每日中华名画	浙江大学出版社有限责任公司

资料来源：国家新闻出版署。

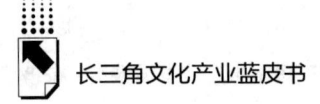

数字出版精品项目涵盖了主题出版、大众出版、专业与学术出版、教育出版、少儿阅读五大类，产品形态包括融媒体出版物、数字教材、云课堂、数据库产品、AR/VR产品等。在长三角地区入选的精品项目中，上海市出版单位结合自身在儿童教育、外语教育方面的长期积累，将内容资源优势转化为数字内容服务优势，推出了多个融媒体出版物、数字教材和云课堂。除教育出版和少儿阅读这两类项目占比较高外，江苏凤凰科技出版社有限公司的"农技耘"APP围绕农业科技主题，将线性传播的知识产品转换为场景化传播的知识服务。安徽省申报的徽州古村落文化资源数字化知识服务项目和皮影中国AR绘本，利用数字化技术手段为地方优秀传统文化注入新的活力。整体而言，数字出版精品项目体现了我国近年来出版融合的发展成果，也为出版业的转型升级和深度融合探索了新的路径。

（五）全民阅读：长三角地区居民各媒介综合阅读率远超全国平均水平，上海、浙江、江苏均超过90%；区域内联合举办全民阅读活动，提出智慧阅读倡议，共筑"书香长三角"

自1999年起，由中国新闻出版研究院组织实施的全国国民阅读调查已持续开展了十九次。第十九次全国国民阅读调查数据显示，2021年我国成年国民包括书报刊和数字出版物在内的各种媒介的综合阅读率为81.6%；人均纸质图书阅读量为4.76本，人均电子书阅读量为3.3本；人均每天读书时长为21.05分钟，人均每天读报时长为5.22分钟，人均每天阅读期刊时长为2.96分钟。

相比于全国国民阅读调查的平均水平，长三角三省一市居民的阅读调查各项指标均表现优异。根据中共上海市委宣传部（上海市新闻出版局）发布的《2021年上海市民阅读状况调查》、中共浙江省委宣传部发布的《2021年浙江省全民阅读报告》、江苏省全民阅读办及江苏省社情民意调查中心发布的《2021年度江苏省居民阅读状况调查》、中共安徽省委宣传部发布的《2021年安徽省居民阅读状况调查》的数据，上海、浙江、江苏、安徽四地成年居民的综合阅读率（即纸质阅读和数字阅读的人数占总人数的比率）依次递减，分别为95.85%、91.0%、90.23%、82.8%，均高于全国平均水平（81.6%），上海成年居民的综合阅读率居全国榜首，浙江、江苏两地成年居民的综合阅读率也均超过90%，安徽成年居民的综合阅读率在长三角范围内明显落后于其他三地。随着数字媒介设备与内容产品的流行，各地居民的数字阅读时长、电子书阅读量均有所提高，并出现超越纸质书的趋势。例如，60.81%的上海市民日平均纸质阅读时长超过半小时，而有58.94%的上海市民日平均数字阅读时长超过半小时，纸质阅读时长明显长于数字阅读时长；浙江居民人均纸质图书阅读量为4.9本，而人均电子图书阅读量为8.5本；江苏居民纸质图书阅读率为71.72%，电子图书阅读率为64.38%，人均纸质图书阅读量为5.78本，人均电子图书阅读量为10.24本；安徽居民人均纸质图书阅读量为4.79本，人均电子图书阅读量为3.65本[1]。

基于地理接近性和文化共同性，长三角各地方图书馆牵头举办了一系列区域性活动、倡议，依托公共文化设施和资源，调动区域范围内居民的参与热情。自2018年以来，上海图书馆、浙江图书馆、安徽省图书馆和南京图书馆连续三年在长三角三省一市的115家公共图书馆里举行"阅读马拉松"活动，吸引了来自不同地区数以千计的队伍和居民参赛。2019年，上海图书馆、南京图书馆、浙江图书馆、安徽省图书馆联合发布《长三角智慧阅读倡议书》，共同倡议大力推进长三角智慧阅读、提高长三角全民阅读的能级和水平、促进长三角公共图书馆高质量一体化发展。

（六）应急出版：面对新冠肺炎疫情，长三角地区各家出版单位积极行动，推出不同形式的防疫抗疫类出版物，数字技术赋能下应急出版在现代应急管理体系中的重要性凸显

2020年2月初，中宣部明确"大力弘扬科学精神，普及科学知识，加

---

[1] 《〈2021年上海市民阅读状况调查〉发布：超七成主动阅读、听书覆盖率逾76%》，https://baijiahao.baidu.com/s?id=1730878722041281614，最后访问日期：2022年11月10日。

强健康安全和生态保护教育，培育公民文明习惯"，将抗击疫情类图书、音像电子出版物纳入 2020 年主题出版重点选题范畴。据统计，2020 年主题出版 125 种重点出版物选题中，战"疫"相关选题有 20 多种，占比 16%，数量仅次于党史、国史相关选题和建设小康社会、扶贫扶智相关选题（《中国出版传媒商报》，2020）。

在地方层面，长三角地区的出版社响应国家号召，纷纷推出防疫抗疫类出版物。据统计，仅截至 2020 年 3 月 16 日，就有 570 种抗击新冠肺炎疫情图书选题得到了标准的书号 ISBN 和在版编目号 CIP（刘兵、隅人，2020）。主题上包括纪实类、故事类、科普类、生活类、历史类、童书类、指南手册类等，形式上包括纸质书、电子书、音频、绘本等。可以发现，各地出版社在提高内容供给质量的同时注重形式创新，通过整合现有资源发挥应急出版在现代应急管理体系中传播知识、服务社会的重要作用。

二 长三角地区出版业产业规模

（一）传统新闻出版产业规模

1. 根据国家新闻出版署发布的《2020 年新闻出版产业分析报告》，长三角三省一市新闻出版产业规模约占全国三成，营业收入、资产总额和利润总额分别占全国相应指标的 30.54%、27.46% 和 27.90%

根据《2020 年新闻出版产业分析报告》，2020 年全国范围内新闻出版产业的营业收入、资产总额和利润总额较上年均有所下滑，但发展基本面仍保持稳定。其中全国出版、印刷和发行服务实现营业收入共计 16776.30 亿元，拥有资产总额共计 22578.70 亿元，实现利润总额共计 1024.80 亿元。长三角三省一市出版、印刷和发行服务实现营业收入共计 5123.49 亿元，占全国总量的 30.54%；拥有资产总额共计 6200.11 亿元，占全国总量的 27.46%；实现利润总额共计 285.91 亿元，占全国总量的 27.90%（见表 2-1）。

表2-1　2020年长三角地区新闻出版产业主要经济指标

地区	经济指标	金额(亿元)	占全国总量的比例(%)
江苏	营业收入	1991.35	11.87
	资产总额	2260.13	10.01
	利润总额	112.83	11.01
浙江	营业收入	1390.76	8.29
	资产总额	1686.63	7.47
	利润总额	56.36	5.50
上海	营业收入	1110.59	6.62
	资产总额	1332.14	5.90
	利润总额	69.89	6.82
安徽	营业收入	630.79	3.76
	资产总额	921.21	4.08
	利润总额	46.83	4.57
合计	营业收入	5123.49	30.54
	资产总额	6200.11	27.46
	利润总额	285.91	27.90

注：(1)表内经济指标未包括数字出版、打字复印、邮政发行、版权贸易与代理、行业服务与其他新闻出版业务；(2)全国排名的范围为31个省（自治区、直辖市）及新疆生产建设兵团。

资料来源：国家新闻出版署发布的《2020年新闻出版产业分析报告》。

2. 2020年，江苏新闻出版行业的营业收入、资产总额和利润总额均居于全国前三、长三角地区首位，总量高且增速快，在长三角地区乃至全国范围内的新闻出版强省地位凸显

2020年，江苏新闻出版行业实现营业收入共计1991.35亿元，占全国总量的11.87%，居全国第二，仅次于广东；拥有资产总额共计2260.13亿元，占全国总量的10.01%，居全国第三，仅次于广东和北京；实现利润总额共计112.83亿元，占全国总量的11.01%，居全国第二，仅次于北京。在长三角范围内，江苏新闻出版行业的产业规模，无论是从营业收入、资产总额还是从利润总额来讲，均居首位。

从各地区新闻出版行业2020年营业收入的同比增长速度来看，长三角地区三省一市仅上海和江苏进入地区增长速度排名前十，分别位列第八和第

十，其中上海2020年较2019年的增速为-0.64%，江苏为-1.60%，发展势头有所减缓，但整体仍趋稳定（见表2-2）。

表2-2　2020年新闻出版产业营业收入同比增长速度排名前十的地区

单位：%

排名	地区	同比增长速度
1	甘肃	8.76
2	新疆	7.37
3	西藏	3.12
4	贵州	0.81
5	广东	0.09
6	广西	-0.32
7	宁夏	-0.51
8	上海	-0.64
9	黑龙江	-0.90
10	江苏	-1.60

注：地区增长速度=（该地区本年营业收入-该地区上年营业收入）/该地区上年营业收入×100%。

资料来源：国家新闻出版署发布的《2020年新闻出版产业分析报告》。

3. 2020年，浙江、上海、安徽新闻出版业产业规模也均进入全国前十

2020年，浙江新闻出版行业实现营业收入共计1390.76亿元，占全国总量的8.29%，居全国第四；拥有资产总额共计1686.63亿元，占全国总量的7.47%，居全国第五；实现利润总额共计56.36亿元，占全国总量的5.50%，居全国第六。在长三角范围内，浙江新闻出版行业的产业规模中的营业收入和资产总额均居第二，仅次于江苏；利润总额位列第三。

2020年，上海新闻出版行业实现营业收入共计1110.59亿元，占全国总量的6.62%，居全国第六；拥有资产总额共计1332.14亿元，占全国总量的5.90%，居全国第六；实现利润总额共计69.89亿元，占全国总量的6.82%，居全国第五。在长三角范围内，上海新闻出版行业的产业规模中的利润总额居第二，仅次于江苏；营业收入和资产总额均居第三。

2020年，安徽新闻出版行业实现营业收入共计630.79亿元，占全国总量的3.76%，居全国第九；拥有资产总额共计921.21亿元，占全国总量的4.08%，居全国第八；实现利润总额共计46.83亿元，占全国总量的4.57%，居全国第八。在长三角范围内，安徽新闻出版行业的产业规模，无论是从营业收入、资产总额还是利润总额来讲，均居第四。

（二）数字出版产业规模

根据2010年新闻出版总署发布的《关于加快我国数字出版产业发展的若干意见》，数字出版是指利用数字技术进行内容编辑加工，并通过网络传播数字内容产品的一种新型出版方式，其主要特征为内容生产数字化、管理过程数字化、产品形态数字化和传播渠道网络化。目前数字出版产品形态主要包括电子图书、数字报纸、数字期刊、网络原创文学、网络教育出版物、网络地图、数字音乐、网络动漫、网络游戏、数据库出版物、手机出版物（彩信、彩铃、手机报纸、手机期刊、手机小说、手机游戏）等。

1. 从全国范围来看，数字出版产业规模快速增长，其中互联网广告、移动出版、在线教育、网络游戏成为主力军

根据国家新闻出版署发布的《2020年新闻出版产业分析报告》，2020年，国内数字出版产业整体收入为11781.70亿元，较上年增长19.23%。其中，互联网期刊收入达24.53亿元，电子书收入达62亿元，数字报纸（不含手机报）收入达7.50亿元，博客类应用收入达116.30亿元，数字音乐收入达710亿元，网络动漫收入达238.70亿元，移动出版（移动阅读、移动音乐、移动游戏等）收入达2448.36亿元，网络游戏收入达635.28亿元，在线教育收入达2573亿元，互联网广告收入达4966亿元。数字出版产业规模总量与传统新闻出版产业规模总量相比仍有差距，但增速迅猛。2017~2020年数据显示，传统出版、印刷和发行服务产业的营业收入均高于数字出版产业的营业收入，但较上年同比增长率已不及数字出版产业（见图2-1）。

2. 长三角地区数字出版产业发展各具特色

上海的动漫、游戏、网络文学产业发展保持领先优势；浙江以杭州为中

图 2-1　2017~2020 年传统出版、印刷和发行服务产业与
数字出版产业的营业收入情况

资料来源：《2017 年新闻出版产业分析报告》《2018 年新闻出版产业分析报告》《2019 年新闻出版产业分析报告》《2020 年新闻出版产业分析报告》《2017~2018 中国数字出版产业年度报告》《2018~2019 中国数字出版产业年度报告》《2019~2020 中国数字出版产业年度报告》《2020~2021 中国数字出版产业年度报告》。

心，动漫游戏业发展迅速；江苏以多中心共同推动数字出版产业，网络文学形成良性发展；安徽依托合肥、芜湖数字出版产业园区形成集聚效应。

目前，尽管全国范围内数字出版产业发展的相关数据连攀新高，但省级数字出版产业数据公开较少，除北京外并无省份公布年度数字出版产业相关经济指标[①]。因此，本文基于长三角地区三省一市政府工作报告、行业协会资料、新闻媒体报道等渠道，收集能够反映当地数字出版产业规模的数据资料，以体现长三角地区数字出版产业的发展情况。

上海：在数字出版所涵盖的多元产品形态及产业链条中，上海的动漫出版产业与游戏出版产业发展亮眼。上海市文化和旅游局公布的数据显示，2020 年上海动漫产业规模达到 200 亿元，占全国总产值的 10%，继续保持

---

① 杜娟：《首都数字经济蓬勃发展：2020 年北京数字出版产业收入规模超 3600 亿元》，https://view.inews.qq.com/k/20211225A056XC00?web_channel=wap&openApp=false，最后访问日期：2022 年 11 月 10 日。

领先优势。上海有各类动漫公司共 7.05 万家，同比增长 27%①，其中专门从事漫画生产的主体有 150 余家。2020 年，上海游戏业实现销售收入 1206 亿元，同比增长 50%；网络文学销售收入 115 亿元，同比增长 37.7%②。头部平台型企业阅文集团拥有 900 万名作家和 1390 万部网文作品，在线阅读全年收入达到 49.3 亿元，同比增长 32.9%。

浙江："十三五"时期，杭州动漫游戏产业持续加快转型升级、融合创新步伐，发展质量和综合实力实现精彩蝶变。2019 年实现产值 198.2 亿元，较 2015 年增长超 2 倍；上缴税收近 7.1 亿元，较 2015 年增长 19%③。截至 2020 年，杭州共有 307 家动漫游戏企业，从业人员超过 1.2 万人。2021 年杭州动漫游戏产值更是达到 328.5 亿元，同比增长 26.9%，创历史新高④。

江苏：近年来，江苏网络文学出版单位发展到 20 余家，签约作者 10.7 万人，签约作品 13.4 万部，注册会员超过 5 亿人。23 部作品获国家新闻出版署、中国作协扶持推介。出版网络文学实体图书 254 种，改编电影电视剧 64 部，改编动漫游戏 169 款，向海外输出作品超过 1.1 万部⑤。

安徽：2020 年，安徽国家数字出版基地芜湖园区被国家新闻出版署重新认定为国家数字出版基地，园区内共有数字出版业态相关企业 263 家，产值已突破百亿元，其中网游企业发展迅速⑥。

---

① 宣晶：《上海动漫产业规模达 200 亿元　高科技整合 IP 成生力军》，https://culture.gmw.cn/2021-07/19/content_35003322.htm，最后访问日期：2022 年 11 月 10 日。
② 王彦：《总产出 20404.48 亿元，在线新经济强势发展，上海文创产业 2020 年成绩单来了》，http://www.whb.cn/zhuzhar/xinwen/20210331/398247.html，最后访问日期：2022 年 11 月 10 日。
③ 《"十三五"时期　杭州动漫游戏产业发展十大亮点》，htttps:hzdaily.hangzhou.com.cn/dskb/2020/12/17/article_detail_2_20201217C071.html，最后访问日期：2022 年 11 月 10 日。
④ 《杭州动漫游戏产业产值超 320 亿元》，转引自《人民日报》，https://baijiahao.baidu.com/s?id=1725499413001992431&wfr=spider&for=pc，最后访问日期：2022 年 11 月 10 日。
⑤ 《2020 扬子江网络文学作品大赛颁奖，展示江苏网络文学发展成果》，http://news.xhby.net/js/wh/20201113_6873494.shtml，最后访问日期：2022 年 11 月 10 日。
⑥ 《安徽芜湖市推动文化和旅游产业高质量发展成果显著》，中华人民共和国文化和旅游部，https://www.mct.gov.cn/whzx/qgwhxxlb/ah/202101/t20210128_921099.htm，最后访问日期：2022 年 11 月 10 日。

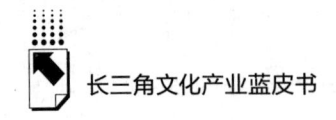

三　长三角地区出版业细分业务发展情况

本文根据国家统计局、《中国出版年鉴》、各地统计年鉴以及各地2021年国民经济和社会发展统计公报所发布的相关年度数据，对2016~2021年长三角地区三省一市新闻出版业中的图书出版、期刊出版、报纸出版、音像制品出版、电子出版物出版、儿童读物与课本出版等细分业务以及出版印刷生产情况和版权登记情况，展开发展趋势与地域比较分析。

（一）图书出版

1. 图书出版规模

从增长势头来看，长三角地区图书出版种数在2016~2019年均呈现逐年增长的趋势，但在2020年有所下滑。由表3-1、图3-1可知，上海、浙江、江苏、安徽在2020年的图书出版种数分别为28056种、14477种、26983种和10015种，较2019年分别降低9.13%、9.99%、8.64%和0.51%。

在长三角地区，江苏、上海的图书出版发展水平相近，两地均明显领先于浙江。2016~2018年，江苏在图书出版种数上一直略高于上海，但上海在2019~2020年反超江苏，位列长三角地区图书出版种数榜首。在图书新出版种数上江苏不及上海，但在图书总印数上明显高于上海和浙江。

根据江苏省新闻出版广电局发布的更详细数据，可以看出除了图书出版种数、图书新出版种数、图书总印数三个核心指标以外，江苏在图书出版单位、重版重印图书种数、定价总金额方面也展现出雄厚的实力。以2018年为例，江苏省图书出版单位共有18家，重版、重印图书有18770种，定价总金额为107.39亿元[①]。

[①]《2018年全省新闻出版业主要统计数据》，https://www.jssxwcbj.gov.cn/art/2019/12/30/art_47_66981.html，最后访问日期：2022年11月13日。

表3-1　2016~2020年长三角地区图书出版情况

年份	地区	图书出版种数(种)	图书新出版种数(种)	图书总印数(亿册)
2016	上海	27481	13907	4.20
	浙江	14165	6853	4.00
	江苏	27569	13647	6.30
	安徽	9441	5212	2.50
	全国	499884	262415	90.40
2017	上海	27772	13262	4.20
	浙江	14462	7135	4.00
	江苏	28864	12610	6.40
	安徽	9745	4864	3.10
	全国	512487	255106	92.40
2018	上海	30005	14227	4.80
	浙江	15231	6835	4.20
	江苏	30892	11990	6.80
	安徽	10040	4248	3.20
	全国	519250	247108	100.10
2019	上海	30876	14017	5.30
	浙江	16083	7131	4.50
	江苏	29534	10459	7.50
	安徽	10066	3767	2.90
	全国	505979	224762	105.98
2020	上海	28056	12779	5.00
	浙江	14477	6295	4.20
	江苏	26983	10146	7.00
	安徽	10015	3210	3.20
	全国	489051	213636	103.73

资料来源：国家统计局。

2.图书出版结构

图书出版行业的发展水平，不仅要看图书出版规模，还应关注图书出版结构。例如，包括江苏在内，近年来国内新出版图书种数不断下降，重版、重印图书种数不断上升，二者差距逐渐拉大。这一方面体现出我国图书出版业所倡导的"减量提质""深耕细作"的转型道路，但另一方面也须注意

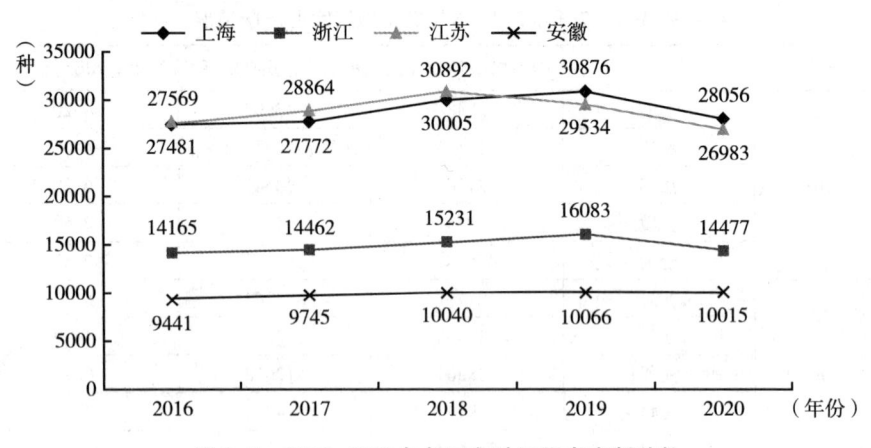

图 3-1　2016~2020 年长三角地区图书出版种数

资料来源：国家统计局。

"旧书新出"过度泛滥的风险。又如，江苏、浙江两地图书出版的学科结构兼具共同特征和地域特色，文化、科学、教育、体育类图书出版均占据绝对主体地位，工业技术类和艺术类图书则分别为两地的特色。

（1）新版与重版、重印图书比例

根据国家统计局数据，2016~2020 年，江苏新出版图书种数逐渐下降，分别为 13647 种、12610 种、11990 种、10459 种和 10146 种，过去两年的年增长率均为负，分别为-12.77%和-2.99%。此外，重版、重印图书种类不断攀升，从 2016 年的 13922 种，增长至 2017 年的 16254 种，再到 2018 年的 18902 种，年增长率约为 16%（见表 3-1）。整体来看，重版、重印图书从与新出版图书平分秋色，到逐渐拉开差距，仅用了短短两年时间。这一升一降共同决定了2016~2018 年江苏出版图书种类整体而言呈上升趋势，并且主要是由重版、重印图书所拉升的。由此可见，国家通过对书号总量进行调控，促使出版社深入挖掘已有图书品种，从追求数量转向提升质量，确实是推动粗放式增长的图书出版业转向精耕细作、结构优化的有效途径。

（2）各学科图书出版比例

根据《中国图书馆分类法（第五版）》，图书按学科可以分为马列主义、毛泽东思想，哲学，社会科学，自然科学，综合性图书五大部类，其下设22个基本大类。在我国，图书出版的学科结构具有较鲜明的特征，文化、科学、教育、体育类图书以及工业技术类、文学类和经济类图书均具有较大的市场需求，因而具有较大的出版规模（朱江丽、李子联，2015）。为了解长三角地区图书出版的学科结构特征，本文根据统计年鉴数据，针对江苏和浙江使用《中国标准书号》的各学科图书出版期刊进行对比分析，发现两地图书出版的学科结构兼具共同特征和地域特色。其中，文化、科学、教育、体育类图书的出版均占据了绝对主体地位，其次为文学类。江苏的工业技术类图书、浙江的艺术类图书在当地均具有相对较高的比例。

以江苏为例，2020年该省出版的文化、科学、教育、体育类图书共16225种，占比为60.22%；总印数和总印张分别为62091.67万册和466632.52万印张，占比分别为88.70%和84.25%。由此可见，文化、科学、教育、体育类图书是江苏省图书出版各学科中的重头戏。其次为文学类图书，共3196种，占比为11.86%；总印数和总印张分别为3573.43万册和41132.80万印张，占比分别为5.10%和7.43%。此外，工业技术类和艺术类图书的出版种数较为突出，占比均超过4%（见表3-2）。

表3-2 2020年江苏省使用《中国标准书号》的各学科图书出版情况

图书类别	种数（种）	总印数（万册）	总印张（万印张）
马列主义、毛泽东思想	44	13.91	192.19
哲学	365	219.50	2602.37
社会科学总论	154	139.57	1581.04
政治、法律	369	171.19	2315.12
军事	45	78.85	904.65
经济	723	262.79	3352.01
文化、科学、教育、体育	16225	62091.67	466632.52
语言、文字	740	523.54	56117.91
文学	3196	3573.43	41132.80
艺术	1094	568.57	4874.61
历史、地理	854	66175.63	6617.56

续表

图书类别	种数(种)	总印数(万册)	总印张(万印张)
自然科学总论	35	2727.33	272.73
数理科学、化学	354	23322.23	2332.22
天文学、地理科学	139	8028.63	802.86
生物科学	123	11780.20	1178.02
医药、卫生	625	49478.77	4947.88
农业科学	109	3621.86	362.19
工业技术	1373	63319.42	6331.94
交通运输	116	3999.51	399.95
航空、航天	11	327.11	32.71
环境科技	78	5245.63	524.56
综合性图书	164	8412.26	841.23
总计	26940	70002.29	553842.90

资料来源：《江苏统计年鉴2021》，http：//tj.jiangsu.gov.cn/2021/nj16.htm，最后访问日期：2022年11月13日。

以浙江为例，2016~2020年该省图书出版以文化、科学、教育、体育类为主，占比约五成，2018年略下滑至48.54%；其次为文学类，占比为14.81%，2019年略下滑至12.53%；再次为艺术类，占比超过10%，2020年略下滑至11.76%；其余像哲学、社会科学总论、自然科学总论等类别的占比则很低，均在1%上下（见表3-3）。

表3-3　2016~2020年浙江省使用《中国标准书号》的各学科图书出版种数

单位：种

图书类别	2016年	2017年	2018年	2019年	2020年
哲学	123	161	163	178	152
社会科学总论	230	191	234	226	231
文化、科学、教育、体育	7347	7416	7380	8410	7633
文学	1978	2130	2252	2001	2014
艺术	1558	1728	2013	2184	1696
自然科学总论	44	17	16	24	29
总计	14084	14410	15203	15964	14419

资料来源：浙江省统计局、国家统计局调查总队《浙江统计年鉴》，http：//tjj.zj.gov.cn/col/col1575563/index.html，最后访问日期：2022年11月13日。

（二）期刊出版

从变化趋势上看，由表3-4可知，上海、浙江、江苏、安徽的期刊出版种数均保持稳中有升的趋势，而总印数呈现下降趋势。其中，2020年上海的期刊出版种数为642种，浙江的期刊出版种数为236种，江苏的期刊出版种数为476种，安徽的期刊出版种数为186种，总印数分别为0.6亿册、0.6亿册、1.1亿册和0.3亿册。在长三角范围内，上海的期刊出版种数最多，江苏的期刊出版总印数和上海的期刊出版总印数并列榜首。其中，2016年上海的出版期刊种数已超630种，总印数在1亿册左右。2016~2020年江苏的出版期刊种数分别为470、471、472、476、476种，期刊出版总印数均超过1亿册。浙江、安徽的期刊出版种数和总印数较其他两地均有明显差距。

表3-4 2016~2020年长三角地区及全国期刊出版情况

年份	地区	种数（种）	总印数（亿册）
2016	上海	637	1.1
	浙江	226	0.8
	江苏	470	1.2
	安徽	186	0.5
	全国	10084	27.0
2017	上海	639	0.9
	浙江	229	0.8
	江苏	471	1.2
	安徽	186	0.4
	全国	10130	24.9
2018	上海	639	0.9
	浙江	231	0.7
	江苏	472	1.1
	安徽	186	0.4
	全国	10139	22.90

续表

年份	地区	种数（种）	总印数（亿册）
2019	上海	641	0.7
	浙江	235	0.7
	江苏	476	1.1
	安徽	186	0.4
	全国	10171	21.9
2020	上海	642	0.6
	浙江	236	0.6
	江苏	476	1.1
	安徽	186	0.3
	全国	10192	20.35

资料来源：国家统计局。

（三）报纸出版

近年来，长三角地区纸质报纸规模持续缩减。我国纸质报纸根据地域层级划分为全国性、省级、地市级和县级报纸4类。根据《中国出版年鉴》（2017~2021），整体而言，2016~2020年长三角地区报纸种数稳定。2020年，江苏拥有各级报纸80种，上海拥有各级报纸67种，浙江拥有各级报纸66种，安徽拥有各级报纸49种。然而，三省一市的报纸总印数和总印张均呈现较明显的下滑趋势（见表3-5）。

表3-5 2016~2020年长三角地区各级报纸出版情况

年份	地区	种数（种）	总印数（万份）	总印张（千印张）
2016	上海	70	100393	4567195
	江苏	81	232495	831138
	浙江	67	261247	9617286
	安徽	51	79488	2012609
2017	上海	70	90839	3978863
	江苏	81	228585	6429230
	浙江	66	230830	7616572
	安徽	51	71577	1555706

续表

年份	地区	种数(种)	总印数(万份)	总印张(千印张)
2018	上海	70	81297	3488909
	江苏	81	214171	5349585
	浙江	66	211181	6481101
	安徽	51	67725	1392803
2019	上海	70	78057	3441650
	江苏	81	202867	4675267
	浙江	66	200192	6071515
	安徽	51	61730	1199142
2020	上海	67	69428	2084485
	江苏	80	192499	3890799
	浙江	66	181008	5207065
	安徽	49	56092	1095682

资料来源：《中国出版年鉴》（2017~2021）。

我国报纸根据内容划分为综合报纸、专业报纸、生活服务报纸、读者对象报纸和文摘报纸5类。在长三角范围内，不同地区出版的报纸类型存在一定差异。其中，上海专业报纸种数多，占比超过50%，江苏、浙江、安徽三省则以综合报纸为主（见表3-6）。以2019年为例，上海出版的各类报纸中，综合报纸种数的占比为17.14%，专业报纸种数的占比为54.29%，生活服务种数的占比为14.29%，读者对象报纸种数的占比为12.86%，文摘报纸种数的占比为1.43%；江苏出版的各类报纸中，综合报纸种数的占比为59.26%，专业报纸种数的占比为25.93%，生活服务种数的占比为9.88%，读者对象报纸种数的占比为3.70%，文摘报纸种数的占比为1.23%；浙江出版的各类报纸中，综合报纸种数的占比为63.64%，专业报纸种数的占比为24.24%，生活服务种数的占比为7.58%，读者对象报纸种数的占比为4.55%，无文摘报纸；安徽出版的各类报纸中，综合报纸种数的占比为54.90%，专业报纸种数的占比为25.49%，生活服务种数的占比为7.84%，读者对象报纸种数的占比为7.84%，文摘报纸种数的占比为3.92%（图3-2）。

表 3-6 2019 年长三角地区各类报纸出版情况

报纸类别	地区	种数（种）	平均期印数（万份）	总印数（万份）	总印张（千印张）	总金额（万元）
综合报纸	上海	12	129.31	46529	2686136	62331
	江苏	48	390.03	132990	3908673	170362
	浙江	42	483.81	167952	5507242	179658
	安徽	28	124.77	40253	936772	39768
专业报纸	上海	38	116.92	15910	514229	18957
	江苏	21	372.54	46478	506060	55081
	浙江	16	154.08	24136	416323	26928
	安徽	13	34.47	6770	84461	8920
生活服务报纸	上海	10	20.00	3655	143873	5712
	江苏	8	73.47	4461	126669	6506
	浙江	5	42.58	2660	82197	4735
	安徽	4	29.69	4366	93196	3979
读者对象报纸	上海	9	50.75	6955	72373	8875
	江苏	3	283.95	18879	132665	8381
	浙江	3	35.80	5444	65753	4988
	安徽	4	28.68	3188	38001	3243
文摘报纸	上海	1	33.39	5008	25040	2504
	江苏	1	0.60	60	1200	150
	浙江	0	0	0	0	0
	安徽	2	47.69	7154	46713	5285

资料来源：《中国出版年鉴 2020》。

图 3-2 2019 年长三角地区各类报纸出版种数所占比例

资料来源：国家统计局。

受新冠肺炎疫情影响，2020年长三角地区报纸出版总印数较2019年普遍有所下滑。据2020年长三角地区各省级单位所发布的国民经济和社会发展统计公报数据显示，2020年上海全年报纸出版总印数为6.94亿份，江苏全年报纸出版总印数为19.25亿份，浙江全年报纸出版总印数为18.10亿份，安徽全年报纸出版总印数为5.61亿份，均较上年水平出现下降。

（四）音像制品出版

2016~2020年全国录音录像制品出版种数、出版数量均呈下降趋势，长三角地区也呈现出相同的趋势特征。受新冠肺炎疫情影响，2020年的下降趋势尤为明显。在长三角范围内，上海录音录像制品出版发行种数，远超江苏、浙江、安徽三地。根据国家统计局相关数据，以2019年为例，上海出版录音制品共1225种，全国占比18.64%（见表3-7）；出版录像制品共514种，全国占比12.41%（见表3-8）。从录音制品的出版数量来看，上海、江苏、浙江、安徽四地依次递减，其中安徽录音录像制品的出版数量均与其他三地存在数量级的差距。

表3-7 2016~2020年长三角地区录音制品出版情况

年份	地区	种数（种）	数量（万张/万盒）
2016	上海	2538	2989.82
	江苏	189	1047.67
	浙江	141	299.01
	安徽	47	22.72
	全国	8713	21358.42
2017	上海	2399	2037.43
	江苏	151	1058.79
	浙江	102	301.72
	安徽	13	8.41
	全国	8259	18676.73

续表

年份	地区	种数(种)	数量(万张/万盒)
2018	上海	1364	1191.22
	江苏	209	1116.7
	浙江	115	290.67
	安徽	15	4.28
	全国	6391	17756.61
2019	上海	1225	778.68
	江苏	179	553
	浙江	74	216.09
	安徽	13	0.38
	全国	6571	16931.93
2020	上海	932	650.12
	江苏	135	120.91
	浙江	63	102.22
	安徽	24	2.98
	全国	5312	12194.67

资料来源：国家统计局。

表3-8　2016~2020年长三角地区录像制品出版情况

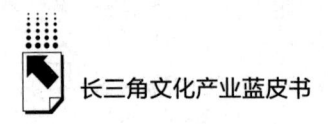

年份	地区	种数(种)	数量(万张)
2016	上海	751	1931.65
	江苏	92	151.72
	浙江	95	40.1
	安徽	43	19.2
	全国	5671	6226.2
2017	上海	750	1882.26
	江苏	95	149.29
	浙江	173	37.99
	安徽	54	11.50
	全国	5293	6915.15

续表

年份	地区	种数(种)	数量(万张)
2018	上海	534	2140
	江苏	66	16.56
	浙江	111	66.91
	安徽	23	7.38
	全国	4672	6367.48
2019	上海	514	1466.88
	江苏	52	5.55
	浙江	66	14.79
	安徽	44	3.71
	全国	4141	6239.43
2020	上海	263	1138.72
	江苏	47	3.31
	浙江	47	141.48
	安徽	22	1.24
	全国	3299	5320.34

资料来源：国家统计局。

（五）电子出版物出版

2020年，全国共出版电子出版物7825种，较2019年下降了13.73个百分点；出版数量为25270.74万张，较2019年下降了13.64个百分点。在长三角范围内，2016~2019年上海出版电子出版物的种数和数量均逐年下降。2020年，上海共出版电子出版物448种，出版数量为1031.84万张，与2019年相比，出版种数有所下降，出版数量略有增长。2020年，浙江和江苏出版电子出版物的种数和数量均较2019年有所下降，分别出版296种和404种，705.79万张和2091.87万张。安徽电子出版物出版明显低于其他三地，2016~2020年出版电子出版物的种数和数量均呈现下滑趋势，在2018年和2019年各指标仅个位数（见表3-9、图3-3、图3-4）。

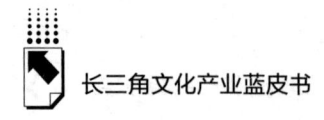

表 3-9 2016~2020 年长三角地区电子出版物出版情况

年份	地区	种数(种)	数量(万张)
2016	上海	808	1545.73
	江苏	498	3066.24
	浙江	308	711.67
	安徽	15	3.11
	全国	9836	29064.66
2017	上海	748	1456.50
	江苏	304	2717.76
	浙江	326	802.22
	安徽	12	2.23
	全国	9240	28132.93
2018	上海	558	1305.97
	江苏	478	1843.46
	浙江	287	942.89
	安徽	5	1.21
	全国	8403	25884.21
2019	上海	464	943.00
	江苏	490	2577.32
	浙江	418	968.72
	安徽	7	1.28
	全国	9070	29261.88
2020	上海	448	1031.84
	江苏	404	2091.87
	浙江	296	705.79
	安徽	16	2.43
	全国	7825	25270.74

资料来源：国家统计局。

（六）儿童读物与课本出版

在长三角范围内，浙江儿童读物出版种数最多，四地差距近年来呈缩小趋势。2016~2019 年，全国儿童读物出版种数基本稳定，在 4.3 万种左右小幅波动；浙江儿童读物出版种数在长三角地区居于首位，稳定在

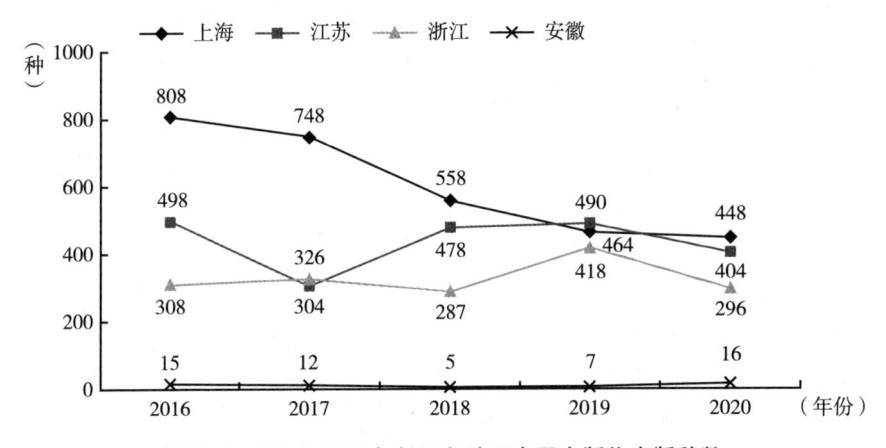

图 3-3　2016~2020 年长三角地区电子出版物出版种数

资料来源：国家统计局。

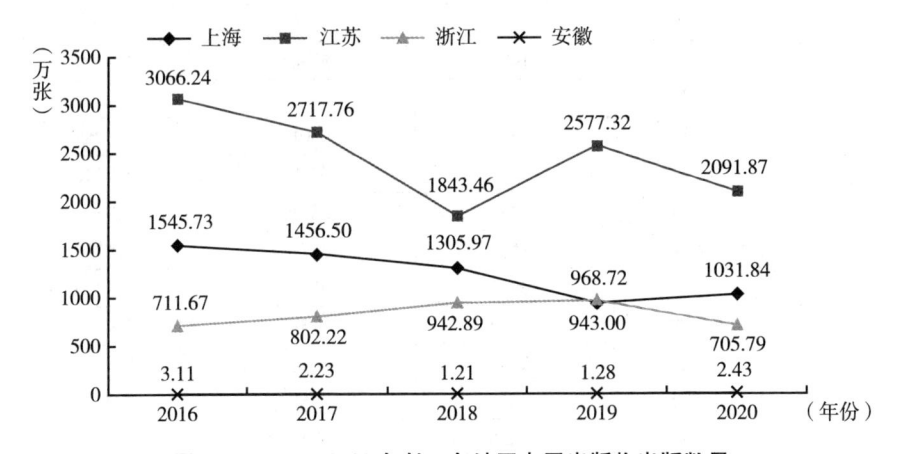

图 3-4　2016~2020 年长三角地区电子出版物出版数量

资料来源：国家统计局。

3000 种左右；江苏儿童读物出版种数在长三角地区居第二位，2019 年出版儿童读物共 2270 种，同比增长 15.93%。上海、安徽儿童读物出版种数接近。2020 年因新冠肺炎疫情等影响，各数据均有下滑（见表 3-10、图 3-5）。

表 3-10 2016~2020 年长三角地区儿童读物出版情况

年份	地区	种数(种)	总印数(万册)	总印张(千印张)
2016	上海	1278	7566	238157
	浙江	3020	7638	559422
	江苏	2121	3455	178547
	安徽	1111	3931	237680
	全国	43639	77789	4528085
2017	上海	1164	7138	206197
	浙江	3054	7826	542716
	江苏	2105	3118	187157
	安徽	1149	5132	473367
	全国	42441	82007	4883681
2018	上海	1530	8710	306421
	浙江	2916	6681	492748
	江苏	1958	3285	223205
	安徽	1687	5240	329790
	全国	44196	88858	5412232
2019	上海	1472	6801	265765
	浙江	2981	6040	430930
	江苏	2270	3531	217325
	安徽	1532	3271	191386
	全国	43712	94555	5704316
2020	上海	1272	7338	254036
	浙江	2158	3784	280393
	江苏	1913	2965	207714
	安徽	1456	3158	190915
	全国	42517	90432	5023408

资料来源：国家统计局。

在长三角范围内，上海课本出版种数多，江苏课本出版印量大，安徽课本出版落后较明显。从整体趋势来看，2016~2018 年全国课本出版种数连年下降；2019 年出现明显回升，达到 87173 种，较 2018 年增长 5.20%；2020 则下滑至 84809 种，较 2019 年下降 2.71%。在长三角范围内，上海课本出版种数长期以来明显高于其他三地，其次是江苏、浙江、安徽课本出版

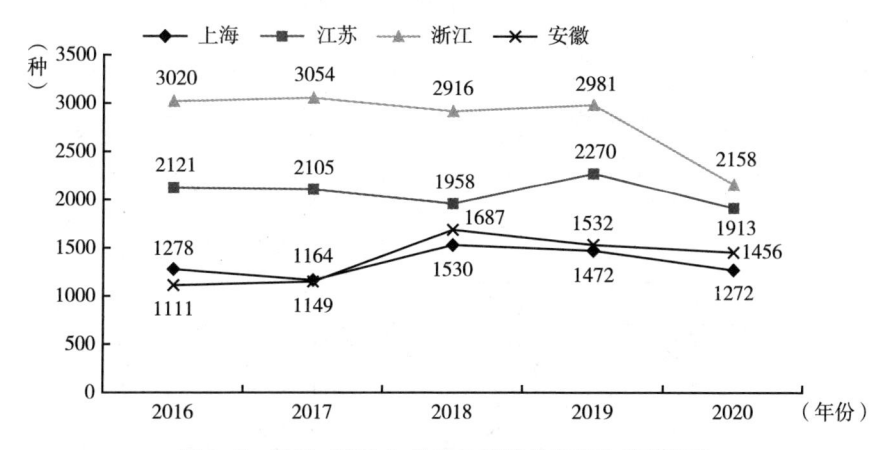

图 3-5　2016~2020 年长三角地区儿童读物出版种数

资料来源：国家统计局。

种数较少。以 2020 年为例，上海、江苏、浙江、安徽分别出版课本 6411、3415、1398、751 种。从印刷数量来看，江苏课本出版总印数和总印张在长三角范围内居于首位，2020 年分别为 23758 万册和 1605460 千印张（见表3-11）。

表 3-11　2016~2020 年长三角地区课本出版情况

年份	地区	种数（种）	总印数（万册）	总印张（千印张）
2016	上海	6304	13890	1195268
	浙江	1597	12314	812692
	江苏	3264	20061	1355909
	安徽	950	8544	608753
	全国	89001	327691	26250786
2017	上海	6173	13520	1179994
	浙江	1363	12292	816919
	江苏	3401	19793	1363445
	安徽	873	9439	688156
	全国	86591	325612	25818117

续表

年份	地区	种数(种)	总印数(万册)	总印张(千印张)
2018	上海	6119	13950	1217686
	浙江	1419	13621	874211
	江苏	3167	21523	1436252
	安徽	805	10885	775487
	全国	82862	348116	27458388
2019	上海	7182	15135	1357839
	浙江	1464	14290	908587
	江苏	3786	25390	174690
	安徽	800	10916	791319
	全国	87173	375190	29404923
2020	上海	6411	14223	1221360
	浙江	1398	13742	887849
	江苏	3415	23758	1605460
	安徽	751	14689	1077107
	全国	84809	379061	29321614

资料来源：国家统计局。

（七）出版印刷生产情况

根据国家统计局发布的数据，2020年全国出版印刷企业数为9271个，较上年增加257个，同比增长2.85%。2016~2020年，上海、浙江出版印刷企业数呈下降趋势，2020年分别为183个和705个；安徽、江苏出版印刷企业数则呈上升趋势，2020年分别为365个和447个。2020年全国出版印刷企业装订产量为29639.70万令，较上年减少5099万令，同比降低14.68%；其中上海、浙江、江苏、安徽出版印刷企业装订产量分别是439.50万令、2422.28万令、1889.99万令和984.74万令，占全国出版印刷企业的比例分别为1.48%、8.17%、6.38%、3.32%（见表3-12）。

表 3-12 2016~2020 年长三角地区出版印刷生产情况

年份	地区	出版印刷企业数（个）	出版印刷企业黑白印刷产量（万令）	出版印刷企业彩色印刷产量（万对开色令）	出版印刷企业装订产量（万令）	出版印刷企业用纸量（万令）
2016	上海	216	522.90	12578.41	429.97	1674.91
	浙江	749	1866.81	14111.84	2124.28	5528.52
	江苏	415	1317.87	6082.36	1529.17	3257.68
	安徽	308	923.24	4402.86	1187.64	2124.14
	全国	8936	31517.57	150688.38	33668.54	64299.06
2017	上海	201	382.51	7239.14	394.30	1552.87
	浙江	748	1885.23	13483.08	2034.00	5326.02
	江苏	426	1307.22	6476.46	1632.42	3360.55
	安徽	302	838.20	5227.77	1400.39	2433.18
	全国	8753	30375.05	140600.54	33425.47	62255.52
2018	上海	198	439.47	10201.92	494.63	2901.27
	浙江	704	2114.84	12417.70	2492.34	5179.75
	江苏	433	1381.07	6973.40	1831.84	3716.94
	安徽	337	758.74	4273.30	1295.83	1947.48
	全国	8923	27760.33	116387.94	33357.92	55951.23
2019	上海	185	454.40	9417.60	477.00	3120.80
	浙江	705	2173.80	13232.50	2778.10	5492.50
	江苏	443	1392.70	7008.80	1905.10	3718.80
	安徽	354	796.70	3961.60	1311.90	1840.70
	全国	9014	24906.70	119583.80	34738.70	51814.40
2020	上海	183	368.40	9199.18	439.50	2449.96
	浙江	705	1974.02	11933.98	2422.28	4279.74
	江苏	447	1356.72	7182.17	1889.99	3625.72
	安徽	365	586.80	4043.76	984.74	1387.99
	全国	9271	20959.62	110036.59	29639.70	43237.61

资料来源：国家统计局。

（八）版权登记情况

1. 版权合同登记情况

从版权合同登记情况来看，2020年全国版权合同登记总数为17811份，其中图书版权合同占比最高，共计15300份，占比为85.90%。2020年，在长三角范围内，江苏版权合同登记数量最多，共1451份，其中软件版权合同登记数量最多，共839份，占全省各类版权合同登记数量的57.82%。上海图书版权合同登记数量占全省各类版权合同登记数量的91.35%，浙江511份版权合同均为图书版权。安徽版权合同登记数量少且种类单一，35份版权合同均为图书版权（见表3-13、图3-6）。

表3-13 2020年长三角地区版权合同登记情况

单位：份

地区	图书	期刊	音像制品	电子出版物	软件	电影	电视	其他	合计
上海	1257	0	34	85	0	0	0	0	1376
江苏	586	0	0	26	839	0	0	0	1451
浙江	511	0	0	0	0	0	0	0	511
安徽	35	0	0	0	0	0	0	0	35
全国	15300	36	1001	169	965	0	1	339	17811

资料来源：《中国出版年鉴2021》。

2. 版权作品自愿登记情况

长三角地区三省一市版权作品自愿登记数量居全国前列，其中上海、江苏均超过20万件，仅次于北京和中国版权保护中心，位居"数量过10万"的第一梯队，安徽、浙江也已过万，稳居"数量过万"的第二梯队。以2019年为例，全国版权作品登记共计2967177件，上海全年版权作品登记共计291803件，江苏全年版权作品登记共计246607件，浙江全年版权作品登记共计24796件，安徽全年版权作品登记共计42378件，三省一市全年版

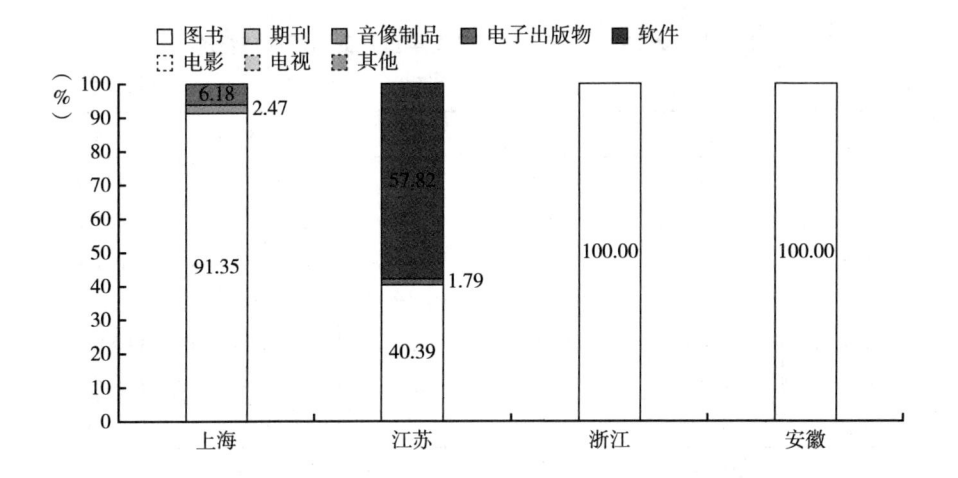

图 3-6　2020 年长三角地区各类版权合同登记占比

资料来源：《中国文化及相关产业统计年鉴 2021》。

权作品登记数量占全国的 20.41%。

长三角地区版权作品登记类型呈现多元化特征，涵盖了全部 14 种类型。2020 年，上海自愿登记的 318906 件作品中，美术作品有 183460 件（占比为 57.53%）、摄影作品有 49483 件（占比为 15.52%）、文字作品有 27013 件（占比为 8.47%）、影视作品有 16010 件（占比为 5.02%）。江苏自愿登记的 281984 件作品中，美术作品有 186545 件（占比为 66.15%）、文字作品有 55725 件（占比为 19.76%）、摄影作品有 21097 件（占比为 7.48%）、影视作品有 13569 件（占比为 4.81%）。浙江自愿登记的 32590 件作品中，美术作品有 27809 件（占比为 85.33%）、摄影作品有 2537 件（占比为 7.78%）。安徽自愿登记的 84758 件作品中，摄影作品有 61296 件（占比为 72.32%）、美术作品有 16890 件（占比为 19.93%）。综合来看，美术作品、文字作品、摄影作品构成了长三角地区版权作品自愿登记的绝对主体，彰显出长三角地区深厚的文化底蕴和澎湃的文化活力（见表 3-14、图 3-7）。

表 3-14　2020 年长三角地区不同类型作品自愿登记情况

单位：份

地区	上海	江苏	浙江	安徽	全国
文字	27013	55725	942	4694	219440
音乐	1717	609	192	116	16478
曲艺	1	10	0	27	374
舞蹈	7	18	0	14	185
美术	183460	186545	27809	16890	1318146
摄影	49483	21097	2537	61296	1526428
影视	16010	13569	247	640	197659

资料来源：《中国出版年鉴 2021》。

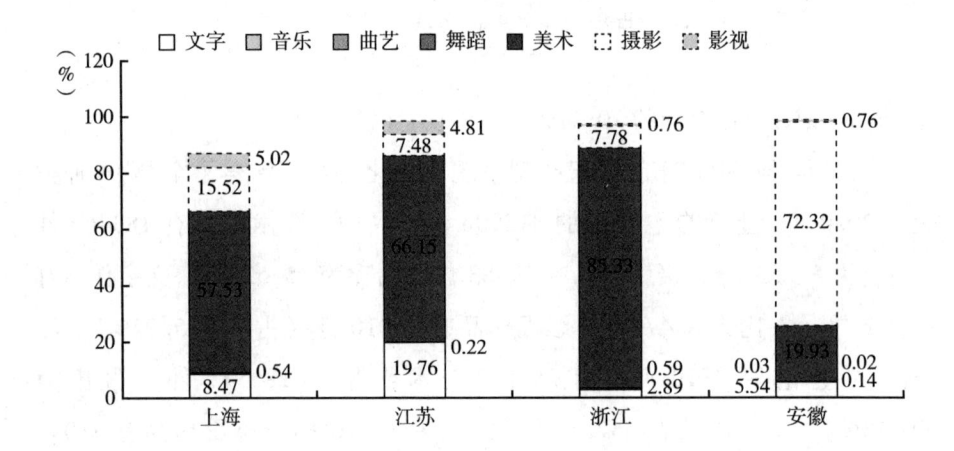

图 3-7　2020 年长三角地区不同类型作品自愿登记情况

资料来源：《中国文化及相关产业统计年鉴 2021》。

近年来，长三角地区成立了多家版权贸易基地、版权服务中心，为活跃地区版权交易市场、优化版权服务工作提供了强力支撑。2014 年，国家版权贸易基地（上海）正式揭牌，这是长三角地区第一家国家级版权贸易基地。2017 年，江苏国家版权贸易基地正式成立。2019 年 9 月，全国自贸区第一个版权服务中心——中国（上海）自贸区版权服务中心启动运行。自运行以来，该中心已为1000多家市场主体、权利人开展版权咨询服务，为100多家浦东企业开展版权作品登记，已完成3.4万件快速登记①。

四 长三角地区出版发行机构与从业人员特征

（一）出版发行机构

1. 出版印刷机构：江苏、安徽出版印刷企业数量增加，上海、浙江则出现下降趋势

2016~2020年，江苏出版印刷机构数量增长较为平缓，增长了7.71%；安徽出版印刷机构数量增长幅度较大，增长了18.50%；浙江出版印刷机构数量下降5.87%；上海下降幅度较大，降幅达到15.28%，且集中于2018年（见图4-1）。

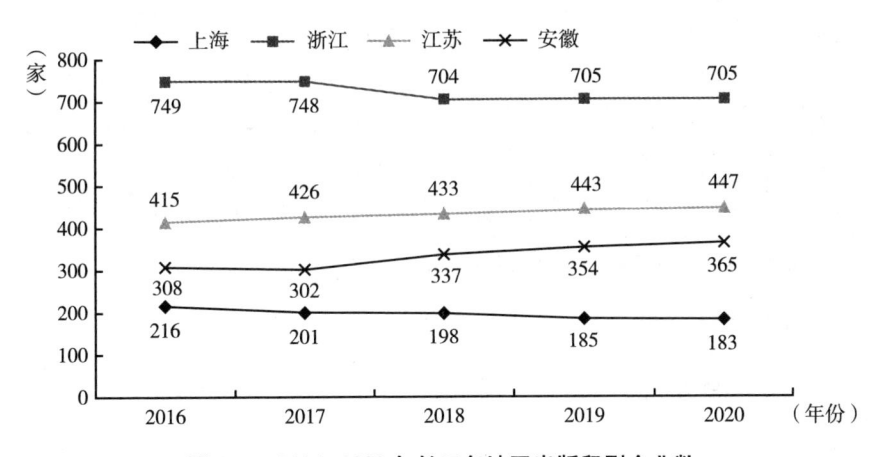

图4-1 2016~2020年长三角地区出版印刷企业数

资料来源：国家统计局。

---

① 《在文创产业增速超12%的浦东，国家版权创新发展基地落地了！》，https://wenhui.whb.cn/third/baidu/202012/08/383276.html，最后访问日期：2022年8月22日。

2. 发行机构：长三角地区的出版物发行网点数占全国总量的四分之一，浙江、江苏的网点数量多，且集个体零售网点比例高

2020年，全国共有出版物发行网点183540处，其中新华书店及其发行网点10610处，供销社发行网点9处，出版社自办发行网点400处，邮政系统发行网点35859处，新华书店系统外批发网点15575处，集个体零售网点121087处（见表4-1）。从地区结构上看，长三角地区三省一市共有出版物发行网点45650处，占全国比例24.87%，浙江和江苏网点数量多。从网点类型上看，长三角地区三省一市出版物发行网点中集个体零售网点占比最高，其中浙江和江苏的集个体零售网点比例在本省占80%左右，成为绝对主体（见图4-2）。

表4-1 2020年长三角地区出版物发行网点数

单位：处

地区	新华书店及其发行网点	供销社发行网点	出版社自办发行网点	邮政系统发行网点	新华书店系统外批发网点	集个体零售网点	合计
上海	70	0	73	536	1425	1608	3712
浙江	926	0	18	1402	481	14240	17067
江苏	826	0	10	2201	470	12560	16067
安徽	642	0	8	1936	1185	5033	8804
全国	10610	9	400	35859	15575	121087	183540

资料来源：《中国文化及相关产业统计年鉴2021》。

（二）出版从业人员与人才教育

1. 长三角地区三省一市出版印刷从业人员数量呈下降趋势，与全国特征一致

近年来受到环保政策以及数字出版的影响，我国出版印刷从业人数逐年下降。以2020年为例，全国出版印刷从业人数为372762人，较上年减少32553人，同比下降8.03%。长三角地区三省一市出版印刷从业人员数量也在2020年出现了下滑（见图4-3）。

图例：
- □ 新华书店及其发行网点
- ▨ 出版社发行网点
- ▨ 邮政系统发行网点
- ▨ 新华书店系统外批发网点
- ■ 集个体零售网点

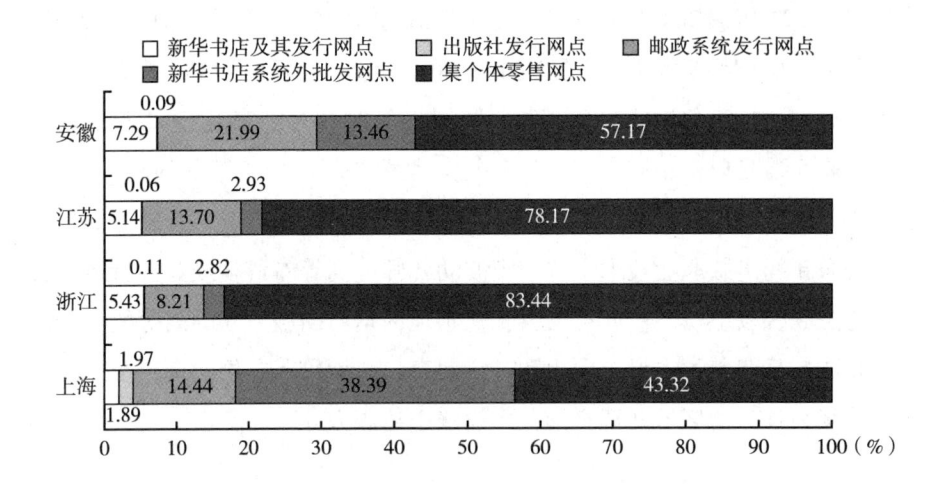

安徽：7.29 | 21.99 | 0.09 | 13.46 | 57.17
江苏：5.14 | 13.70 | 0.06 | 2.93 | 78.17
浙江：5.43 | 8.21 | 0.11 | 2.82 | 83.44
上海：1.89 | 14.44 | 1.97 | 38.39 | 43.32

图4-2 2020年长三角地区出版物发行网点比例

资料来源：《中国文化及相关产业统计年鉴2021》。

2016~2020年长三角地区出版印刷从业人数：

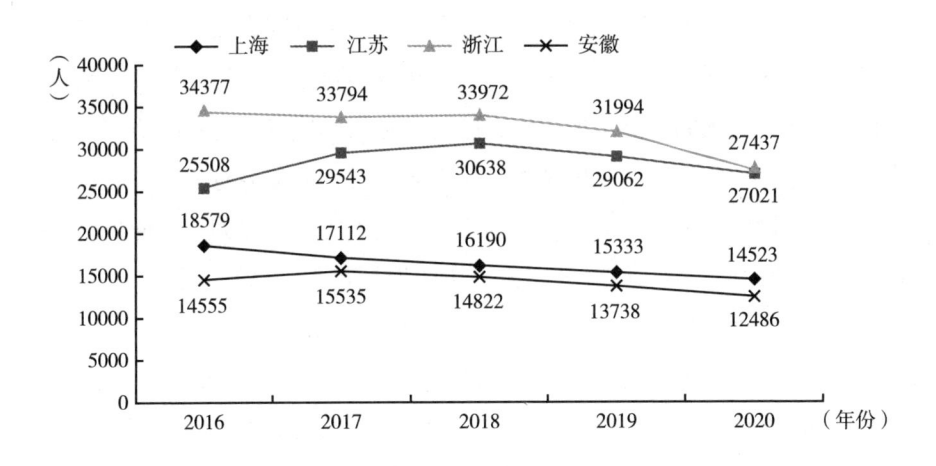

上海：18579、17112、16190、15333、14523
江苏：25508、29543、30638、29062、27437
浙江：34377、33794、33972、31994、27021
安徽：14555、15535、14822、13738、12486

图4-3 2016~2020年长三角地区出版印刷从业人数

资料来源：2017~2021年《中国出版年鉴》。

2.长三角地区培养出版人才的高等教育资源充沛，地域分布均衡，能全面培养各层次高等教育出版人才

根据"金平果"评价网发布的《2021年中国大学分专业竞争力排行

榜》，在2021年编辑出版学本科专业排名前20强名单中，有上海理工大学、南京大学、华东师范大学、安徽大学、浙江大学、上海师范大学共6所高校上榜，覆盖了长三角地区的全部省会城市。在2021年出版硕士（专硕）专业排名前5强名单中，有南京大学和复旦大学2所地处长三角的高校上榜。在2021年新闻出版学专科专业前20强名单中，有上海出版印刷高等专科学校、安徽新闻出版职业技术学院、宁波幼儿师范高等专科学校共3所地处长三角的高职院校上榜。由此可见，长三角地区培养出版人才的高等教育资源较为充沛，且覆盖了本科、硕士和专科教育，全面培养各层次理论及应用人才，持续为长三角区域乃至全国范围内输送出版人才。

五 长三角地区实体书店发展特征

随着电子书市场和电商零售平台的日益发达，越来越多的人选择在线上读书、买书，实体书店受到明显冲击，尤其是在新冠肺炎疫情期间，实体书店的经营受挫。然而，在倡导全民阅读和建设学习型社会的背景下，实体书店不仅是城市居民阅读的重要场所，同时也是构成城市文化空间的重要组成部分。在考察一个城市乃至国家的文化软实力时，通常会将实体书店数量作为公共文化设施水平的主要衡量指标之一。基于此，本文关注疫情防控常态化背景下，2021年长三角地区实体书店的发展情况，选取上海、南京、杭州和合肥四大城市作为长三角地区的代表性城市，利用pycharm软件于2021年4月抓取国内知名网络生活社区大众点评网的"购物——书店音像"频道下的所有店铺信息，经整理剔除已停业或关闭的店家后，获得2316家实体书店作为研究样本。需要说明的是，该样本无法涵盖未被大众点评网收录的书店信息，因此可作为互联网时代下各地书店发展情况以及网络口碑的参考，而不等同于实际统计数据。

（一）基于网络口碑信息的实体书店地域比较分析

1.基于本地生活社区数据，长三角地区四大城市实体书店数量：上海>合

肥>杭州>南京；热度：上海>南京>杭州>合肥；消费金额：上海>杭州>南京>合肥；口碑：上海>杭州>南京>合肥

如表5-1所示，在网络生活社区平台上长三角地区四大城市的实体书店数量以上海最多，共747家，其次为合肥，共678家，杭州和南京分别位居第三、第四，各有483家和408家书店。除了数量以外，人气也是实体书店发展水平的重要考量指标。本文以网络生活社区平台上店铺收获的评论数量作为其网络热度的反映，在一定程度上代表了书店吸引线下消费者前来并发表网络评论的积极性。从各城市书店的平均评论数量可以发现，上海747家实体书店的平均评论数量为244.70条，仍然居首位；其次是南京，实体书店的平均评论数量为117.03条，可以看出尽管南京的书店数量在四地中最少，但人气旺盛；杭州实体书店的平均评论数量为58.83条，与上海和南京相比有较大差距，在提升书店对消费者的吸引力方面仍具有较大空间；合肥的实体书店数量尽管接近于上海，但大量书店在网络生活社区平台上无人评价，较为冷门，因此平均评论数量低，排在末位。从各城市实体书店的平均消费金额来看，上海、杭州、南京、合肥依次递减，与当地经济发展水平较为一致，同时也为实体书店的盈利模式提供了参考。从各城市实体书店的口碑来看，以五星制评分作为标准，各城市实体书店的平均评分集中在3.5~4分，城市间的平均分差并不大。综合来看，长三角地区四大城市实体书店的发展应结合数量与质量，推动城市文化空间繁荣。

表5-1 长三角地区四大城市实体书店的网络口碑信息

城市	书店数量（家）	平均消费金额（元）	平均评论数量（条）	平均评分（分）
上海	747	76.20	244.70	3.98
南京	408	57.88	117.03	3.84
杭州	483	72.62	58.83	3.90
合肥	678	47.25	5.42	3.66

资料来源：大众点评网，数据抓取时间为2021年4月。

2. 各城市书店的行政区域分布：整体分布均衡，各区县均有实体书店覆盖，各城市半数书店集中在3~4个区县内

基于网络生活社区平台上店铺页面的地址信息，对各城市实体书店所在行政区县进行统计发现，上海747家实体书店中，有19.01%分布在浦东新区，11.11%分布在黄浦区，8.84%分布在闵行区，7.90%分布在宝山区，其余各区县也均有实体书店，整体分布均衡（见图5-1）；南京408家实体书店中，有17.40%分布在鼓楼区，15.93%分布在江宁区，14.22%分布在秦淮区（见图5-2）；杭州483家实体书店中，有14.08%分布在萧山区，13.87%分布在余杭区，13.04%分布在江干区，12.01%分布在西湖区（见图5-3）；合肥678家实体书店中，有15.63%分布在瑶海区，14.90%分布在蜀山区，14.16%分布在包河区，11.36%分布在庐江县（见图5-4）。

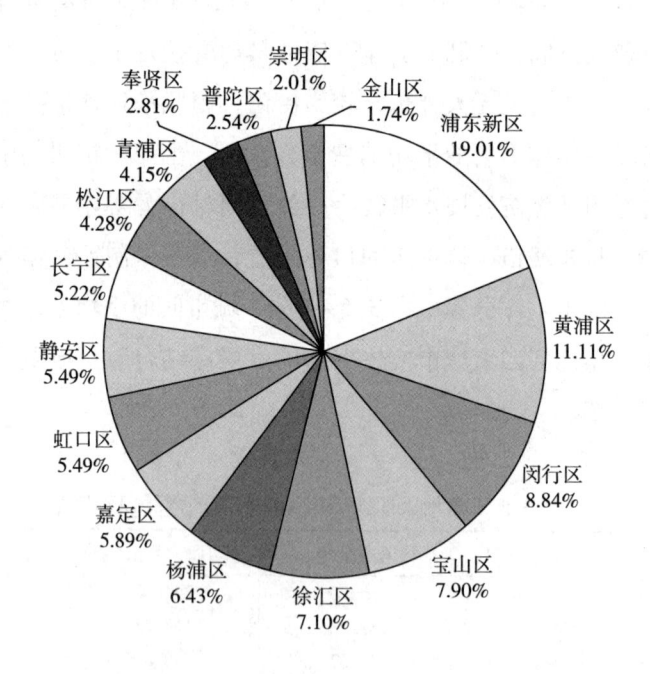

图5-1 基于网络口碑信息的上海实体书店行政区域分布情况

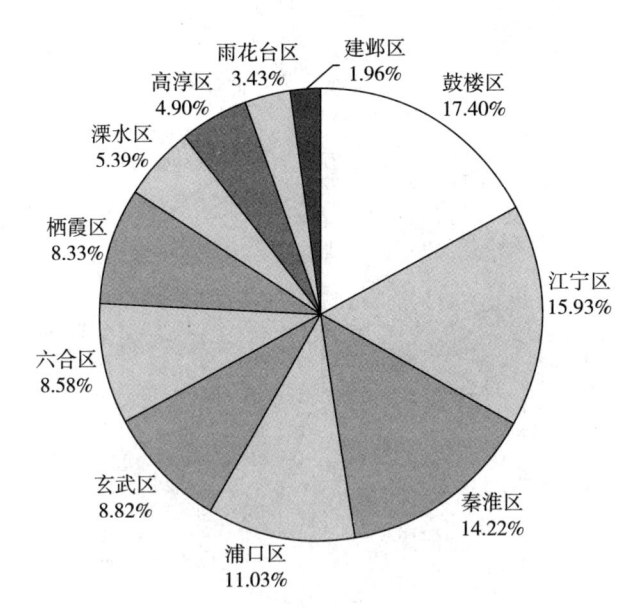

雨花台区 建邺区
高淳区 3.43% 1.96% 鼓楼区
4.90% 17.40%
溧水区
5.39%
栖霞区
8.33%
江宁区
15.93%
六合区
8.58%
玄武区 秦淮区
8.82% 14.22%
浦口区
11.03%

图 5-2 基于网络口碑信息的南京实体书店行政区域分布情况

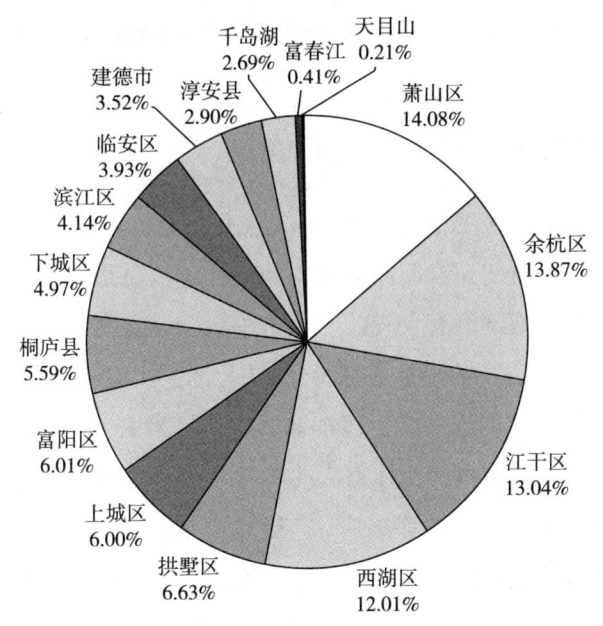

千岛湖 天目山
建德市 2.69% 富春江 0.21%
3.52% 淳安县 0.41%
2.90% 萧山区
临安区 14.08%
3.93%
滨江区
4.14%
下城区
4.97%
余杭区
桐庐县 13.87%
5.59%
富阳区
6.01%
江干区
上城区 13.04%
6.00%
拱墅区 西湖区
6.63% 12.01%

图 5-3 基于网络口碑信息的杭州实体书店行政区域分布情况

081

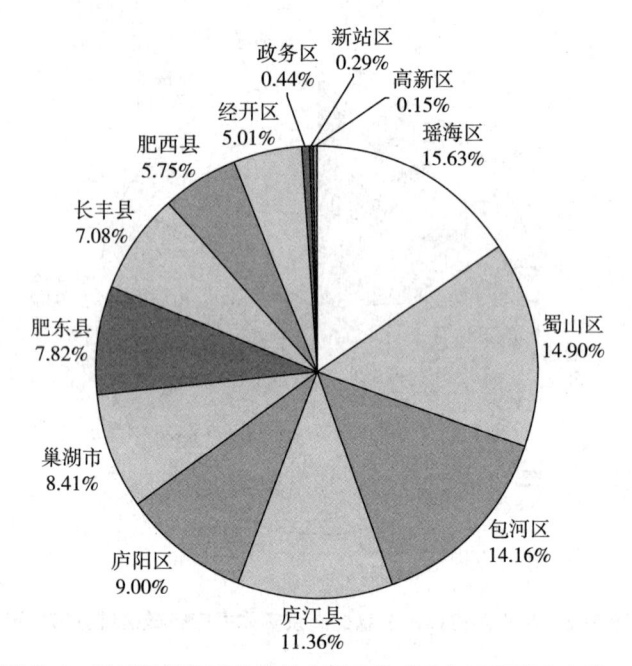

图 5-4　基于网络口碑信息的合肥实体书店行政区域分布情况

（二）各城市"网红书店"排行榜

根据网络生活社区平台上实体书店的点评信息，本文按评价数量排序获得了上海、南京、杭州、合肥四城获得网络评价数量最多的前 20 家实体书店，形成了一份获得网络高人气的"网红书店"榜单（详见附录2）。通过对各城市"网红书店"的基本信息展开分析，发现以下规律。

第一，各城市"网红书店"以本地书店品牌为主，例如上海的钟书阁、南京的西西弗书店都在本地实体书店的热门之列。此外，少数知名品牌实现"破圈"，例如钟书阁、西西弗书店、"猫的天空之城"、言几又·今日阅读等均突破了地域限制纷纷登上创办地之外的城市"网红书店"排行榜，获得了高人气和好口碑。

第二，对各城市的网红实体书店进行横向比较可以发现，上海网红实体书店的人气明显高于其他三城，评价数均在千条以上。而合肥网红实体书店的评价数量较少，且品牌化程度明显偏弱，有多家新华书店进入榜单，缺乏本土网红书店品牌。

第三，"网红书店"之红不仅体现在人气高，也表现为口碑好。各城市中人气位居前列的实体书店同时也获得了较高的评分，在五星制评价体系下大多维持在4.8分以上。同时，对于实体书店的服务、环境和产品评价也基本在9分以上（满分为10分）。

六　长三角地区新闻出版业发展趋势

（一）5G时代技术创新与制度创新协同推进出版融合发展

2019年6月，工信部正式向中国电信、中国移动、中国联通和中国广电颁发5G商用牌照，标志着我国正式迈入5G商用元年。学界和业界普遍认为5G时代的来临将重塑信息传播方式与媒介生态环境。出版业作为媒介生态系统的有机组成部分，在5G时代迎来了新的发展机遇。

在技术层面，5G作为基础性通信技术，其变革将引发搭建在其上的一系列4K/8K技术、人工智能技术、虚拟现实技术等的变革，对出版业发展尤其是出版融合发展趋势产生巨大影响。以VR/AR等虚拟显示技术为例，5G时代虚拟现实技术水平进一步提升，成本进一步下降，阅读进一步拟真化，基于VR/AR技术生产的出版物将呈现爆发式发展，如AR图书、VR图书、三维展示、漫游系统等。以智能设备为例，传统新闻出版产业链的末端结束于消费者购买出版物，但在数字化、网络化的今天，数字出版产业链在消费者购买动漫、游戏、在线音乐、网络文学产品后远远未结束，而是通过各式各样的智能终端设备绑定在不同的消费场景中，继续产生着潜在价值。在5G时代，不少数字内容生产商、平台服务商纷纷布局终端设备生产与内容移植，目的在于最大限度地利用技术延长产业链，实现价值最大化。

在政策层面，2019年以来长三角各地政府纷纷发布5G相关政策文件，为5G发展和各产业应用提出了指导性意见。2019年4月，浙江省人民政府发布了《关于加快推进5G产业发展的实施意见》。2019年5月，江苏省人民政府办公厅发布了《关于加快推进第五代移动通信网络建设发展若干政策措施的通知》。2019年6月和9月，上海市先后发布《上海市人民政府关于加快推进本市5G网络建设和应用的实施意见》和《上海5G产业发展和应用创新三年行动计划（2019—2021年）》。2020年4月和10月，安徽省先后印发《安徽省5G发展规划纲要（2019—2022年）》和《支持5G发展若干政策》。综上，5G技术革命与制度保障相辅相成，共同推进出版业变革。

（二）依托各类基地（园区）发挥产业集聚效应，实现差异化竞争

长三角地区出版产业规模以及细分业务发展情况的数据显示，三省一市的出版产业发展并不均衡，尤其是在动漫、游戏、网络文学等数字出版领域。传统新闻出版产业市场多由国家控股的大型出版集团、上市公司主导，在各地区的分布和发展情况较为稳定均衡，而数字出版作为朝阳产业，汇聚了大量互联网行业、信息技术行业的民营企业，在发挥产业集聚方面宜依托各类型园区基地，从政策优惠、配套设施便利、人才集中等多个角度增强对企业的吸引力。以数字出版基地为例，在现有的11家国家级数字出版基地中，长三角地区三省一市各拥有一家，从入驻企业和营业收入来看，发挥了较为明显的产业集聚效应，但发展模式和定位有所差异。

其中，上海张江国家数字出版基地作为第一家国家级数字出版基地，于2008年7月成立。2017年，基地文化与科技融合产业营收达到489亿元，保持约20%的复合增长，基地累计入驻文创企业643家[1]，涵盖原创内容生产链、网络平台运营链、底层技术提供链和配套支持产业链，代表性企业包

---

[1] 《张江文创园区文化与科技融合产业创新高，产值过亿企业40家》，https://baijiahao.baidu.com/s?id=1590097709621917073&wfr=spider&for=pc，最后访问日期：2022年11月2日。

括阅文集团、中文在线、盛大文学、上海方正、沪江网、创新科技、锐风科技等，总部经济特征明显。

杭州国家数字出版产业基地成立于 2012 年 4 月，2016 年营业收入超过 100 亿元①，其建设模式不同于上海张江国家数字出版基地的高度地理集聚性，而是以整个杭州市作为基地，根据不同企业特色建立园区，联手共建 8 个功能园区，将分布于杭州范围内大大小小的数字出版企业凝聚起来，代表性企业包括咪咕数媒、天翼阅读、氧气听书等。

与上海张江国家数字出版基地、杭州国家数字出版产业基地的单城市核心发展模式不同，江苏、安徽采用多核心模式，以多个城市为基点，差异化发展不同产业，形成区域集聚效应。江苏国家数字出版基地包括南京市、苏州市、无锡市、镇江市多个园区，通过差异化发展覆盖了数字图书、数字报刊、互联网出版、手机出版、数据库出版、按需出版和数字印刷、网络游戏动漫、数字音乐、数字教育、跨媒体复合出版十大产业门类，2018 年营业收入超 200 亿元。安徽国家数字出版基地包括合肥市、芜湖市两个园区，除动漫、游戏等热门产业外，还结合科大讯飞等当地知名企业发展智能设备生产等产业链下游重要产品。

参考文献

丛挺、叶当强、夏德元，2022，《上海出版业软实力建设的机遇、挑战与创新路径》，《编辑学刊》第 4 期，第 6~12 页。

焦建俊，2019，《探路长三角出版业高质量一体化发展》，《群众》第 21 期，第 33~34 页。

刘兵、隅人，2020，《570 种抗击新冠肺炎疫情图书选题分析（上）》，《中国新闻出版广电报》4 月 13 日，第 5 版。

缪立进，2022，《我国出版业数字化转型的逻辑与对策》，《科技与出版》第 7 期，第

---

① 《杭州国家数字出版基地：8 个园区托起数字出版新天地》，https://www.sohu.com/a/155522052_770746，最后访问日期：2022 年 11 月 2 日。

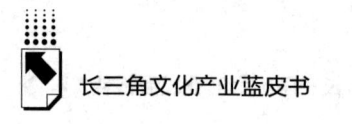

95~100页。

杨丹丹、万智，2022，《数智化时代我国出版业融合发展研究：进展、问题与路径》，《出版发行研究》第6期，第38~43页。

《中国出版传媒商报》，2020，《主题出版五年寻脉》，6月30日第7版。

朱江丽、李子联，2015，《中国图书出版的规模与结构——数据告诉了我们什么?》，《出版科学》第5期，第47~52页。

附录1　中国出版业年度十件大事（2016~2021年）

年份	大事
2016年	1. 习近平总书记著作世界传播
	2. 建党95周年、长征胜利80周年主题出版双效俱佳
	3. 倡导开展全民阅读活动迎来十周年再掀阅读潮
	4. "十三五"出版规划发布
	5. 第六届中华优秀出版物奖揭晓
	6. 国家支持实体书店发展点亮城乡文化地标
	7. 出版企业上市并购再起风潮
	8. 两部行业管理法规实施
	9. 中国出版走出去日趋本土化
	10. 融合发展呈现新成果
2017年	1. 迎接十九大重点出版物精彩纷呈
	2. 全民阅读立法获重大进展
	3. 道德与法治、语文、历史教材重归国家统编
	4. 新华书店80岁再出发
	5. 电商狂欢是出版界的痛
	6. 纸价疯涨，业内呼吁重新审视书价
	7. 出版"国家队"入市
	8. 文学IP价值飙升
	9. 出版社纷纷设奖征原稿
	10. 出版业抢"知识付费"风口
2018年	1. 习近平新时代中国特色社会主义思想相关图书出版发行反响强烈
	2. 中央印发《深化党和国家机构改革方案》，新闻出版管理职责划入中央宣传部
	3. 中央深改委审议通过《关于加强和改进出版工作的意见》
	4. 出版界大批精品图书献礼改革开放四十周年
	5. 全民阅读"五入"政府工作报告
	6. 三场中国主宾国活动登陆国际书展创年度最多纪录
	7. 出版业高质量发展显成效，重印书品种首超新版书
	8. 国家出版基金设立10年硕果累累
	9. 国家延续文化企业税收优惠政策，进一步提振出版企业发展信心
	10.《"扫黄打非"工作举报奖励办法》修订发布，举报非法出版最高奖60万元

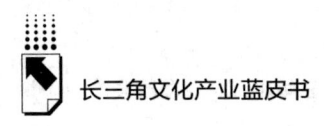

续表

2019年	1. 习近平重要著作及相关学习读物持续热销,习近平新时代中国特色社会主义思想广为传播
	2. 习近平到读者出版集团考察并发表重要讲话,全国出版界反响强烈
	3. 围绕庆祝中华人民共和国成立70周年,主题出版"书"写伟大时代
	4.《关于加强和改进出版工作的意见》印发实施
	5. 全民阅读"六入"政府工作报告,高质量推进全民阅读
	6. 出版单位社会效益评价进入量化阶段
	7. 国家进一步加强出版导向和出版质量管理
	8. 10部门联手推动农家书屋提质增效,助力乡村振兴
	9. 实体书店迎来发展新"蓝海"
	10. 中国出版走出去深耕"一带一路"
2020年	1.《习近平谈治国理政》第三卷等重要著作出版发行,社会反响强烈,频掀学习热潮
	2. 党的十九届五中全会提出文化强国建设目标,出版人自觉将行业高质量发展融入国家文化建设大局
	3. 习近平给人民教育出版社老同志回信强调"用心打造培根铸魂启智增慧的精品教材",激励出版人为精品出版而奋斗
	4. 大批抗疫图书和数字内容危难之中推送支持国内外抗疫阅读,科学助力抗击新冠肺炎疫情斗争取得重大战略成果
	5. 全面建成小康社会、决战脱贫攻坚,一批精品力作记录伟大壮举
	6. "七入"政府工作报告、中宣部提出新目标新任务,全民阅读工作注入新动能
	7. 著作权法第三次修订,出版业版权保护法网"织密"
	8. BIBF云书展、新版《辞海》《新华字典》纸网同步发行、图书直播营销热等推动出版转型升级、融合发展提速
	9. 图书出版增速名列前茅,集团旗舰作用进一步凸显
	10. 网络文学市场规模持续提升,国家新闻出版署出台举措提质推优
2021年	1. 迎建党百年,党史出版热
	2. 习近平总书记致信祝贺人民出版社成立100周年
	3. "全民阅读"第八次写入政府工作报告
	4. 新修订《著作权法》实施,大幅提升侵权违法成本
	5. 第五届中国出版政府奖颁出
	6. 全国教材建设奖首颁
	7. 抖音大V"一元售书"惹众议,"价格杀"重击实体经济
	8. 中国考古学百年华诞,考古图书成亮点
	9. "双减"政策出台,出版机遇几何
	10. 音体美入中考,出版有何作为

附录2 长三角地区省会城市"网红书店"排行榜

表2-1 上海实体书店网络评价数量TOP20

区域	店铺名称	点评数（条）	人均消费（元）	评分（分）	服务（分）	环境（分）	产品（分）
浦东新区	朵云书院·旗舰店	12185	66	4.83	8.9	9.1	8.9
黄浦区	上海书城（福州店）	8519	105	4.73	7.5	7.8	8.3
闵行区	光的空间新华书店（爱琴海购物公园店）	6381	61	4.90	9.1	9.2	9.2
虹口区	建投书局（浦江店）	5205	68	4.89	9.1	9.2	9.1
静安区	钟书阁（芮欧百货店）	4537	72	4.86	9.0	9.1	9.1
松江区	钟书阁（松江泰晤士小镇店）	3860	73	4.87	9.0	9.2	9.1
徐汇区	钟书阁（绿地缤纷城店）	3625	66	4.84	8.9	9.1	9.1
黄浦区	猫的天空之城概念书店（新天地店）	3146	48	4.86	9.0	9.1	9.0
静安区	西西弗书店（静安大悦城店）	3011	75	4.87	9.1	9.2	9.1
长宁区	茑屋书店（上生新所店）	2954	139	4.86	9.1	9.1	9.1
黄浦区	思南书局·复兴中路店	2592	73	4.88	9.1	9.2	9.1
黄浦区	读者（读者·外滩旗舰店）	2410	49	4.91	9.2	9.2	9.2
浦东新区	猫的天空之城概念书店（上海世博源店）	2381	49	4.86	9.0	9.1	9.0
黄浦区	思南书局·诗歌店	2311	65	4.86	9.1	9.2	9.0
徐汇区	大众书局（美罗城店）	2270	80	4.40	7.4	7.7	7.8
浦东新区	几何书店	2061	60	4.86	9.1	9.1	9.1
杨浦区	大隐书局（创智天地店）	1814	47	4.83	8.9	9.1	9.0
黄浦区	言几又·今日阅读（企业天地店）	1750	59	4.83	9.0	9.1	9.0
普陀区	西西弗书店（月星环球港店）	1748	96	4.87	9.1	9.1	9.1
黄浦区	上海三联书店READWAY	1732	95	4.82	9.0	9.1	9.0

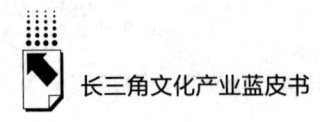

表2-2 南京实体书店网络评价数量TOP20

区域	店铺名称	点评数（条）	人均消费（元）	评分（分）	服务（分）	环境（分）	产品（分）
鼓楼区	先锋书店（五台山总店）	7536	71	4.92	9.2	9.2	9.2
玄武区	奇点书集	1952	55	4.91	9.2	9.3	9.2
鼓楼区	大众书局（国药店）	1284	66	4.59	7.8	8.2	8.5
秦淮区	不熟艺术书店	1063	63	4.91	9.2	9.2	9.2
鼓楼区	凤凰国际书城	918	59	4.85	8.5	9.0	8.9
鼓楼区	万象书坊	878	39	4.86	9.0	9.2	9.0
秦淮区	新华书店（旗舰店）	863	107	4.82	8.0	8.4	8.8
鼓楼区	先锋颐和书店（颐和路店）	783	64	4.89	9.1	9.2	9.1
秦淮区	G·SPACE（金鹰新街口店）	667	79	4.87	9.1	9.2	9.1
秦淮区	西西弗书店&矢量咖啡（茂业天地店）	556	67	4.90	9.2	9.2	9.2
鼓楼区	西西弗书店（环宇城店）	547	48	4.87	9.1	9.1	9.1
玄武区	泡泡玛特POP MART（珠江路金鹰店）	488	96	4.90	9.1	9.2	9.2
鼓楼区	凤凰云书坊24小时	454	41	4.87	9.1	9.2	9.1
秦淮区	当当书店（南京店）	423	43	4.94	9.2	9.3	9.3
玄武区	永丰诗舍	410	32	4.73	8.8	9.1	8.7
鼓楼区	言几又·今日阅读（鼓楼新城吾悦广场店）	406	43	4.92	9.2	9.3	9.2
秦淮区	换酒书店	404	41	4.91	9.2	9.2	9.2
栖霞区	大众书局（东城汇店）	316	49	4.42	8.4	8.8	8.4
玄武区	先锋书店（长江路店）	295	55	4.77	8.8	9.0	9.0
建邺区	如思书吧（金奥店）	282	30	4.84	9.0	9.1	9.0

表2-3 杭州实体书店网络评价数量TOP20

区域	店铺名称	点评数（条）	人均消费（元）	评分（分）	服务（分）	环境（分）	产品（分）
滨江区	钟书阁（星光广场店）	3189	59	4.84	9.0	9.1	9.1
拱墅区	单向空间	2614	66	4.93	9.2	9.3	9.3
西湖区	茑屋书店（天目里店）	2031	140	4.86	9.1	9.2	9.1
上城区	最天使文创书城（湖滨利星店）	1663	45	4.87	9.1	9.2	9.1

续表

区域	店铺名称	点评数（条）	人均消费（元）	评分（分）	服务（分）	环境（分）	产品（分）
江干区	言几又（来福士店）	1521	64	4.90	9.1	9.2	9.1
下城区	西西弗书店（嘉里中心店）	965	59	4.90	9.2	9.2	9.2
下城区	西西弗书店（国大城市广场店）	916	58	4.92	9.2	9.3	9.2
上城区	言几又·今日阅读（湖滨银泰in77E区店）	891	50	4.87	9.1	9.2	9.1
上城区	最天使文创书城（尚城1157店）	831	55	4.87	9.1	9.2	9.1
西湖区	Boku博库书城（文二店）	827	66	4.90	8.9	9.1	9.1
拱墅区	言几又·今日阅读（拱墅大悦城店）	794	50	4.87	9.1	9.2	9.1
上城区	泡泡玛特POP MART（湖滨银泰in77店）	712	92	4.90	9.1	9.2	9.2
下城区	声音小镇	681	419	4.91	9.1	9.3	9.2
上城区	西西弗书店（西湖银泰店）	628	53	4.85	9.1	9.2	9.1
拱墅区	西西弗书店（城西银泰城店）	589	60	4.89	9.1	9.2	9.1
下城区	风雨书店	492	48	4.92	9.2	9.2	9.2
江干区	西西弗书店&矢量咖啡（龙湖杭州金沙天街店）	469	45	4.89	9.1	9.2	9.2
上城区	南宋书房	439	48	4.88	9.1	9.2	9.1
上城区	南山书屋	427	65	4.89	9.1	9.2	9.1
上城区	新华书店（解放路店）	410	57	4.83	8.3	8.6	8.9

表2-4 合肥实体书店网络评价数量TOP20

区域	店铺名称	点评数（条）	人均消费（元）	评分（分）	服务（分）	环境（分）	产品（分）
包河区	几何书店（漫乐城购物中心店）	488	64	4.88	9.1	9.2	9.1
庐阳区	新华书店（长江中路店）	425	70	4.91	9.1	9.2	9.2
庐阳区	新华书店（三孝口店）	410	71	4.92	9.2	9.2	9.2
政务区	西西弗书店（万象城店）	321	52	4.88	9.1	9.1	9.1

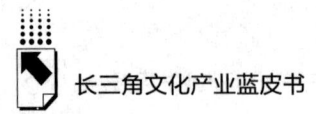

续表

区域	店铺名称	点评数（条）	人均消费（元）	评分（分）	服务（分）	环境（分）	产品（分）
政务区	樊登书店	271	47	4.73	8.8	9.1	8.5
包河区	新华书店(滨湖银泰店)	207	70	4.86	9.1	9.1	9.1
包河区	纸的时代书店	170	31	4.82	9.0	9.0	9.0
庐阳区	西西弗书店(万象汇店)	141	68	4.86	9.1	9.1	9.1
庐阳区	一知书店	104	39	4.88	9.1	9.2	9.1
包河区	悦·书房(疊街店)	87	24	4.37	8.2	8.4	8.2
政务区	字里行间书店(唯品会店)	73	33	4.85	9.1	9.0	9.1
瑶海区	悦·书房	62	61	4.38	8.3	8.3	8.3
庐阳区	育才书店(三孝口店)	50	66	3.81	7.2	7.3	7.4
包河区	新华书店(合肥南站北广场店)	43	32	4.21	8.0	8.1	7.9
庐阳区	凿壁偷光图书城	38	39	3.98	7.5	7.6	7.6
包河区	徽州书局	35	39	4.15	7.8	8.0	8.2
蜀山区	保罗的口袋书店(省医南区店)	28	22	3.92	7.7	7.7	7.6
包河区	凿壁偷光图书城	28	—	4.16	7.9	7.9	7.9
庐阳区	爱知书店	23	—	4.14	7.9	7.9	7.9
包河区	西西弗书店(包河万达广场店)	23	—	4.82	8.9	9.1	9.0

B.3
长三角动漫产业发展报告

陈宏 杨浩晨*

摘 要: 本文着眼于长三角一体化国家战略下长三角地区动漫产业的发展,简析产业政策背景,并从产业整体发展格局、产业链格局和产业竞争力等维度对产业发展现状进行分析,以揭示当前长三角地区动漫产业的发展特征。在此基础上基于区域间协同发展的未来方向,探讨长三角动漫产业的发展前景。

关键词: 长三角 动漫产业 产业政策

"动漫"是动画与漫画两种艺术形式的统称,这一用法由中国大陆地区所创造。动画是一种采用逐帧拍摄对象并连续播放,进而形成运动影像的技术手法;而漫画则指用简单而夸张的手法来描绘生活或时事的图画的创作方式。随着受众群体的不断增长,这两种艺术形式在发展进程中的相互联系趋于紧密,其中知名漫画的动漫化最具代表性,由此形成了一种新的产业体系,即动漫产业。狭义上,动漫产业主要指围绕动画和漫画而进行经营活动的产业,而随着动漫与影音视听、制造业等领域之间结合程度的加深,一个涵盖多领域的综合性动漫产业链条已经形成,其中上游主要包括动漫IP的设计和打造,中游主要包括动漫作品的发行、传播,下游则主要是动漫衍生品(玩具、服饰等动漫周边)的发售等。凭借广泛的覆盖面和受欢迎程度的不断提升,动漫产业成为文化领域最具发展潜力的产业之一。

---

* 陈宏,上海财经大学人文学院经济新闻系讲师,研究方向为传播与文化、传播与社会;杨浩晨,复旦大学新闻学院2022级博士研究生,研究方向为传播与文化、媒介学。

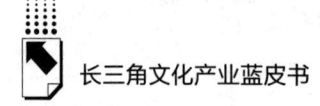

作为具有鲜明文化元素的创意集聚性产业，动漫产业近年来在国内相关政策的支持下得到了快速的发展，并成为我国提升文化产业整体实力的重要发力点。而长三角作为中国经济最发达的地区，为动漫产业的发展提供了必不可少的经济基础。在经过工商大数据筛选的动漫设计企业数量排名中，长三角地区有10个地级市位列全国前30，形成了以杭州、上海、南京为核心，以常州、苏州、无锡为重要节点，漫画、动漫、游戏、衍生品等全产业链协同发展的新局面。多样的文化、发达的教育也为动漫产业的发展扫清了障碍。

一 政策背景

作为文化产业中的重要一环，动漫产业的发展受到了高度重视，国家层面出台了一系列政策扶持本土动漫产业发展，相关政策主要着眼于发展环境、企业扶持和创新激励这几个层面。2019年8月，国家广播电视总局印发的《关于推动广播电视和网络视听产业高质量发展的意见》指出，要"以实施'新时代精品工程'为抓手，谋划实施好电视剧、纪录片、动画片、广播电视节目、网络视听节目等重点创作规划"。此后，国家先后发布《关于动漫企业进口动漫开发生产用品税收政策的通知》《关于延续动漫产业增值税政策的通知》，在税收层面给予动漫企业优惠减免。

长三角地区汇聚了动漫产业发展的资金、人才、技术等一系列优势资源。近年来，三省一市推出一系列助推动漫产业发展的相关政策，为今后进一步实现区域协同，打造高质量发展模式奠定基础。

上海市在动漫产业发展政策的制定中体现出了鲜明的国际化导向，力图打造"全球动漫游戏原创中心"。2017年，上海市人民政府印发《关于加快本市文化创意产业创新发展的若干意见》，首次提出建设"全球动漫游戏原创中心"；2018年，上海市发布《关于促进上海网络视听产业发展的实施办法》，强调积极培育和鼓励网络视频、影视动漫、网络游戏、技术研发、信息服务等新兴文化企业。围绕建设具有全球影响力的动漫游戏原创中心，全市集聚产业要素资源。借助自贸试验区的"先行先试"优势，上海市将国际化作为动漫产业发展的重要目标，不断提升动漫产业的开放性程度。2021年5月，上海发布《全面推进上海数字商务高质量发展实施意见》，意在集聚打造一批有影响力的数字内容互联网平台和应用商店，拓展优质内容发行推广渠道，打造具有全球影响力的原创IP，推动网络视听、数字阅读、动漫游戏等原创内容出海。

杭州作为浙江省的省会和最大城市，汇集了浙江省大量动漫产业生产资源。因此，浙江省力图将其打造成为浙江省、中国乃至世界范围内知名的"动漫之都"。由此，浙江省明确了以杭州为中心的发展路径，基于这一政策环境，越来越多的企业选择杭州作为发展基地，包括中南卡通、盛大边锋、盛世龙吟、渡口网络、网创科技等知名动漫制作和游戏研发企业。2017年，杭州出台《持续推动杭州"动漫之都"建设行动计划（2018—2020年）》，提出要基于作品、人才和企业等多个维度全面提升动漫产业的发展水平，同时提出要将"动漫之都"建设从1.0版本推向2.0版本的发展目标。

江苏省在动漫产业的发展中，力图围绕南京、苏州、无锡和常州等城市形成动漫产业集群。2015年，《江苏省政府关于加快提升文化创意和设计服务产业发展水平的意见》提出"建设南京、苏州、无锡、常州国家动漫游戏产业基地"。该政策着重突出了四大城市在江苏省动漫产业发展中的重要地位。

安徽省在动漫产业的发展路径规划中，致力于从自身区域特色出发，并采取产业间协作协同的模式推动动漫产业的发展。近年来，安徽省注重利用举办各类赛事或活动为契机，发挥"平台效应"，助推动漫产业的发展。主要的赛事平台包括"互联网+"创新创业大赛和安徽省动漫大赛等。同时，安徽省近年来出台了一系列政策，将动漫产业作为带动经济发展的重要组成部分：在2018年的安徽文化惠民消费季中，安徽省通过举办第五届动漫大赛暨首届乡村文创大赛和淮北市第三届动漫电竞嘉年华助推动漫产业的消费；2020年2月出台的《关于恢复文化和旅游产业活力激发市场消费潜力

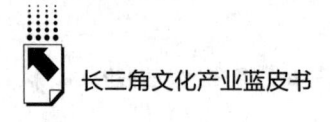

的若干措施》中明确指出将动漫产业作为疫情期间经济纾困、激发市场消费潜力的重要手段。

二 长三角地区动漫产业发展现状

（一）产业整体发展格局

在长三角一体化战略框架下，动漫产业在地区间的协同发展能够在很大程度上推动各地区优势资源的整合，减少区域内资源消耗和对国家资金支持的依赖程度，打造具有各地区鲜明特色的产业优势。下文将从市场主体、产业基地建设和游戏产业平台三个方面出发，力图构建当前长三角动漫产业发展现状的整体图景。

1. 市场主体：总体上升背景下区域间差异凸显

（1）长三角地区动漫企业近5年的数量呈现快速增长态势

根据天眼查企业公开数据，截至2021年，长三角地区近5年内动漫企业注册数量激增，有超过27万家新增企业，这一巨大变化从侧面反映出随着近年来人们对动漫、二次元文化的接受度和喜爱度越来越高，资本也越来越看好动漫行业，动漫行业还有巨大的发展潜力，"动漫时代"正在来临。

分别观察长三角地区各省市不同注册时间的动漫企业数量，并结合图2-1、图2-2、图2-3计算可知，浙江省近5年的动漫企业注册数量在长三角地区中占比最高，达到51.85%，上海和江苏两个省市的数据相近，其中上海市占比17.65%，江苏省占比21.27%，安徽省最低只占了9.23%。由此不难看出，近5年来浙江省在动漫产业方面发展迅猛，其原因在于，浙江省自2019年始为打造全国领先的以动漫游戏、数字内容服务为特色的数字娱乐基地而配套出台的一系列鼓励政策，以及各大资本方对浙江省动漫企业的资金支持。因此，未来动漫行业有望给浙江省的经济增长再添助力。

（2）区域间企业数量差异明显

根据天眼查相关数据，截至2021年，长三角地区有超过30万家企业的

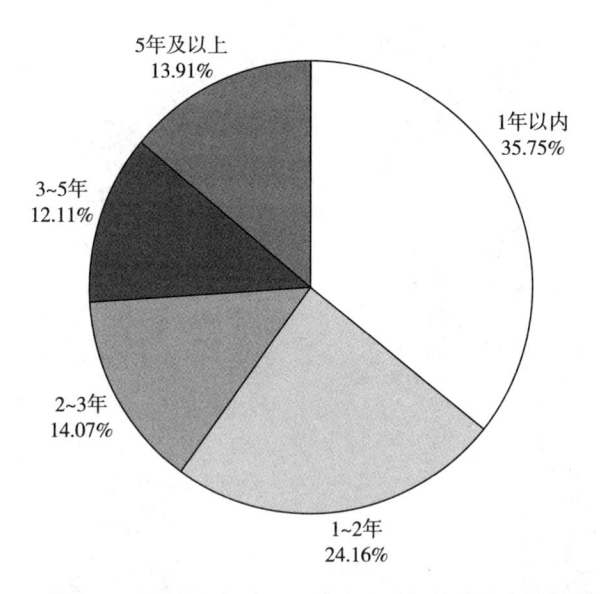

图2-1　截至2021年长三角地区不同注册时间的动漫企业数量占比

资料来源：天眼查。

名称或经营范围与动漫产业相关（存续状态），浙江省有超过10万家，上海市有近8万家，江苏省有超过8万家，安徽省最少，不足4万家（见图2-3）。

造成各省市动漫产业市场发展规模相差较大的原因，主要与各地对动漫产业的扶持政策、技术支持、人才培养以及经济发展水平相关。上海市作为高新技术产业聚集地，为动漫产业的发展提供了大量资本、人才支持，同时，多年来出台的一系列政策法规的扶持，为动漫产业营造了良好的发展环境。而安徽省的经济实力相对较弱，相关政策红利也较少，对于动漫这样需要高技术水平的企业的吸引力也相对较弱，因此企业数量相对较少。

（3）长三角地区小型动漫企业占多数

根据天眼查企业公开数据，截至2021年，长三角地区大部分动漫企业的注册资金在200万元以下，占总量的72.71%，注册资金在200万~1000万元的企业数量占比为20.63%，注册资金在1000万元及以上的企业数量仅占总数量的6.66%（见图2-4）。

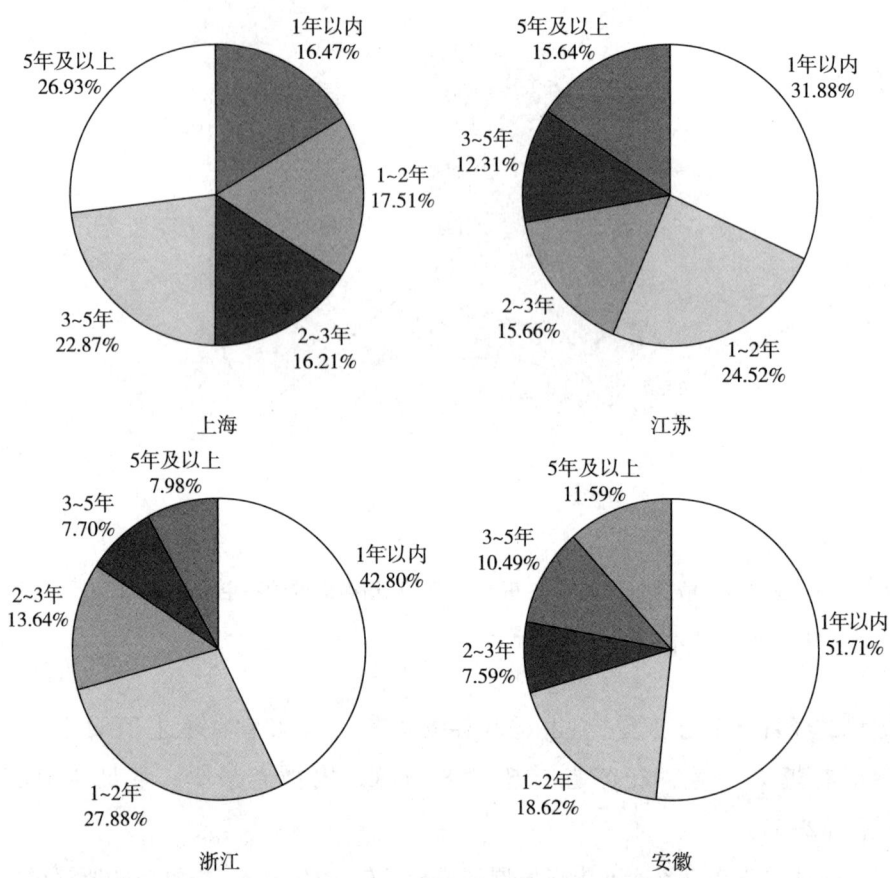

图 2-2 截至 2021 年长三角地区各省市不同注册时间的动漫企业数量占比

资料来源：天眼查。

　　以上数据反映出现阶段长三角地区动漫企业以小型企业为主，大型动漫企业仍属少数，而动漫作为资本密集型行业，往往需要雄厚的资本实力才有最大可能产出优质作品。随着越来越多优秀动漫作品的出现，资本也会逐渐青睐这个行业。

　　分别观察长三角地区各省市不同注册资金的动漫企业数量占比发现，上海、浙江、江苏、安徽各省市的分布情况与长三角地区的总体分布情况相似，200 万元以下的小规模动漫企业占多数，占比都超过 50%。此外，安徽省注册资金在 200 万~500 万元的企业数量占比为 18.10%，注册资金在 500 万~1000

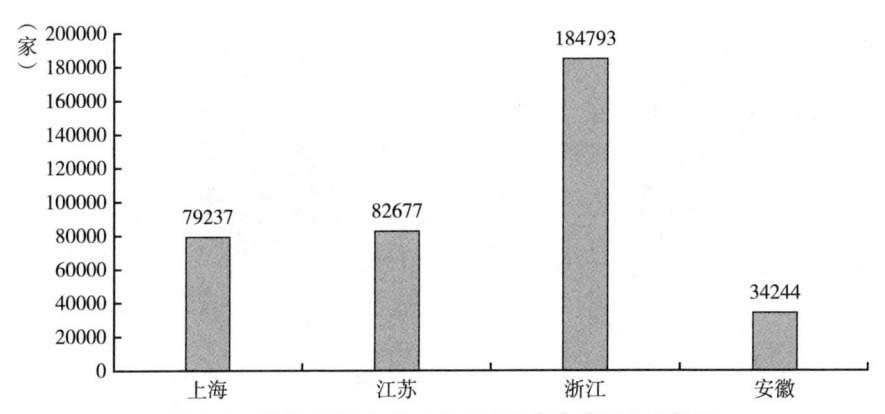

图 2-3 截至 2021 年长三角地区各省市动漫企业数量

资料来源：天眼查。

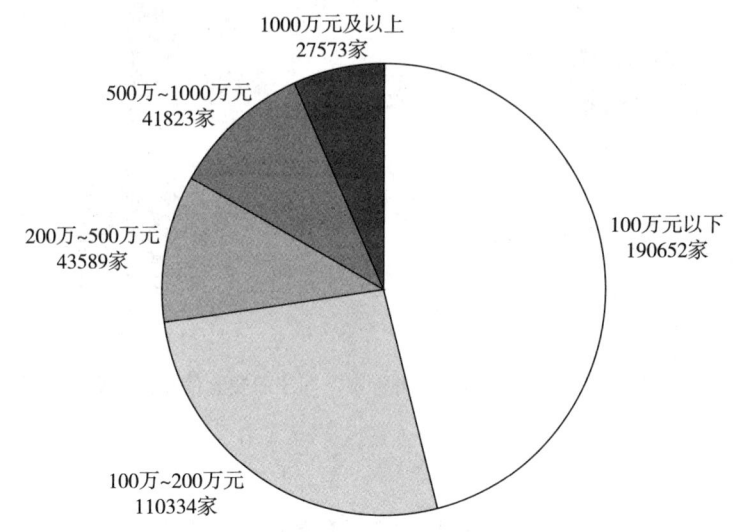

- 上海：79237
- 江苏：82677
- 浙江：184793
- 安徽：34244

图 2-4 截至 2021 年长三角地区不同注册资金的动漫企业数量

资料来源：天眼查。

- 1000万元及以上：27573家
- 500万~1000万元：41823家
- 200万~500万元：43589家
- 100万~200万元：110334家
- 100万元以下：190652家

万元的企业数量占比为 17.89%，均高于其他三个省市（见图 2-5）。

这与安徽省总体动漫企业数量较少有关，同时也从侧面反映出，近年来安徽省对动漫产业的各种政策扶持、人才技术支持正逐渐完善，动漫企业也逐渐受到资本的重视，正在慢慢发展壮大，未来有希望缩小与其他三省市的差距。

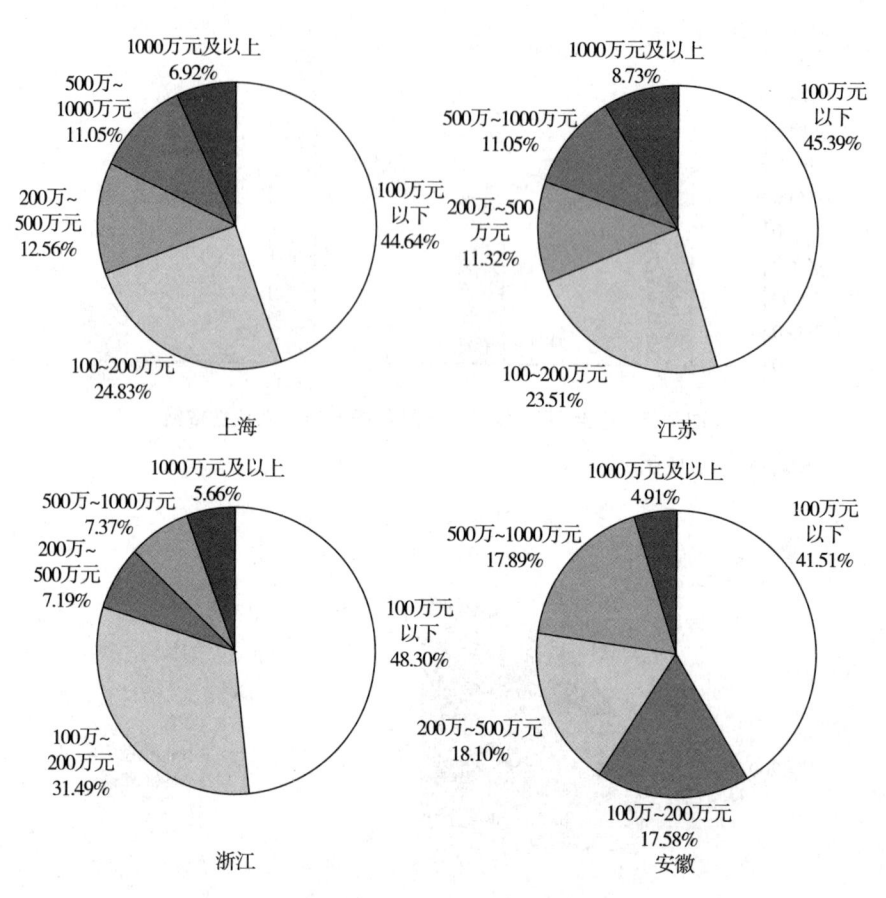

图2-5 截至2021年长三角地区各省市不同注册资金的动漫企业数量占比

资料来源：天眼查。

2. 产业基地建设：三省一市已形成具有各自特色的建设路径

从动漫产业自身的发展规律和国内外动漫产业构建的经验来看，搭建动漫产业基地，形成集聚效应和协同发展模式是一条重要的路径。下文将分别选取长三角地区三省一市具有代表性的动漫产业园区，对其发展情况进行简要分析。

（1）上海市：对标秋叶原，打造生活化动漫社区

上海市在动漫产业基地的建设和发展方面处于国内的先行者地位，其中

上海动漫衍生产业园成了国内动漫产业基地的标杆。该基地坐落于宝山大场，毗邻市中心和上海大学等高校，是国内第一家专业动漫产业园区。自一期项目兴建以来已经聚集了与动漫产业相关的各类企业38家，总注册资本近6000万元。与国内其他动漫基地侧重生产、播出的发展方向不同，上海动漫衍生产业园一直以来将发展重心放在衍生品制作方面，同时重点吸引知名播出平台、动漫专卖店等资源客户落户。未来上海动漫衍生产业园将参照日本著名动漫胜地"秋叶原"，着力打造全国首个动漫生活社区，使之成为以动漫为中心，制造业、服务业共同发展的"动漫之城"。

（2）浙江省：以杭州为中心，融入互联网元素

浙江省动漫产业基地的发展以杭州为中心，并将其作为打造"动漫之都2.0"的重要组成部分。杭州高新区国家动画产业基地于2004年建成，自成立之初就以汇聚优质动漫生产机构、产出一批具有国际影响力的动画作品作为主要目标。杭州在动漫产业方面的资源集聚效应为该基地的迅速发展奠定了基础，该基地在力图做大做强动画制作的同时还逐渐向多功能、全方位的方向发展。随着动漫产业"互联网+"的趋势显著，杭州高新区国家动画产业基地重点吸引了边锋网络、时空影视等一批具有互联网背景的企业，以推动动漫产品的高质量发展。与此同时，该基地还着眼于人才培养、技术研发、产品展示、国际交流合作等多个领域，进而为杭州建成"动漫之都2.0"起到支柱作用。

（3）江苏省：着力打造产业集聚效应

借助动漫产业基地实现产业发展集聚效应是江苏省动漫产业的发展重点。在国家广播电视总局首批和第二批设立的15个国家级动漫产业基地中，江苏省有3个，分别是苏州工业园区动漫产业园、无锡太湖数码动画影视创业园和常州影视动画产业有限公司。国家级动漫产业基地的占有量在长三角乃至全国范围内位居前列，这也使江苏省在动漫产业基地方面具有一定的先发优势。其中苏州工业园区动漫产业园以苏州工业园区的高新技术资源为依托，不断致力于实现动漫制作技术的突破和创新，提升动漫作品的整体品质。该基地聚集了天堂卡通、神游科技、欧瑞动漫等一批在国内外动漫市场

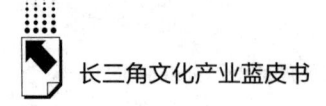

具有一定知名度的动漫企业，将三维动漫制作和动漫游戏创作作为两大发展方向。近年来，苏州工业园区动漫产业园还将动漫公共服务纳入发展框架中，力图建成人才培养、技术研发和国内外交流合作的高质量平台。

（4）安徽省：形成合肥、芜湖双核心，两翼齐飞的发展格局

安徽省虽然在动漫产业基地的建设上起步较晚，但是近年来开始在这一方面不断发力，建立了合肥和芜湖两个国家级动漫产业基地。近年来，通过政府和企业共同发力，安徽省逐渐形成了围绕两大动漫产业基地，以"抓重点，出精品"为导向的动漫产业发展模式。其中安徽芜湖华强科技文化园依靠它旗下的方特欢乐世界主题公园这一具有国际知名度的动漫企业，在动漫开发、技术创新和与动漫相关的服务业上取得了长足发展，力图形成以高新技术为支撑，具有高质量服务水平的产业发展格局。总体而言，当前安徽省的动漫产业已形成以两个国家级动漫产业基地为主干、以蚌埠和淮南两地区为两翼的发展格局。

3. 游戏产业平台：上海核心地位显著，浙苏皖持续跟进

动漫节展在动漫产业的发展中发挥着"平台"作用，它不仅为动漫爱好者群体提供了交流的平台，还成了动漫企业尤其是小微企业提高知名度、扩大影响力的重要渠道。更为重要的是，它是动漫产业链下游的重要一环，对动漫产业链的拓展、完善具有重要意义。因此，动漫节展也是考察长三角地区动漫产业链发展情况不可或缺的一部分。

《2021年度中国展览数据统计报告》的二类行业（动漫）显示，2021年全国动漫展数量为147场，占全国展览数量的4.10%，展览面积共171万平方米，占全国展览面积的2.01%。主要展览场地有中国国际数码互动娱乐展览会、第28届上海同人展览会和BiliBili World等。喵特网和知乎数据显示，2020年，上海市共有467场动漫展，浙江省有388场，江苏省有436场，安徽省有190场。

（1）上海动漫节展龙头作用明显

展览面积排名前三的项目为：中国国际数码互动娱乐展览会、第28届上海同人展览会和2021BiliBili World SHANGHAI。这三个展览的面积分别为15.37万平方米、13.44万平方米、11.7万平方米。由此可见，上海动漫节

展的发展水平在全国位居前列，在长三角动漫产业平台的建设中，其龙头作用明显。

中国国际数码互动娱乐展览会，简称ChinaJoy，是目前国内乃至全球范围内最具影响力与代表性的数字娱乐综合性展会，内容涵盖互联网电子娱乐的各个领域，包括游戏、互联网动漫、影视、音乐、Cosplay、电子竞技、网络文学、智能软硬件等。受新冠肺炎疫情的影响，2022年ChinaJoy线下展会延期，线上展于8月底举办，参展观众数超过34万人，参展企业共300家[1]，首次在MetaCJ元宇宙数字场景中呈现并提供前所未有的线上互动体验[2]。

上海同人展览会，即ComiCup，简称CP，是长三角地区乃至全国范围内最大规模的全类型同人动漫展会类活动。该展会自2008年开始，以每年1~5次，每次1~2天的频率举办，目前CP已经在上海举办了28届。在十余年的时间内，CP的摊位总数也从2008年首次举办时的86个升至2021年的3000多个，其规模与影响力也不断扩大，逐渐形成了品牌效应。

BiliBili World，简称BW，是哔哩哔哩视频网站继2013年推出BML线下演出活动后于2017年举办的大型线下嘉年华活动。BW是集演出、展览与互动于一身的综合型动漫展，与一般动漫展有所不同，其核心内容立基于B站文化，参展演出者多为B站UP主，除普通二次元ACG展会内容（游戏、动漫、手办作品展销）外，BW更加强调与观众的互动性演出，设有脱口秀区、舞蹈区与音乐区，随着展会规模与影响力的扩大，主办方还邀请海外歌手、声优参展。除上海外，BW在其他省市也有成功的办展经验，如成都站与广州站。

（2）浙苏皖共同发力打造动漫节展产业

除上海外，长三角范围内其他区域在近年来也不断搭建动漫展览平台。其中，浙江杭州举办的中国国际动漫节不仅是目前国内唯一的国家级动漫专业节展，还是长三角地区乃至我国规模最大、影响最广的动漫节展之一。2021年，第17届中国国际动漫节在新冠肺炎疫情期间举行，有超过

---

[1] https://www.jufair.com/exhibition/600.html。
[2] https://www.bilibili.com/read/cv17559894/。

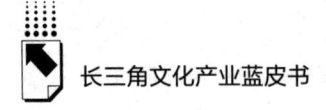

1300万人次通过线上线下方式参与互动，有56个国家和地区、335家中外企业机构、4031名客商展商和专业人士通过线上线下方式参与，开展一对一洽谈1646场，现场签约金额约4.8亿元[①]。江苏的动漫节展呈现出地域分布广的态势，盐城、徐州、宜兴等地均形成了各自定期的知名动漫节展。其中盐城ACCN同人会至2021年已举办21届，拥有深厚的受众基础和关注度。安徽借助创新赛事等平台推动动漫产业发展成为一条重要路径。安徽省动漫大赛至2021年已举办6届，涌现出了众多优秀的动漫作品，为该省动漫产业的人才资源与相关企业起到了对接平台的作用。

（3）总结：长三角地区动漫节展处于发展上升期

综上所述，当前长三角地区动漫节展的发展呈现出以上海为中心、其他各地区稳步推进的发展态势。目前看来，上海在动漫节展的举办方面拥有最为完善的硬件条件和丰富的经验，其举办的一系列知名动漫节展已经在长三角地区、全国乃至全球范围内形成了品牌效应，拥有较高的消费群体黏性。由此看来，上海已经成为长三角地区动漫展览的核心，对周边动漫企业、消费者具有极强的吸引力。而浙江、江苏、安徽的动漫节展虽然在发展水平上不及上海，但是这些区域结合自身动漫产业的发展特点已经开始形成具有鲜明自身特色的动漫节展发展路径。可以预见的是，在未来长三角地区动漫产业发展协同程度不断提高的背景之下，动漫节展的观众群体规模将持续扩张，而参展企业的跨区域性和多样性也会随之不断增强。

（二）产业链格局

作为文化创意产业的代表，动漫产业链以"创意"为龙头，以"内容"为核心，通过动漫产品制造、渠道发行、后续衍生品开发，形成上下循环联动、多层次价值生产的链条。动漫产业链上游一般指动漫创意开发、动漫内容制作环节，典型的上游企业包括动画及漫画工作室、国内外的动画电影和电视制片公司等；动漫产业链中游指动漫作品的展示、传播与发行环节，如

[①] https://baike.baidu.com/item/第17届中国国际动漫节/58525745?fr=aladdin。

播放动画片的电视频道、在线动画与漫画网站及应用、综合性视频网站和线下院线平台等；动漫产业链下游更多是指衍生品的开发和销售（含动漫展的营销活动），以及泛娱乐内容的开发和运营（见表2-1）。其中，每一个环节也都有自己的产业链，比如衍生品也可以分为产业链的上、中、下游。

表2-1　长三角动漫产业链整体格局

地区	漫画制作公司	动画制作公司
上游（内容创作）		
江苏	—	炫酷传播、幻创动漫、舞之动画
浙江	夏天岛工作室、漫奇妙	六道无鱼动画工作室、玄机科技、娃娃鱼动画、中南卡通、时空影视、未蓝文化、匠元影视
上海	笑水轩、常盘勇者	绘梦动画、上海美术电影制片厂、七创社、阅文影视、今日动画、炫动传播
安徽	—	飞石动画、英速网络、同人文化

地区	在线漫画观看平台	电视台	在线视频网站
中游（渠道发行）			
江苏	—	优漫卡通	—
浙江	网易漫画	浙江电视台少儿频道	—
上海	哔哩哔哩漫画、漫画岛	炫动卡通	哔哩哔哩

地区	衍生品开发	泛娱乐开发、运营
下游（衍生变现）		
江苏	—	MCJ动漫游戏嘉年华、常州国际动漫艺术周
浙江	Myethos、Onmyoji阴阳师、美盛文化	中国国际动漫节（CICAF）、杭州Cosplay文化节、中国国家动漫博物馆
上海	Hobbymax、APEX-TOYS、ACTOYS、开天工作室、Bilibili会员购（平台）	中国国际动漫游戏博览会（CCG EXPO）、中国国际数码互动娱乐展览会（ChinaJoy）、ComiCup魔都同人祭、Bilibili Macro Link、上海漫控潮流博览会、上海动漫博物馆
安徽	—	合肥YCACG动漫节、合肥A3国际动漫游戏展

注：①六道无鱼动画工作室代表作：《雾山五行》；②玄机科技代表作：《秦时明月》《天行九歌》《武庚纪》《斗罗大陆》；③绘梦动画代表作：《一人之下》《狐妖小红娘》《灵契》《从前有座灵剑山》；④上海美术电影制片厂代表作：《大闹天宫》《宝莲灯》《我为歌狂》；⑤七创社代表作：《凹凸世界》；⑥网易漫画被哔哩哔哩收购，于2019年12月31日12时正式停服；⑦ACTOYS为哔哩哔哩下属衍生品开发企业。

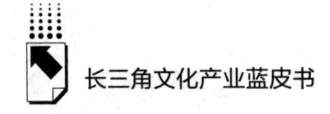

1. 产业上游：上海领先地位明显

（1）创意内容生产

一个地区动画生产制造的竞争力越强，则该地区生产制造的动画片数量越多，动漫产品的累计时间越长（林明华、罗环、唐印龙，2019）。目前，我国施行国产动画片制作备案制度，因此，可以从各地区每年登记制作备案的动画片的数量和时长来间接衡量该地区动漫产业生产制造的实力。

考察2021年第一至第四季度国产电视动画片制作备案，结果如图2-6所示。

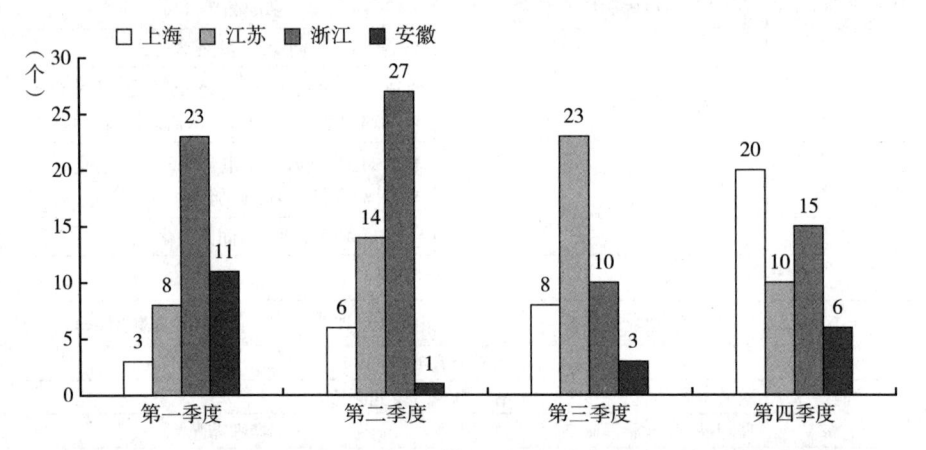

图2-6 长三角地区2021年第一至第四季度国产电视动画片制作备案数量

资料来源：国家广播电视总局办公厅关于2021年1~12月全国国产电视动画片制作备案公示的通知。

浙江省在电视动画的生产制作上实力最强，备案数量远超其他省市，同时备案分钟数也基本保持领先，江苏省和上海市依次位列其后，安徽省的相关数据则明显低于另外三个省市（见图2-7）。

网络动画与电视动画的备案政策不同，遵循重点影视剧备案制度，符合重点影视剧标准的才需备案。投资总额超过500万元的网络剧（含网络动画片）、超过100万元的网络电影都是重点网络影视剧，需要进行规划备案和上线备案两次审核。

考察2021年第一至第四季度国产网络动画制作备案情况，结果如图2-8、图2-9所示。

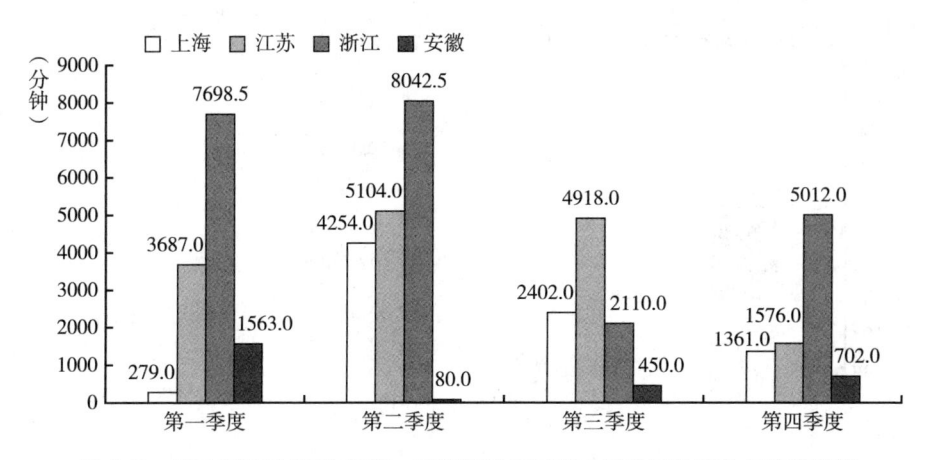

图 2-7　长三角地区 2021 年第一至第四季度国产电视动画片制作备案分钟数

资料来源：国家广播电视总局办公厅关于 2021 年 1~12 月全国产电视动画片制作备案公示的通知。

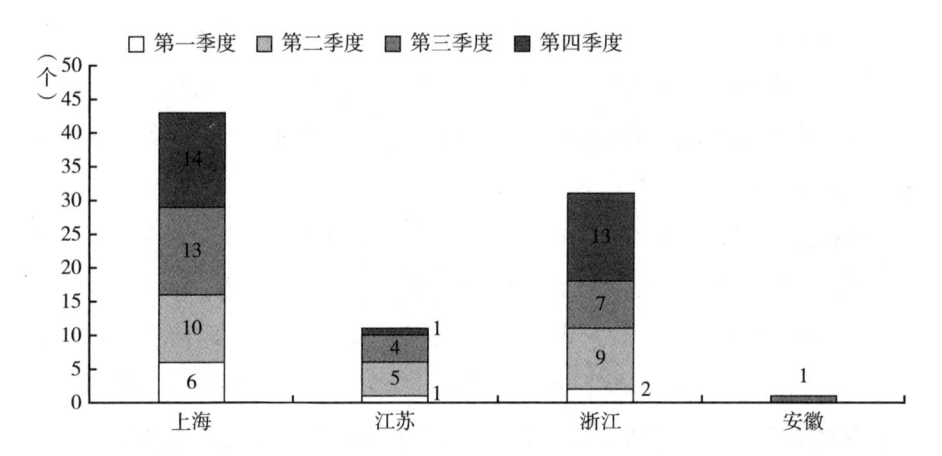

图 2-8　长三角地区 2021 年第一至第四季度国产网络动画片制作备案数量

资料来源：国家广播电视总局办公厅关于 2021 年 1~12 月全国产电视动画片制作备案公示的通知。

上海市在网络动画的发展上领先于其他三省，其备案数量相当于其他三省的总和。浙江省则在 2021 年的网络动画制作备案集数上位列长三角地区榜首，江苏省无论是在网络动画制作备案数量还是集数上都在长三角地区位列第三，而安徽省的网络动画发展情况明显落后于其他三个省市。不难看出，

107

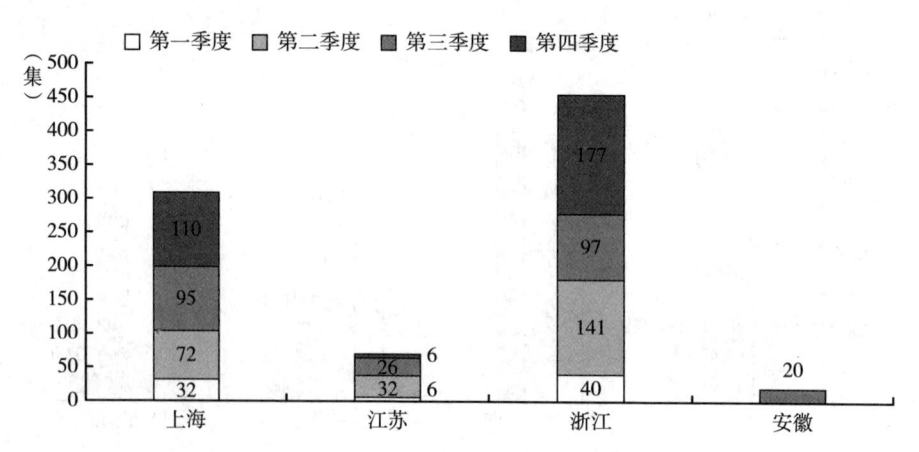

图 2-9　长三角地区 2021 年第一至第四季度网络国产动画制作片备案集数

资料来源：国家广播电视总局办公厅关于 2021 年 1~12 月全国国产电视动画片制作备案公示的通知。

在网络动画的制作上，上海市成为长三角地区的领头羊；而在电视动画的制作上，上海市并没有呈现出绝对优势。尽管如此，如果赋予电视动画制作较低权重、网络动画制作较高权重，仍可以认为上海的动漫产业在长三角地区是最具竞争力的。

这样进行权重分配的原因在于，绝大多数电视动画的受众都是幼儿、少儿，播放平台一般在卫星电视台附属的少儿频道或卡通频道。这使得这类动画在 IP 形成上有三大缺陷：其一，受众较为低龄；其二，剧情和人物设置相对通俗、简单，缺乏深度；其三，大量未能"上星"（登录全国范围可收看的卫星电视台）的动画只能在辐射范围有限的本地少儿频道播出。这三大缺陷使得该类动画很难达成高讨论度和高知名度，很难形成固定的同人创作群体为该 IP 带来持续热度，也很难通过多种途径进行衍生变现。

（2）动漫播放量

目前，我国的动画播映主要分为电视台及在线视频网站两大渠道。各电视台播放的动画收视率基本都受该电视台基础收视率的影响，起伏不大，所以下文仅针对网络播放的动画进行内容竞争力比较。

以 2021 年上线备案的网络动画为例，上海市播出的动画数量为 23 部，浙江省为24部,江苏省为9部,安徽省为0部。

长三角地区制作的所有已播动画中,播放量过千万次的共有7部[①]。其中,江苏省有2部,为《时光代理人》的上部和下部;浙江省有1部,为《我的异界之旅第一季(下)》;上海市有4部,为《百妖谱3》的上部和下部以及《谎颜》的上部和下部。

不同的平台有不同的播放量计算规则,因此本文将考察哔哩哔哩平台的高播放量动画(见表2-2)。

表2-2　2021年哔哩哔哩播放量排名前三的动画(长三角地区)

平台内排名	片名	总播放量(次)	出品省份
1	《时光代理人》	2.3亿	江苏
2	《谎颜》	5707.6万	上海
3	《我的异界之旅》	5680.4万	浙江

资料来源:哔哩哔哩网。

从目前的数据来看,虽然浙江省的已播网络动漫数量和江苏省的动漫播放量似乎占据一定优势,但整体而言,上海市无论从网络动漫制作备案数量还是后续产业链的实际产出来看都要优于其他三个省市,在长三角地区,上海市制作的网络动画在内容上具有相对竞争力。

2. 产业中游:头部仍存发展空间

长三角地区动漫产业链的中游发展较不平衡,上海市在动漫作品的发行传播上形成了完整且在全国范围内都极具竞争力的企业,江苏、浙江、安徽的动漫发行传播能力很有限,其中以安徽省最为薄弱。

从漫画的发行来看,长三角地区仅有上海市有漫画APP"哔哩哔哩漫画"和"漫画岛"。浙江省曾有的漫画APP"网易漫画"被哔哩哔哩收购,于2019年12月31日12时正式停服。长三角地区的在线漫画观看平台呈现上海一家独大的局面。

[①] 腾讯、爱奇艺和优酷不公布前台播放量,故不包括在这三个平台上线的动画。——编者注

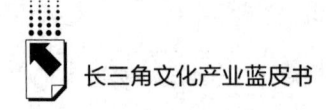

从动画的电视台发行来看,长三角地区除安徽省外,各省市的电视台均形成了本地动画频道。其中,江苏省的优漫卡通和上海市的炫动卡通是全国五大上星动画卫视[①]之一,能够覆盖全国主要城市。而浙江电视台少儿频道仅能覆盖浙江全省。因此,江苏省和上海市在动画的电视台发行上发展得更好。

从动画的视频网站发行来看,上海市拥有在线视频观看平台哔哩哔哩。哔哩哔哩是动画界的"龙头",不仅是中国最大的动画版权购买方之一[②],还是国产动画的最大出品方之一。同时,哔哩哔哩通过一系列举措推动了国产动画的整体发展。2017年3月,哔哩哔哩正式成立"国创区"(国产动画分区),并陆续投资了近20个动画团队,参与了50多部动画作品的投资、出品和合作[③]。在这一系列举措的推进下,2019年哔哩哔哩国创区共上线了104部国产动画作品,首次追平了日本动画番剧的供应量;哔哩哔哩国创区的月活跃用户数量也第一次超过了番剧区(海外动画分区),总播放时长破3亿小时[④]。2021年,B站举办了第四届"MADE BY BILIBILI"国创动画作品发布会,首次提出国创出海口号"Made for Global",《仙王的日常生活》第二季和《时光代理人》等爆款国创作品已登陆100多个国家的动漫市场。NETFLIX、Sony等公司也首次购买国创作品版权内容。

3. 产业下游:多元化发展路径凸显

一般意义上的动漫产品的衍生变现,主要有衍生品开发及泛娱乐运营两条路径。长三角地区的动漫产业下游近年来在着力发展以上两种主要路径的同时依托沿海地区开放程度高、技术资金资源丰富密集等固有优势,着力拓

[①] 全国五大上星动画卫视:中央电视台少儿频道、北京卡酷动画、湖南金鹰卡通、江苏优漫卡通和上海炫动卡通。——编者注

[②] 《增强竞争合力 B站携手Funimation助推动画产业全球化》,http://sh.people.com.cn/n2/2019/0325/c176739-32773318.html,最后访问日期:2022年11月13日。

[③] 《B站押宝国产原创动画:已投近20个团队,设立哆啦哔梦公司》,https://baijiahao.baidu.com/s?id=1620195628497503335&wfr=spider&for=pc,最后访问日期:2022年11月13日。

[④] 《国产原创动画强势崛起》,https://baijiahao.baidu.com/s?id=1652400028731315716&wfr=spider&for=pc,最后访问日期:2022年11月13日。

宽商业化变现渠道，为区域协同程度的提升奠定了良好的基础。

（1）衍生品开发：上海处于领先，整体可开发空间大

动漫衍生品，主要包括动漫出版物、动漫音像制品、动漫玩具、动漫服饰等。动漫衍生品也有自己的产业链，上游是产品的设计、中游是产品的制作、下游是产品的销售。

从产品设计来看，长三角地区形成了品牌效应的衍生品开发企业较少，且集中在动漫手办领域。其中知名厂牌主要分布在浙江省和上海市，如浙江省的 Myethos、上海市的 Hobbymax、APEX-TOYS、ACTOYS。另外，浙江省还存在美盛文化这样的大型上市公司，通过购入大量热门 IP 的周边制作权进行产品开发，主要产品为动漫服饰，但也涉及其他领域。相对而言，江苏省和安徽省在动漫衍生品的开发上存在不足，暂未形成大型企业或知名厂牌。

从产品销售来看，只有上海市依托哔哩哔哩形成了"哔哩哔哩会员购"这一整合型衍生品售卖平台。目前，长三角各地区都缺乏像 Animate 这样的线下连锁实体店，动漫衍生品的线下贩卖基本以非连锁的动漫专营店和以 Animate 为代表的日本品牌为主。

（2）动漫观光："动漫+观光"成为产业链拓展的新思路

动漫产业链下游的拓展不仅依赖于衍生品开发与制作等传统领域，与文旅产业尤其是观光产业之间的融合已经成为长三角地区动漫产业链延伸的重要发展方向。

当前长三角地区"动漫+观光"的尝试主要表现为动漫主题乐园的发展。目前长三角地区已经成为国内除珠三角地区之外最大的动漫主题乐园集聚区，拥有一众不同主题、面向不同类型消费者的知名主题乐园。其中，芜湖方特欢乐世界依托于国内知名动漫企业方特文化科技集团，拥有 10 多个主题项目区和 200 多个游艺项目，是国内规模最大的第四代主题乐园和国际 5A 级旅游景区。而上海迪士尼度假区和浙江安吉 Hello Kitty 主题乐园则分别基于迪士尼和 Hello Kitty 这两大国际知名动漫 IP，开发出一系列具有鲜明本土文化特征的游览、休闲项目。

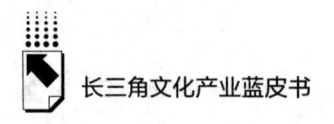

与此同时，不断拓展动漫观光发展新形式已经被纳入长三角动漫产业发展的框架之中。2020年10月，由长三角动漫产业合作联盟、上海市虹口区文化和旅游局指导，上海市动漫行业协会和上海市虹口区文化创意产业发展促进会共同主办的2020年长三角动漫产业高峰论坛聚焦后疫情时代下动漫产业的生存与发展，并提出了动漫IP与主题酒店、动漫IP与老字号品牌以及动漫产业的新布局这三大主题。由此可见，围绕动漫IP探索动漫产业与文旅业融合的新渠道已经成为未来长三角地区动漫产业发展的重要方向。

（三）产业竞争力

1. 企业竞争力：发展模式创新带动企业长期发展

上市企业是各领域中实力较为雄厚的企业，往往发挥着行业风向标的作用。对上市公司的发展情况的考察，能够在一定程度上反映市场的整体发展水平和行业的发展趋向。下文将基于长三角地区内在国内上市的13家动漫概念股企业，分别从发展路径和营收能力这两个维度进行分析。

（1）发展路径："技术+IP"助力打造"全产业链"化发展模式

动漫产业作为综合性强、行业边界较为模糊的领域，既为企业制定长短期各项发展战略带来了挑战，也为多元化发展路径的形成带来了机遇。目前，长三角地区的动漫上市企业在发展中既结合自身优势资源形成了个性化的发展方向，也表现出了一些共性。其发展特征具体表现为以下方面。

其一，技术支撑作用明显。长三角地区的动漫上市企业多聚焦深耕动漫相关技术领域，在技术开发、应用方面持续加大投入。芜湖三七互娱网络科技集团致力于挖掘5G和云游戏等新兴技术在动漫游戏领域中的发展空间。该公司在2020年与华为签订合作协议，围绕5G网络、ARM安卓云游戏等展开合作，致力于提升用户体验。在动漫影视领域中，上海中视传媒和江苏苏宁环球将3D、IMAX等影视技术和数字信息技术作为研发投入的重要部分，旨在提升产品品质，增强受众认同感和国际竞争力。

其二，动漫IP成为企业发展的核心路径。上海游族网络凭借获得知名科幻小说IP《三体》一举成名，虽然其计划中以《三体》为主题的动漫游戏至今尚未正式推出,但是这一IP仍然吸引了全球范围内《三体》爱好者的关注。知名动漫IP的开发同样是浙江金科文化、上海恺英网络、浙江祥源文化布局动漫产业的重点,这些企业力图借助知名动漫IP的巨大影响力推出相应的动漫产品,进而实现IP变现和长期的创收。从长期来看,围绕动漫IP投入资源、开发产品将成为长三角地区动漫上市企业发展的主旋律。

其三,采取多端口共同发力的发展模式,力图形成"全产业链"化的发展趋势。其中,位于江苏无锡的宝通科技在原创动画制作、动漫游戏开发和CG人才培养等多个领域均有投入。浙江新昌的美盛文化在动漫游戏、动漫番剧和动漫衍生品等产业链上下游均进行了布局。从市场整体来看,"全产业链"化的发展方向既为更多优质内容的产出和市场活力的增强创造了条件,也使动漫产业的市场壁垒和入门门槛呈现出不断提升的趋势。

(2)营收能力:线下业务成为动漫上市企业发展的新动能

盈利能力是衡量上市企业财务状况的重要标准。2020~2021年,新冠肺炎疫情为企业实体经营业务带来了显著冲击,但同时也为线上产品,尤其是动漫游戏产业的发展带来了机遇,长三角动漫上市企业的盈利表现也印证了这一点。以游族网络在2020年上半年的整体业绩为例,公司实现营业收入共25.17亿元,同比增长45.49%;实现归母净利润共4.95亿元,同比增长21.54%;实现扣非归母净利润3.51亿元,同比增长10.89%[①]。其中动漫游戏业务起到了重要的驱动作用:公司2020年连续七个月跻身中国手游发行商全球收入排名榜前十。

在营收的驱动力方面,除了线上的动漫产品外,动漫手办、文旅项目等线下业务在疫情防控趋于常态化、民众"报复性"出游消费势头显现的背景下开始发力,成为长三角地区动漫上市企业重要的营收来源。其中美盛文化在动漫服饰领域着重发力,2021年实现营业收入共10.30亿元,同比增长4.04%[②]。在这一背景下,布局动漫衍生品、文旅业务成了长三角地区动

---

① 同花顺财经,http://stock.10jqka.com.cn,最后访问日期:2022年12月2日。
② 中财网行情数据,http://quote.cfi.cn/quote.aspx?stockid=14725&contenttype=cbgg,最后访问日期:2022年12月2日。

漫上市企业的重要方向，也成了长三角地区疫情纾困、经济复苏的重要一环。

2. 动漫产品竞争力：区域特色显著，精品比重尚待提升

动漫作品的质量是动漫产业竞争力水平的核心指标。近年来，随着我国动漫产业投入的增加和动漫市场的发展，动漫作品在数量和时长上都呈现出逐年增加的趋势。2021年，我国的国产电视动画片的总时长达到79862.8分钟①。新冠肺炎疫情显著改变了影视市场格局，随着人们居家时长的上升，动漫的出品获得了重大机遇。

从长三角地区动漫作品的地域分布来看，浙江省和上海市集中了一批具有国际影响力的知名动漫产品，是长三角动漫生产的龙头。而江苏省和安徽省近年来也开始在动漫作品的生产方面发力，力图形成一批优质产品。浙江省自2009年起开始进入动漫高产量时代，以平均年产量32000多分钟的成绩常年稳定占据全国原创动画近1/6的产量，并从2011年开始产量居全国首位②。与此同时，浙江动漫产品的精品化、专业化程度也不断提升。在作品自身的发展方面，知名动漫作品《秦时明月》成为具有国际影响力的现象级作品，时间跨度近20年，在制作精度不断提升的同时也形成以《秦时明月》IP为核心的动漫文化圈层和以此为核心的武侠类动漫生态。

上海市深厚的动漫生产基础为稳定的产出水平和优质作品的形成创造了条件。上海美术电影制片厂是我国历史最悠久、片库量最丰富的动漫电影制片基地，《宝莲灯》《黑猫警长》等作品奠定了上海市深厚的动漫文化底蕴。上海动漫产能同样位居全国前列。截至2020年，上海市专门从事动漫生产的主体已超过150余家③。优质动漫作品呈现"井喷"态势，其中，《全职

---

① 《国家广播电视总局办公厅关于2021年度全国国产电视动画片制作发行情况的通告》，http://www.nrta.gov.cn/art/2022/3/21/art_113_59876.html，最后访问日期：2022年11月13日。

② 《动画片产量最大的浙江，开始探索动漫发展新模式》，https://baijiahao.baidu.com/s?id=1683673605399252315&wfr=spider&for=pc，最后访问日期：2022年11月13日。

③ 《上海动漫产业规模达200亿元》，https://www.sohu.com/a/477972155_120988576，最后访问日期：2022年11月13日。

高手》《刺客伍六七》等一批近年涌现的原创动漫作品形成了全国知名的动漫IP，播出即爆红成为常态。

江苏省近年来将动漫作品发展的重心主要放在对原创动漫的扶持和精品的打造上。一些具有较强影响力和受众基础的动漫作品，如《超能星》《成长不烦恼》《神兵小将2》等制作项目得到了重点关注。此外，创新性元素成为江苏省打造动漫精品的核心要素。在创新驱动的背景下，一些题材新、内容新的动漫作品不断涌现，其中昆山粉墨文创发展有限公司出品、著名漫画家林政德带队主创的3D动画《粉墨宝贝》，首次将人类口头与非物质文化遗产的中国"百戏之母"昆曲艺术与现代动漫的表现形式相结合[①]。《神秘世界历险记》《诺诺森林》《恐龙宝贝》等一批动漫IP脱颖而出，受到国内外的广泛关注。

安徽省近年来在原创动漫作品的打造上也不断发力，并取得了一定成效。在《2020年"原动力"中国原创动漫出版扶持计划拟入选作品公示名单》的全国120部拟入选作品中，安徽省有6部。从主题分布来看，安徽省近年出品的原创动漫以儿童启蒙为重点方向，形成了与长三角地区其他省市相异的发展路径。其中《中国传统文化故事绘本大系（一）神话起源》《全景找线索——丝绸之路》《楚辞童话版》等一批具有鲜明传统文化色彩，以儿童教育为导向的动漫作品得到了国家层面的扶持。

此外，质量是决定动漫作品竞争力的关键所在。从对当前长三角地区三省一市出品动漫作品的认可程度来看，提升质量仍然是增强动漫作品竞争力的主要命题。豆瓣平台作为我国影视领域中最具权威性的评分平台之一，可以间接反映动漫作品的质量以及观众对动漫作品的喜爱度。以2021年上线备案的网络动画为例，长三角地区各省市制作的网络动漫作品在豆瓣的评分情况如表2-3所示。

[①]《又到一年动漫季 看江苏动画发展历程》，http://jsnews.jschina.com.cn/kjwt/201704/t20170428_430342.shtml，最后访问日期：2022年11月13日。

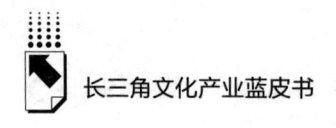

表2-3 2021年长三角地区各省市制作的网络动漫作品在豆瓣的评分情况

评分	江苏		浙江		上海		安徽	
	部数（部）	占比（%）	部数（部）	占比（%）	部数（部）	占比（%）	部数（部）	占比（%）
豆瓣评分≥8分	2	22.22	0	0	5	20.83	0	0
6分≤豆瓣评分<8分	2	22.22	1	4.17	7	29.17	0	0
豆瓣评分<6分	1	11.11	0	0	0	0	0	0
暂无评分	4	44.44	23	95.83	12	50	0	0

资料来源：豆瓣网。

豆瓣评分在8分及以上的代表该作品具有良好的口碑，江苏省有2部，为《时光代理人》的上部和下部；上海市有5部，分别为《伍六七之玄武国篇》《山河剑心之不朽》《天官赐福·特别篇》以及《罗小黑战记·众生之门篇》的上部和下部。豆瓣评分在6~8分为口碑及格，上海市有7部，江苏省有2部，浙江省仅有1部。豆瓣评分不足6分为口碑较差，暂时只有江苏省的《元龙第二季》。整体看来，长三角地区的网络动漫作品的评分情况呈纺锤形。精品动漫的数量仍然较少，这表明动漫作品的竞争力依然有明显的提升空间。

三 长三角地区动漫产业发展前景分析

（一）区域间要素禀赋差异明显，产业发展方向可塑性强

长三角地区动漫产业的发展在政策、经济和技术层面都有着广阔的发展前景。上海、浙江、江苏和安徽不仅积极出台各项动漫产业扶持政策且力度不断加大，还为动漫产业的发展提供了良好的经济、技术基础和具有潜力的市场空间，这为打造行之有效的区域间产业协作模式奠定了良好的基础。在这一大背景之下，三省一市在动漫领域中的优势各不相同，相互之间的要素禀赋差异明显。同时，长三角地区的动漫产业与其他产业间的结合程度较

高,这既使动漫产业的发展具有更大的可塑空间,同时也对长三角地区动漫产业的协同发展提出了新的课题。

其一,长三角各区域间要素禀赋具有明显的差异,这为各地区整合优势资源,形成高质量的产业协作体系提供了机遇。上海作为长三角地区国际化程度最高、开放性最强的地区,发挥着"国际窗口"的作用。而动漫产业流动性强的特质和在发展过程中对外交流的关键性作用则进一步强化了上海的窗口效应、平台效应。以上海为平台举办的国际大型动漫展会业已形成了品牌效应,"漫展文化"开始由上海向全国延伸。而浙江则长期以来以杭州为中心,力图打造创意人才集聚效应,鼓励创意、弘扬创新的动漫创作氛围在浙江不断生成,已经形成了动漫人才方面的全国性优势。江苏文化园区和高新技术区的集聚能够为动漫作品的生产提供强大的支撑,成为长三角地区动漫产业发展向高质量迈进的不可缺少的一环。安徽不断致力于使动漫作品融入消费促进、文旅宣传等居民生活领域,在带动本省动漫产业发展的同时也为长三角范围内其他地区的动漫产品提供了交流的平台和广阔的市场。由此可见,在长三角地区,各省市动漫产业的发展情况与它们的优势资源密切相关,并由此形成了差异明显的要素禀赋。这一发展趋势要求长三角地区未来在动漫产业的协同发展中充分利用各地区间的要素禀赋差异,尽可能放大各地区间的资源优势,从而形成高质量的产业发展模式。

其二,对于动漫产业的发展而言,强化与其他产业间的协同发展,强化动漫产品的市场竞争力并推动创新尤为重要。而当前长三角地区动漫产业的发展呈现与其他产业融合程度高、可塑性较强的特征,为长三角地区打造具有鲜明自身特色的产业发展模式创造了机遇。在互联网环境下,"动漫+科技""动漫+制造"等融合方向不断出现。而长三角地区高新技术产业集聚、制造业发达的环境为上述融合方向提供了坚实的基础,在长三角一体化进程不断深化、各地区间协作程度进一步加深的背景之下,将为长三角地区动漫产业融合、树立新发展模式典范创造更为有利的环境。另外,动漫产业的文化属性也是其发展弹性的关键。长三角地区自古以来具有"江南"的地域认同,并在此基础上形成了江南文化,其中"水乡""小桥流水"等文化符

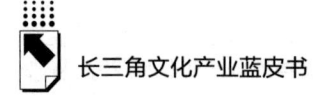

号已经深入人心，这为动漫产业深耕地区文化背景，强化与其他相关文化产业的协同发展创造了得天独厚的契机，为未来的发展路径提供了文化层面的"源头活水"和多种可能路径。在这一背景下，深刻把握文化基础，灵活开展与其他产业间的融合协作，已经成为长三角地区动漫产业发展的题中应有之义。

（二）动漫市场蓬勃发展但囿于疫情增速放缓，长三角地区需选择长项领域、优化供给

从动漫企业的角度来看，近5年长三角地区动漫企业数量激增，但是小型企业占多数。占主流的小型企业往往不具备产出最优质作品的资本实力，长三角地区亟须大规模动漫产业的引进和发展。

长三角地区有望在非低幼向动画领域取得更大突破。在动漫的主题选择上，上海的动漫公司选择较为多样，浙江动漫企业在深耕中华传统文化的同时，呈现多元的主题倾向；江苏的动漫公司着重体现本地传统文化IP；而安徽的动漫企业更侧重具有童真童趣的、低幼向作品的制作。2015~2021年，票房过亿元的24部国产动画电影作品中，低幼向及非低幼向作品的表现平分秋色。根据猫眼数据，在低幼向的国产动画电影中，粤系电影和北京电影占绝对优势，长三角地区如果想在这一领域超越在文化产业执牛耳的北京和本土企业强势的珠三角地区，仍然道阻且长。在非低幼向动画作品领域，大热IP多出自北京，长三角地区仍拥有很大的进步空间。虽然长三角地区的动漫产业还未孵化出产生国民级效应的低幼向动画IP，但是不少位于江浙沪的动漫公司已然成了非低幼向动画领域的佼佼者，其中包括以《秦时明月》系列为旗舰品牌的玄机科技（杭州）、制作了多部小说改和漫改动画作品的绘梦动画（上海）等。而非低幼向动画也是长三角更擅长的领域。在第12届（2015年）至第18届（2021年）中国动漫金龙奖荣获最佳系列动画奖的作品中，长三角地区的动漫公司参与制作或出品的作品共有13部，其中非低幼向作品有10部，占76.92%。

（三）产业下游业务"井喷"式扩展，上游创意"低品质陷阱"风险加剧

对于长三角地区动漫产业的长期建设和发展而言，产业链的完备程度及质量具有关键意义。当前主流的动漫产业链发展格局呈现树状：上游的创意设计具有核心的、决定性的地位，发挥着树根的作用；中游动漫作品的制作传播则发挥着树枝的作用，这一环节是扩大市场、提升用户认可程度的关键；下游的商业化程度和变现能力则扮演着树叶的角色，其"荣枯"程度是反映动漫产业的发展水平和繁荣程度的"晴雨表"。近年来，在长三角地区动漫产业链的发展过程中，下游IP商业化的多元化、"井喷"式发展态势显示出市场方面积极向好的态势。但是，在最为关键的上游创意设计环节，在海量创意作品不断涌现的繁荣外表下，"低品质陷阱"的风险持续加剧，成为长三角地区动漫产业在未来发展过程中最显著的不确定性因素之一。

动漫IP的商业化和变现能力既是动漫产业链下游的重要环节，又是衡量产业链发展程度和产业整体水平的重要指标。近年来，长三角地区的动漫产业下游业务扩展呈现"井喷"式的发展态势，新的IP商业化渠道不断涌现。相较于基于自身拥有的动漫IP进行衍生品开发销售与泛娱乐内容开发这一传统IP变现路径，近年来，在长三角地区通过实物衍生品开发和同人展、漫展等活动开发实现动漫IP变现成为一种新兴渠道，并且在全国范围内取得了"标杆"式的地位。与此同时，长三角地区的一些动漫企业还改变了传统硬广告投放的主流营销方式，开始更多地探索动漫内容软性植入的商业化营销手段，长三角地区乃至全国范围内的动漫巨头企业哔哩哔哩在动漫产品定制营销领域的探索中居于先行者的地位，如桂格燕麦联名《请吃红小豆吧》推出独家定制番外、肯德基联名《汉化日记》推出主题快闪门店等，在业内产生了示范效应。由此可见，长三角地区动漫产业链下游的商业化能力不仅在全国范围内居于较高水平，同时一系列商业化新路径的形成与完善为未来长三角地区动漫产业链的一体化、长三角地区动漫产业的整体

实力的完善奠定了良好的基础。

在产业链下游"枝繁叶茂"的同时，也应清晰地认识到对于动漫产业的长期发展而言，上游的创意设计居于更为重要的核心地位。虽然在政策的大力支持和良好的市场环境下，长三角地区范围内动漫作品不断涌现。但是在全国范围内形成知名度的作品少之又少，这一趋势使长三角动漫产业链上游的发展越发迫近"低品质陷阱"。产业链上游健全程度的不足和创意人才扶持模式的局限性是造成这一趋势的两大关键性因素。

首先，当前长三角地区的动漫产业链上游仍然处于粗放式的发展模式。与对数量增长的鼓励相对的是对优质创意、优质产品的衡量、评价指标尚未完全确立。这一趋势之下，创新性强的创意难以得到有效的激励。在商业逻辑之下，输出大量低成本、套路化的作品取代花费大量时间、经济成本打磨优质作品成了动漫企业倾向于选择的"最优解"。从长期来看，这种粗放的、以数量为主要指标的产业链上游发展模式很容易使动漫产品创作陷入"劣币驱逐良币"的怪圈。

其次，虽然长三角动漫产业合作联盟的成立标志着长三角地区动漫产业协同发展模式的确立，但是当前各区域间产业链上游仍然高度重合，缺少对各地区优势资源的有效利用，这在造成资源浪费、内部低效竞争加剧的同时也对动漫作品的品质产生了较为明显的不利影响。

最后，当前长三角地区的创意人才扶持模式存在的局限性同样制约着优质创意的产出。虽然三省一市范围内对动漫产业创新人才的培养、发展给予了较多政策和经济上的支持，但是这些支持主要集中在一次性的经济补贴和税收方面，同时在支持对象上多向大型企业倾斜。而动漫创意生产周期较长、市场环境不确定性较高等一系列因素使得创意人才以及以他们为主体的小微企业面临着艰难的生存和发展环境。在这一趋势下，优质创意的产出必然受到较大影响。着眼于未来长三角地区动漫产业链的优化，打造有利于创新人才长期从事创意设计的稳定平台，进而形成可持续性较强的创意产出模式至关重要。

（四）总体趋向：各区域间产业竞合关系凸显

随着长三角一体化进程不断加深，协同发展势必将成为未来长三角地区动漫产业发展的重要课题。目前，三省一市在发展环境、市场和产业链等方面建立了一定的协作基础，各区域具有的各具特色的发展路径和优势资源既显示了一定的竞争性，也为合作创造了条件。

首先，三省一市在动漫产业中的优势资源和发展路径的部分重合使区域间在整体协作的背景下具有竞争性因素。在发展路径上，在长三角一体化进程启动前各区域间的动漫产业发展的独立性较强，做大做强各自区域内的动漫产业是这一时期三省一市动漫产业发展的首要目标。而动漫产业自身发展的规律性也决定了它们在各自动漫产业发展路径的设计和规划中势必存在共性之处，这为形成区域间动漫产业的竞争性要素奠定了基础。以上海和浙江为例，二者在过去十年间均围绕特定城市力图打造"动漫中心"，并致力于借助动漫节展发挥平台效应，提升各自动漫产业的知名度和影响力。在这一背景之下，上海和杭州相继成为我国重要的动漫节展平台，它们之间的竞争主要表现为受众之争、关注度之争、曝光率之争。

其次，从市场层面而言，长三角地区动漫企业的发展方向也在很大程度上推动了三省一市产业发展整体上竞合格局的形成。长三角地区动漫企业虽然在数量、产出上落后于珠三角等地区，但是近年来增长势头较快，产出能力也不断提升。企业数量的增长和产品品质的提升对企业而言意味着将自身做大做强，推出更多高品质产品才能在市场中赢得一席之地，这一趋势无疑会进一步加剧长三角地区动漫企业间的竞争。另外，长三角地区动漫企业的生产思路和发展战略存在着显著的地域性差异。以对动漫作品的主题选择为例：上海的动漫公司在主题的选择上较为多元，国际化色彩浓厚；浙江的动漫公司多倾向于选择中华传统文化主题；江苏近年来致力于打造本地传统文化 IP；而安徽的动漫企业出品了一系列具有童真童趣的、低幼向的作品。这不仅使市场趋于多元化，也在一定程度上降低了竞争的同质性，为合作的形成和强化创造了条件，进而强化了长三角地区动漫产业的竞合格局。

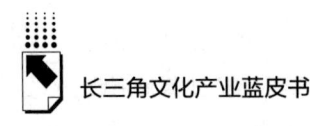

最后，投融资大环境作用下的三省一市产业发展策略也促成了区域间竞合关系的形成。在动漫产业面临投融资寒冬的大背景下，长三角地区仍然获得了为数不少的投融资机会，除了个别省市（上海、浙江）独占龙头外，其余地区动漫产业的投融资表现得相对较差。目前的投融资事件大多集中在产业上游，即动漫的创意设计等环节，这也就意味着聚集了大量动漫工作室、老牌动漫公司与视频制作企业的经济发达地区（如上海、浙江），势必会吸引较大规模的投融资，而其他产业链并不完备的省市将面对更为难挨的资本寒冬。对这些省市而言，与其分散精力尝试去完善整个动漫产业链，不如发展自身优势做强已有的产业链，与上海、浙江等省市形成错位的竞合关系。

参考文献

李明、肖玮，2021，《安徽动漫文化品牌构建策略研究》，《阜阳师范大学学报》（社会科学版）第 5 期，第 151~156 页。
林明华、罗环、唐印龙，2019，《动漫产业链视角下我国区域动漫产业竞争力比较分析》，《四川戏剧》第 4 期，第 15~22 页。
陶冶、刘思彤，2020，《"黑天鹅"翻飞下的中国动漫产业路径依赖研究——基于长三角和珠三角地区的调研》，《当代动画》第 2 期，第 42~46 页。
王岩、徐明，2014，《动漫产业集群管理与发展问题研究——以江苏省动漫产业现状分析为例》，《电视研究》第 5 期，第 44~45 页。
许盛，2022，《数字化赋能动漫出版高质量发展思考》，《中国出版》第 16 期，第 55~57 页。
郑坚、李佳龙，2015，《生产-消费新业态下的中国动漫产业变局》，《当代传播》第 6 期，第 66~68 页。

B.4
长三角广电产业发展报告

周晓红 孙禄翰*

摘　要： 在长三角一体化大背景下，上海、江苏、浙江、安徽三省一市充分发挥各自优势，把握关键节点和市场新业态，将新技术与广电产业相结合。稳步推进广电公共服务，提升内容数量和质量；逐步打破地域界限，呈现一中心、多核心的市场格局。在未来，长三角地区的技术创新将进一步融合，内容生产优势不断显现，协作水平与一体化水平也将不断推进。在新冠肺炎疫情的背景下，三省一市还需要继续探索MCN等新市场业态，创新大数据精准内容投放等新的创收方式。

关键词： 长三角一体化　广电产业　融媒体

本文关注在长三角一体化国家战略下，长三角地区三省一市广电产业的发展状况，从产业政策环境、收视率、用户规模、产品差异化等多个角度，以数据和实例勾画长三角地区广电产业的发展特征，在此基础上前瞻性地讨论长三角地区广电产业的发展趋势，展望未来长三角地区广电产业的发展，并对我国其他地区的广电产业建设提供借鉴。

一　长三角地区广电产业背景分析

中共中央、国务院印发的《长江三角洲区域一体化发展规划纲要》为

---

* 周晓红，上海财经大学人文学院经济新闻系，研究方向为传媒经营管理；孙禄翰，上海财经大学人文学院经济新闻系2021级硕士研究生。上海财经大学人文学院经济新闻系2021级硕士研究生张安宇亦参与了本文的撰写工作，特此致谢！

长三角一体化指明了方向。2020年10月16日，长三角广播电视一体化高质量发展联席会议第一次会议在南京召开。会上，上海广电局、江苏广电局、浙江广电局、安徽广电局共同签署了《长三角地区广播电视和网络视听一体化高质量发展战略合作框架协议》（以下简称《协议》），明确了长三角地区三省一市广电行业的战略合作目标、合作原则、合作内容与机制，将在规划发展、主题宣传、政务服务、智慧广电等十个方面进一步深化合作，在政策层面为长三角地区三省一市的广电产业协同发展奠定了基调。会议还商定，根据《协议》确定的合作机制，将定期召开联席会议，由三省一市轮流举办。2020年11月19日至22日，长三角文博会顺利召开，一些地区内具有代表性的广电企业（如东方明珠新媒体股份有限公司）积极参与，共同分享了广电产业发展经验。2021年11月19日，长三角光电网络数字经济联盟成立暨国家大数据华东区域中心授牌仪式在江苏有线三网融合枢纽中心举行，这一联盟的成立是三省一市广电网络落实长三角一体化发展战略的又一项具体行动，将为长三角广电网络和数字经济发展注入新动能。

长三角三省一市各具优势与特点：上海作为国际金融中心，拥有强大的经济实力和发达的对外贸易，对于各类信息的需求量大，天然刺激了广播电视等文化产业的蓬勃发展，但因为高租金、高人力成本等因素导致产业链不完整。为此，上海市政府结合自身特点，对广电产业的发展制定了高目标与严要求，在《上海市社会主义国际文化大都市建设"十四五"规划》中提出，紧扣中国共产党成立100周年、中国人民解放军建军95周年、改革开放45周年、新中国成立75周年等重大节点，推出更多叫好又叫座的"上海原创"文化精品，着力创作更多彰显时代特征、中国特色、上海特质的现实题材主旋律扛鼎之作，实现年均出品影视精品5部以上、舞台艺术精品剧目2部以上。同时，要实施"智慧广电"战略，积极推进广电5G网络规模部署与有线电视网络整合提升。夯实上海数智文旅信息基础设施，深化上海市智慧景区管理平台建设，逐步建立景区、文旅场馆的智能物联网络。

江苏制造业发达、科教资源丰富、开放程度高，但地方台的影响力与上海、浙江相比仍有差距，江苏在吸纳其他省市优秀媒介产品的同时要做出拥有江苏特色的文化产品，用当地特色来提升江苏广电的文化影响力和传播范围。江苏广电局也在《江苏省广播电视和网络视听"十四五"发展规划》中提出，要深入实施"记录江苏"精品创作工程，讲好中国故事，讲述江苏精彩。同时，江苏广电局将分类构建省级广播电视和网络视听作品重大题材项目库，着力推出一批体现江苏特色，反映改革开放和"强富美高"新江苏，在全国有影响的优秀视听精品力作。

浙江由于数字经济领先、生态环境优美、物流产业和小商圈产业发达，也成了众多网红和带货博主的首选地，具备天然的媒介吸引力和信息诉求，但浙江偏重于互联网经济和数字科技，"广播电视如何利用人工智能让现代科技与传统媒介共舞"是一个需要思考和探索的问题。《浙江省广播电视和网络视听发展"十四五"规划》也在技术和产业层面进行了规划：要进一步发展新兴产业，打造产业集群，更好地适应数字产业化和产业数字化发展趋势，加强数字技术研发与应用，培育发展网络视听新业态。浙江将推动高新视频、沉浸式视频、云转播等产业快速发展，支持一批聚焦精品制作生产、产业业态创新、网络升级和融合发展、关键技术开发应用等产业项目建设，抢占新技术新业态高地。

安徽生态环境良好、制造特色鲜明、内陆腹地广阔，虽然广电产业发展较为落后，但也正在积极融入长三角区域广电产业共同建设事业，在签署《协议》的同时，召开首届长三角一体化纪录片高质量创作研讨会，牵头拍摄纪录片《潮涌长三角》，并在省广播电视台新闻综合广播设立《我们长三角》专栏，为长三角地区广电产业协同发展营造了良好的舆论氛围。

长三角地区的城市各有特色，资源分配不均，广播电视发展程度不同，除了行政区划的界限，资源的流动和再分配同样是一个博弈的过程，需要各方保持精诚合作的信心，坦诚相待，及时交流信息，分享广播电视成果，共同创造"共商、共建、共享"的长三角地区广播电视和网络视听一体化的氛围。

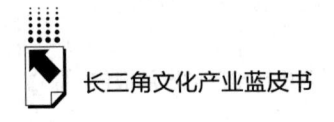

二 长三角地区广电产业发展概况

(一)广电公共服务稳步推进:上海、江苏广电全民覆盖,应急广播终端全面铺开

我国的广播和电视几乎已经达到"全民覆盖"的水准。截至2020年,全国广播和电视综合人口覆盖率分别达到99.38%和99.59%,而长三角地区三省一市中,上海和江苏的广播和电视综合人口覆盖率皆达到100%,浙江和安徽的覆盖率虽然稍稍逊色,但也均在99.7%以上,且较上年均有所提升(见图2-1、图2-2)。总体上看,长三角地区广播和电视综合人口覆盖率均居于全国前列①。

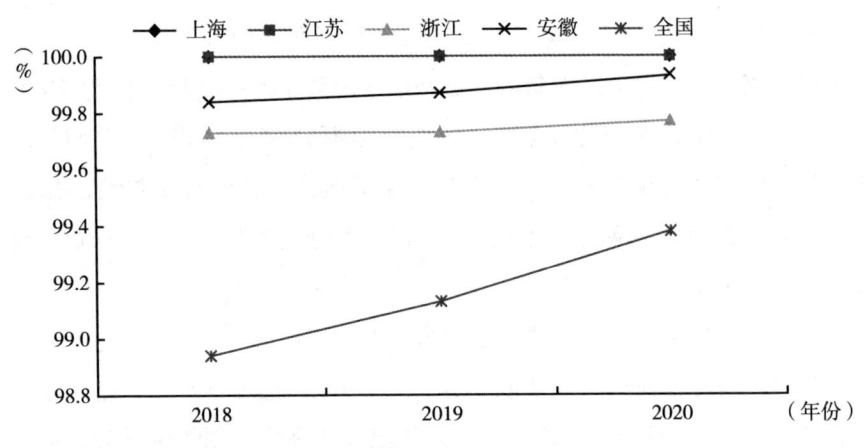

图2-1 全国及长三角地区广播综合人口覆盖率

资料来源:国家统计局2019~2021年《中国文化及相关产业统计年鉴》。

在广播和电视综合人口覆盖率提升的同时,长三角地区三省一市格外重视应急广播终端的建设。以江苏为例,江苏广电在8231个行政村建成了8.5万组应急广播终端,并在新冠肺炎疫情期间全部投入使用。目前,江苏

---

① 国家统计局主编《中国文化及相关产业统计年鉴(2021)》。

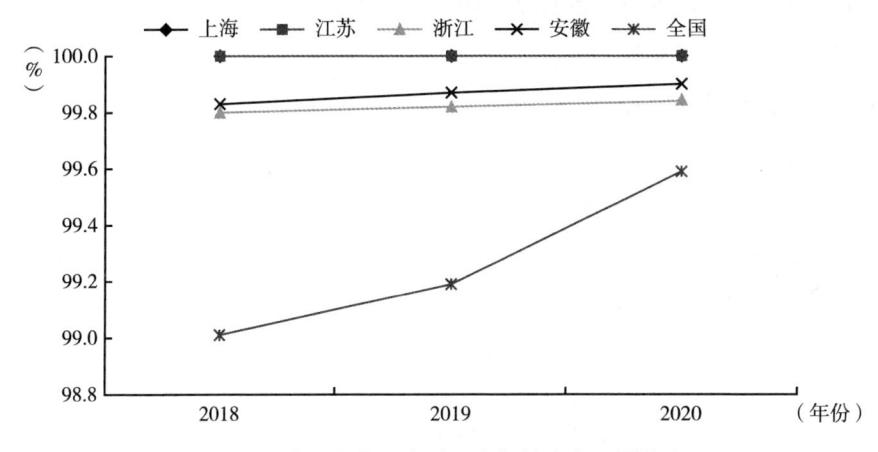

图 2-2　全国及长三角地区电视综合人口覆盖率

资料来源：国家统计局 2019~2021 年《中国文化及相关产业统计年鉴》。

已经累计建成 15360 个行政村、120366 组应急广播终端，实现了应急广播终端行政村的全覆盖[①]。同样是在新冠肺炎疫情期间，安徽全省 7.8 万余个应急广播终端发布各类疫情预警和防控信息近 1 亿条[②]，在广播电视公共服务领域发挥了巨大作用。

（二）广电内容量质双升：内容制作时长增长，浙江综艺领跑长三角地区

广播电视产业的内容制作者主要包括专业影视内容制作企业、制作广播电视节目的广播电台和电视台，以及其他有资质的网络视听节目制作者。随着互联网视听新媒体的兴起，传统广播电视市场受到了巨大冲击，突出的表现就是市场利润的不断萎缩和收视率的不断下滑。传统广电内容提供商也正在加快服务更新升级，丰富和创新内容资源，形成新老业务竞争、合作、并

---

① 《江苏省广播电视和网络视听"十四五"发展规划》，江苏省广播电视局，http://jsgd.jiangsu.gov.cn/art/2021/11/12/art_83766_10112125.html，最后访问日期：2022 年 9 月 18 日。

② 《省局助力保障实施乡村振兴战略》，安徽省广播电视局，https://gdj.ah.gov.cn/ztzl/jzjstpgjahgdzxd/fpyw/145175611.html，最后访问日期：2022 年 9 月 18 日。

行发展的新格局。而今，新旧媒体的竞争日趋激烈，广电行业也越来越意识到内容的创新内涵和多重传播潜力无比重要。

1. 广播电视节目制作时长

如图2-3所示，从广播电视节目制作时长方面来看，2020年长三角地区三省一市的广播电视节目制作时长总计200.24万小时，同比增长1.61%。其中，江苏的广播电视节目制作时长为76.9万小时，浙江的广播电视节目制作时长为68.92万小时，二者分列第一、第二，而安徽、上海的广播电视节目制作时长仅分别为34.49万小时、19.93万小时。

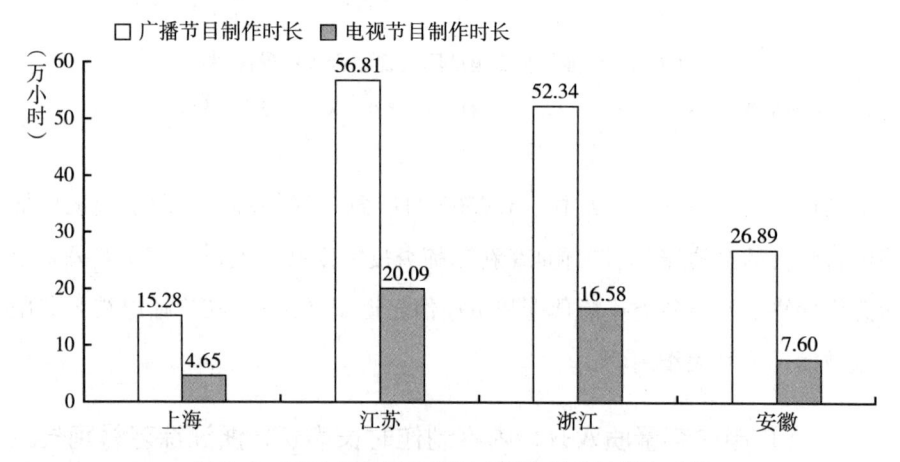

图2-3 2020年长三角地区广播电视节目制作时长

资料来源：《中国广播电视全媒体发展报告（2021）》。

2. 广播电视节目播出时长

如图2-4所示，从广播电视节目播出时间方面来看，2020年江苏、浙江的广播电视节目播出时长分别以154.62万小时、148.03万小时，依旧占据前两名，安徽、上海的广播电视节目播出时长分别为125.97万小时、29.07万小时。

然而，结合实际创收情况来看，上海仅凭19.93万小时的制作时长、29.07万小时的播出时长，创造了超越江苏、浙江的营收，占长三角广电产业总实际收入的40.4%。在节目内容制作方面，上海广电产业有巨大优势，这不仅说明上海广电产业在盈利能力方面处于排头兵的位置，更说明其在节目内容的质量方面创新创优，具备优质的内容制作实力。相比之下，江苏、浙江和安徽三省的广电产业需在盈利机制和内容质量上继续探索。

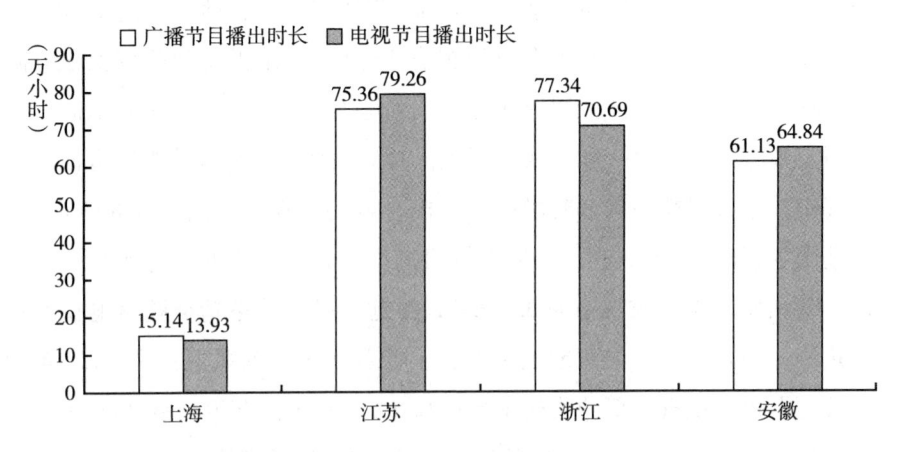

图2-4　2020年长三角地区广播电视节目播出时长

资料来源：《中国广播电视全媒体发展报告（2021）》。

3. 上海、江苏、浙江电视剧优势明显，浙江综艺创新能力强

广电产业的产品差异化，指的是各电视台卫视在生产的节目内容上，创造引发观众和用户偏爱的特殊性，让客户能将其节目与其他电视台卫视区分开来，从而提升卫视的市场竞争力，提升收视率。同质化的内容只会分散用户注意，甚至造成用户流失，只有特色节目才会聚焦用户关注。

总览整体市场各类节目，传统的收视"三驾马车"（电视剧、综艺、新闻资讯类节目）仍发挥着巨大的作用，2021年上半年这些节目的收视率占据了全部收视率的62.1%，其中电视剧的播出和收视量仍在不断上升，也是这三大类节目中唯一一个持续上涨的节目类型。综艺节目方面，由于近几年监管上的相对宽松，商业价值良好的综艺节目迎来了新的繁荣期，收视率和播放量屡创新高，成为各广电的主推栏目。各省市新闻类节目可能存在消费者进入壁垒（如方言、新闻内容），因此面对整个市场，我们主要从电视剧和综艺这两个类型对三省一市的产品差异展开

分析。

第一，在电视剧方面，根据中国视听大数据提供的数据，2021年，我国共有78部在黄金时段播出的电视剧的收视率超过0.5%。其中，有50部在中央台（CCTV1、CCTV8）播出，剩余28部在地方台播出。这28部中，有4个地方台进入名单，其中东方卫视有13部，湖南卫视和北京卫视紧随其后，均播出6部，浙江卫视有3部，位列地方台第四。在长三角地区，浙沪两地卫视分别位列第一和第四，展现出长三角地区电视剧收视率方面的优势。其中，东方卫视在黄金时段播出的电视剧的收视率最高达0.893%，仅次于湖南卫视的1.030%，位列地方台第二。东方卫视播出的电视剧《扫黑风暴》每集平均综合收视率为3.126%，掀起了弘扬斗争精神题材电视剧的收视热潮。但是，与浙沪两地卫视相比，江苏卫视和安徽卫视在2021年中所播放的电视剧没有一部的收视率超过0.5%，其中江苏卫视从2020年的1部减少为0部，显示出江苏卫视和安徽卫视在电视剧方面的相对弱势地位[1]。根据中国广视索福瑞媒介研究（简称"CSM"）报告，2016~2019年，在上星频道中（单平台，即卫星频道），江浙沪三大卫视的电视剧平均收视率差距缩小，东方卫视、浙江卫视、江苏卫视依次排列，安徽未达到均值水平，表现不理想[2]。

另外，各卫视还组成固定联盟，不同实力搭建"购剧"小圈子，其中可以看到长三角地区的江浙沪三大卫视位于同一联盟，皖则与湖北联动。在长三角一体化进程中，三省一市可以加强电视剧的联动合作与交流，避免割裂带来的马太效应，加快促进一体化的形成。

第二，在综艺方面，浙江表现十分突出。浙江卫视强调冒险和创新，综艺是其主打的板块。浙江卫视于2010年进军娱乐，先后开设了《奔跑吧，兄弟》《王牌对王牌》《演员的诞生》《青春环游记》等高热度综艺节目，囊括表演选秀、游戏竞技、纪录纪实多种类型，综N代IP众多，如《王牌

---

[1]《CVB：2021年中国视听大数据收视年报》，http://www.199it.com/archives/1380133.html，最后访问日期：2022年11月11日。
[2] 中国广视索福瑞媒介研究，《2020年全国测量仪基础研究调查结果》。

对王牌》《奔跑吧，兄弟》，综艺 IP 续航力强。江苏卫视于 2010 年开播《非诚勿扰》，主打"情感"，2013 年开始没有现象级新节目，2014 年推出《最强大脑》，打造国内首档科技竞技真人秀。东方卫视的娱乐综艺偏向表演和选秀，包括《金星秀》《中国达人秀》《笑傲江湖》《极限挑战》等热播综艺。安徽卫视主要有《男生女生向前冲》《非常静距离》《超级演说家》等综艺，内容偏向生活。

总体来看，三省一市的综艺内容同质化并不明显，各有侧重，避免了撞型。相比较之下，浙江卫视的新综艺节目较多，类型多元，风格均与其他卫视相异。江苏卫视、东方卫视、安徽卫视类型单一，综 N 代节目老化，后劲不足。另外，各个卫视吸引的观众年龄层次不同。浙江卫视瞄准广泛年龄圈层，涉及 60 后至 00 后，其他卫视主要聚焦 50 后至 70 后。在播放时间上也存在差异，周六晚间竞争最为激烈，其中浙江卫视集中于周五、周六，东方卫视和江苏卫视偏向周六、周日。然而，安徽卫视把重心放在工作日的中午和晚上，与其他竞争者错开播放。近几年，江苏卫视在积极开拓周四晚间综艺节目市场。

各省卫视在电视剧和综艺领域呈现差异性在于各自的定位不同：浙江卫视的品牌定位由"从心出发"变为"中国蓝"，并逐渐确立了"新闻立台，综艺当家"的栏目改革思路，打出"梦想牌"。"中国蓝""梦想"的定位决定了浙江卫视区别于其他卫视的独特理念和内容，主打梦幻、励志、竞技类综艺偏多。江苏卫视立足"情感世界"，品牌定位升级为"幸福"，宣传"情感世界、幸福中国"，制作了展现普通人生活的一系列自制节目，充分引发了观众对节目的情感共鸣。东方卫视的内容定位为"新闻见长，影视支撑，娱乐补充，体育特色"，充分整合了新闻和娱乐板块，在两方面都做到了高要求，均衡发展，要求走国际化、时尚化、大众化道路。安徽卫视则积极引进外来影视内容，关注社会现实和家庭伦理，在兼顾"合家欢"的基础上注重年轻化转向，创造了知名的"安徽电视现象"，被称为"电视淮军"。

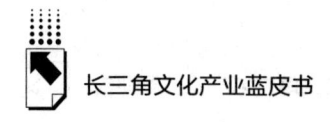

（三）广电市场竞争胶着：东方、浙江、江苏三大卫视占据头部优势

2020年和2021年CSM全国网省级卫视收视率排名显示（见表2-1、表2-2），在三省一市中，江浙沪呈现三足鼎立的态势，稳居省级卫视收视率排名榜前列，具有较强的头部优势。相较于江浙沪卫视平台，安徽卫视的竞争实力相对薄弱，如2020年CSM全国网省级卫视收视率排名显示，安徽卫视虽然也在收视率排名前十之列，但收视率仅有东方卫视的1/3，差距十分明显。

表2-1 2020年CSM全国网省级卫视收视率排名TOP10

单位：%

排名	平台	收视率
1	湖南卫视	0.254
2	东方卫视	0.166
3	浙江卫视	0.162
4	江苏卫视	0.161
5	北京卫视	0.114
6	黑龙江卫视	0.077
7	广东卫视	0.066
8	山东卫视	0.062
9	安徽卫视	0.055
10	四川卫视	0.052

资料来源：CSM全国网。

表2-2 2021年CSM全国网省级卫视收视率排名TOP5

单位：%

排名	平台	收视率	份额
1	湖南卫视	0.19	2.42
2	江苏卫视	0.16	2.06
3	浙江卫视	0.16	1.97
4	东方卫视	0.12	1.51
5	北京卫视	0.09	1.15

资料来源：CSM全国网。

值得注意的是,东方卫视、浙江卫视、江苏卫视在全国省级卫视收视率中的排名虽尚不及湖南卫视,但近年来的收视率差距逐渐缩小,表现出江浙沪三地地方卫视强劲的发展实力和发展势头。

为了更清晰地把握长三角地区在广电产业,尤其在电视行业方面的市场竞争力的变化,笔者对上海、江苏、浙江、安徽四大省级卫视2009~2021年间收视率排名的变化进行了梳理。

由表2-3可知,在这13年间,东方卫视的收视率排名的升幅变化最为明显,从2009年的第8名一直到2021年的第4名,虽然在2010年下降了3个名次、在2021年下降了2个名次,但是从整体上看依然保持着稳步抬升的势头。江苏与浙江的卫视排名较为稳定,江苏卫视在2009~2014年一直保持着第2名的成绩,但在2015年后,其排名开始缓慢下降并稳定在第4名左右,2021年上升至第2名。浙江卫视的排名自2009年起至2014年一直稳定在第3名,2015~2020年也仅有1个名次的轻微变动。可见,江苏卫视于2015年左右开始丧失早期长三角地区电视行业的领跑优势,浙江卫视和东方卫视逐渐居上,并且东方卫视的升幅最为明显。可见在市场扩张过程中,东方卫视策略得当,表现活跃,效果显著,竞争力不断提高。当然,这样的走势变化与各卫视的产品差异不无关系。

表2-3 2009~2021年三省一市收视率排名的变化

单位:名

平台	2009年	2010年	2011年	2012年	2013年	2014年	2015年	2016年	2017年	2018年	2019年	2020年	2021年
东方卫视	8	11	7	6	7	7	5	3	2	3	3	2	4
浙江卫视	3	3	3	3	3	3	2	2	3	4	2	3	3
江苏卫视	2	2	2	2	2	2	3	4	4	5	4	4	2
安徽卫视	5	4	4	4	4	8	7	6	8	8	7	9	10

资料来源:CSM59城网。

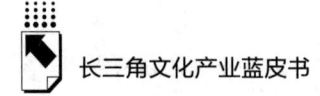

安徽卫视的表现则截然不同，2009~2013年虽然有1个名次的上升，但在2014年排名大幅下滑之后一直在第6、7、8、9名徘徊，2021年甚至退到了第10名。剖析其中缘由，可能是安徽处于长三角地区的边缘地带，地理位置的相对劣势导致其经济落后于周边的上海、江苏、浙江等地区，伴随经济发展的迟缓，人才也因虹吸效应大量流失，因此相较于其他三省市，安徽存在经济发展滞后、人才缺口大等问题，直接与上海、浙江及江苏的地市级电视媒体之间存在较为明显的马太效应，即江浙沪的电视媒体越来越强，而安徽的电视媒体越来越弱，这就会使得安徽在长三角地区的话语权、存在感和开放程度逐渐减弱。基于这些问题的考虑，在长三角一体化的进程中，安徽成为重点扶持对象。不过，安徽若想跳出陷阱、跨越障碍，就需凭借毗邻江浙沪的地理优势辐射带动安徽广电行业的突破发展，改变自身相对弱势的境况。

在四大卫视排名的变化中，2015年是排名变化的关键时间点，主要是由于网络媒体的崛起对传统电视行业的巨大冲击。而在2018年前后，随着各大卫视纷纷展开改革转型，收视率和排名也出现明显回升。2020年上半年新冠肺炎疫情驱动收视总量全面回升，随着2021年疫情防控转入常态化阶段，整体收视量又呈现缓慢回落的趋势。这种突发事件导致收视骤升和缓降的特征，一方面反映出电视媒体在关键时期无可替代的公信力，另一方面也说明传统媒体面临的挑战依然存在。其中，江浙沪三大卫视的上升幅度大体一致，并且相较于安徽表现强劲，可见三大卫视的头部优势和竞争胶着现状。

（四）广播电视经济效益增势疲软：传统广电业务创收能力下降，上海网络媒体广告收入遥遥领先，浙江深耕新媒体业务，实际创收奋起直追

互联网的高速发展，革新了电视媒体的生存环境。21世纪以来，"电视消亡论"开始甚嚣尘上。新媒体视频平台迅速成长、成熟，占据了不容忽视的市场比例，并且该比例还在继续扩张，直接威胁传统广电的主体地位。

这意味着越来越多的可盈利蛋糕被更多的竞争者瓜分，传统广播电视媒体的盈利空间将被压缩，经营收入受到一定冲击。

从全国广电产业的表现来看，2020年全国广播电视行业的总收入达到9214.60亿元，同比增长13.66%；2021年的总收入达到11488.81亿元，同比增长24.68%①。可见，从全国广电产业的总收入来看，虽然业务经营受到了互联网新媒体的冲击，但整体收入仍然呈增长趋势。而营收增速的历年逐渐放缓说明，营收增长因素拉动的动力正在减弱。

长三角地区的广播电视行业也面临同样的情况：传统广电业务的创收能力下降，而其他业务的创收收入大幅增加。以2020年为例，数据显示，三省一市的新媒体业务收入已有崛起之势，其中上海与浙江的新媒体业务实际创收收入突出，优势明显，浙江各项经济排名稳定，综合度最高。

纵观长三角地区广播电视企业的创收情况，上海广电企业创收收入最高，增速最快。如图2-5所示，2020年，上海广电实际创收收入达到625.54亿元，但较去年下降了2%；浙江次之，广电实际创收收入达到500.36亿元，较去年增长43.6%；江苏广电实际创收收入达347.01亿元，较去年下降了21.8%。相比之下，安徽的广电企业收入最少，仅为74.51亿元，较去年增长12.6%。综合来看，上海在广播电视产业领先长三角其他区域，但浙江奋起直追，广电实际创收实现了高速增长，究其原因，2020年浙江的新媒体业务收入实现巨幅增长，达到74.52亿元，较2019年的32亿元涨幅达到132.88%，其中，网络视听节目服务收入达45.13亿，增长382.7%，新媒体业务收入尤其是网络视听节目服务带动了浙江广电产业实际创收的快速增长。但综合来看，长三角地区三省一市的总体营收仍不容乐观。

广电经营总收入中，广告收入为主要来源。2020年，全国广播电视行业总收入达9214.60亿元，同比增长13.66%。这是2017年首次出现负增长以来连续第三年的正增长。实际上，从2015年开始，广告营收就在不断下

---

① 《2021年全国广播电视行业统计公报》。

滑：国家广播电视总局相关统计显示，2018~2020年，我国广电的广告收入同比分别下滑了0.98%、9.13%、20.95%，下滑的幅度越来越剧烈，当前传统广电的情况不容乐观，形势越发严峻。相比初期受新媒体广告冲击的缓慢下滑，近三年广告收入的快速下降受经济下行压力加大、人才流失、转型遇阻等综合因素的影响。

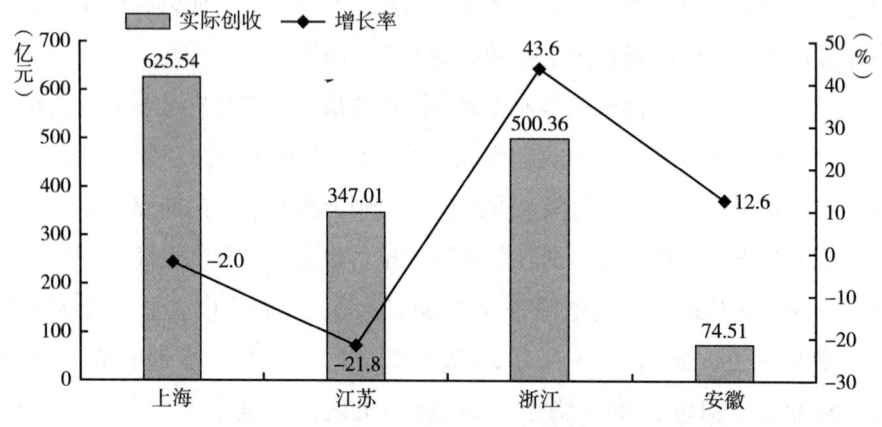

图2-5 2020年长三角地区广电实际创收收入

资料来源：《中国广播电视全媒体发展报告（2021）》。

在传统广电行业广告收入整体下降的大背景下，研究长三角地区三省一市的广告盈利能力对比和盈利潜力很有必要，这也是研究长三角地区广电行业市场结构的重要组成部分。

广电产业的广告收入包括广播、电视、网络媒体等不同渠道的广告收入，《中国广播电视全媒体发展报告（2021）》显示，2020年上海的广电产业广告收入总体达到177.03亿元，占据总收入625.54亿元的28.3%，其中，网络媒体广告收入达到114.52亿元，远高于传统广播电视广告收入（51.66亿元）。相比之下，其余三省的网络媒体广告收入均逊色于传统广播电视广告收入，江苏、浙江、安徽三省的传统广播电视广告收入分别为51.26亿元、61.81亿元、16.97亿元，对应的网络媒体广告收入则仅为9.89亿元、7.27亿元、6.06亿元。这些数据直观地说明了上海在网络媒体广告收入方面的领先地位，其余三省在营收上更加依赖于传统的广播电视广告收入。

总体来说，三省一市在广告营收方面呈现阶梯式的分布，上海在广告营收方面依然处于领先位置，位于第一梯队，江苏和浙江位于第二梯队，然而随着江苏广电步入低迷期，浙江广电收入体量逐渐增大，新媒体业务收入快速增长，二者在未来的差距会越来越明显。第三梯队为安徽广电，不过相信在一体化的推动下，安徽广电有较大的未来发展空间。

三 长三角地区广电产业发展特征

（一）把握关键节点和市场新业态，精品生产成果丰硕

2020~2021年，长三角三省一市坚持把生产精品内容作为中心环节，紧紧围绕中国共产党成立100周年、中华人民共和国成立75周年、抗日战争胜利80周年、党的二十大等重要节点，做好项目储备与创作规划，打造各类精品力作。

上海市围绕建党百年、全面小康等重要时间节点，抓好重大现实题材电视剧的创作生产，2020年推出了献礼脱贫攻坚重大题材网络剧《暖冬》和动画片《幸福路上——醉乡蜜甜》，建党100周年主题纪录片《诞生地》《红之礼》《信仰之源》《起点摇篮》和动画片《犟驴2：百岁少年请回答》《火星计划：哈哈地球人》，等等。同时，《大江大河》《老酒馆》《小欢喜》《少年派》《特赦1959》等多部电视剧获得重要奖项。2021年，在新闻节目方面，由国家广播电视总局统筹指导，上海广播电视台牵头策划，全国50家省市级电视台共同打造了《理想照耀中国——庆祝建党百年"双100"系列融媒报道》。围绕建党百年，东方卫视《东方新闻》等主要新闻栏目进行了大量动态报道。7月1日当天，东方卫视打通全天版面，推出全媒体特别直播报道《理想照耀中国》。

江苏省也将精品内容生产放在重要位置，2020年推出电视剧《石头开

花》、纪录片《小康江南》、动画片《大王日记》、专题节目《从长江的尽头回家》等一大批精品。先后举办了电视剧剧本创意大赛、百人纪录片扶持计划、长三角白暨豚原创网络视频大赛等活动。在获奖方面，江苏省14件作品获得中国新闻奖，位居全国广电系统第一，一批优秀作品入选国家广播电视总局重点扶持和推优项目。为迎合市场新业态，2021年，江苏省将前沿技术更加有机地融入节目创新中，在江苏卫视推出《2060》，虚拟技术与综艺内容的结合是其最大特色。节目组在技术赋能电视制作的全新赛道创下了多个行业纪录，在场景原画、人物模型制作、场景模型制作等技术方面创新出彩，向观众普及虚拟形象的概念，展示国产动漫产业蓬勃发展的面貌。此外，针对青少年的电视节目继续升级，于江苏卫视推出《超脑少年团》。

浙江广电集团把握重要历史节点，2020年推出的《思想的田野》《中国共产党为什么能》《还有诗和远方（第一季）》等节目深受观众欢迎。精品创作方面，浙江广电持续推进精品创作"六个一"工程，全年共生产电视剧21部835集，动画片77部29676分钟，网络影视剧186部。其中动画片产量和获国家广播电视总局推优数量均居全国第一，30多部浙产剧在央视、一线省级卫视和头部网络平台热播。在获奖方面，2020年有19部浙产剧入围年度电视剧"飞天奖"和"金鹰奖"的评选，其中《外交风云》《急诊科医生》获得"飞天奖"优秀电视剧奖。《外交风云》获"金鹰奖"最佳电视剧奖，《长安十二时辰》《知否知否应是绿肥红瘦》《都挺好》获"金鹰奖"优秀电视剧奖，获奖数量和质量均创历史最好成绩。2021年，浙江卫视为迎合历史节点，创制推出新闻专栏《忠实践行"八八战略"奋力打造"重要窗口"》、主题采访活动"百年红船新航程'重要窗口'新使命"、融媒体新闻行动《梦开始的地方》；"七一"前精心创制《中国共产党为什么能》第14季《人民就是江山》；重磅打造中国共产党人"精神谱系"特别节目《精神的力量》；等等。在文化宣传方面，浙江卫视推出的《万里走单骑》，将目光对准中国的世界遗产地，让更多人关注和了解中国的世界遗产。

安徽精品创作也展现出全新的气象，2020年历史上首次囊括电视领域三大国家级重要奖项，电视剧《外交风云》以排名第一的成绩获得第32届中国电视剧"飞天奖"优秀电视剧奖，并获得最佳编剧奖。电视动画片《大禹治水》获得第26届中国电视文艺"星光奖"优秀电视动画节目奖，电视纪录片《长江之恋》获得第26届中国电视文艺"星光奖"优秀电视纪录片奖。电视作品《留住长江的微笑》和广播作品《周家班，从安徽菠林村到世界》《"责任状"岂能满天飞》荣获首届中国广播电视大奖。2021年，安徽卫视4K纪录片《八月桂花遍地开》以59位开国将军为主体人物，全景式展现鄂豫皖革命根据地的红色文化，创新再现了百年史诗。

（二）主题宣传浓墨重彩，疫情防控宣传报道成绩亮眼

2020年，对于新冠肺炎疫情的防控宣传仍是广电的重要任务。上海精心统筹引导防疫宣传，东方卫视防控疫情特别直播节目日均播出时长接近6小时，成为省级卫视中时长最长的防疫抗疫版面。同时，上海积极走出去，在国际社会讲好中国故事，遴选了29部抗疫纪录片和MV推广至东南亚、欧洲、北美和南美地区的7家传统电视平台、7个新媒体平台，获得了广泛好评。

新冠肺炎疫情期间，上海广播电视台开通12个"空中课堂"直播电视频道及重点课程点播、会看特色专区，为中小学生提供在线教学服务，各播出终端播放总次数超过8200万次，播放总用户数超过196万户，播放总时长超过1.3亿小时，打造了全国领先的在线教育品牌"空中课堂"。

江苏广电也重视疫情防控的宣传引导，先后开设600多个专栏，播发新闻资讯、公益宣传200多万条次，网络视听媒体发稿近30万篇，为坚持"两手抓"、夺取"双胜利"做出广电贡献。浙江及时制定疫情应对方案，在全国最早出台了支持广播电视和网络视听企业复工复产的政策文件，浙江全省广电机构迅速行动，紧扣主题主线推出了一批浓墨重彩的主题宣传和有思想深度的优秀节目，为全省打赢疫情防控阻击战营造了浓厚氛围。安徽全

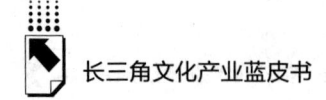

省7.8万余个广播发布新冠肺炎疫情防控宣传信息近亿条，网络视听服务机构发稿近10万条，圆满完成疫情防控期间中小学生线上教学保障和优质广电节目资源有效调度共计任务。

（三）地域界限逐渐消失，一体化格局显现

长三角广播电视的广播电视机构根据行政区划和行政等级进行划分。但随着互联网的全球扩展，媒介所生产、流通的内容也逐渐模糊了地域界限。地域之间的媒介产品的互通和共享一方面给身处不同地域的网民带来了丰富多样的媒介内容和产品，但另一方面也给地方广播电视带来了巨大的压力和挑战。网民在互联网上可以搜寻到不同地方、不同类型、不同种类的广播电视产品，地方广播电视机构想要在全国竞争中脱颖而出，不仅需要有效利用资源，更需要找寻自身特点和优势，在一个"平面化"的互联网竞争中找到自己的位置。

长三角广播电视的市场格局一方面反映在行政区划上，以上海为龙头，与江苏、浙江和安徽共同建立长三角广播电视一体化区域。节目的制作和发行从之前的集聚一个省的财力、物力、人力到利用、共享长三角区域的资源和渠道，实现区域联动。另一方面反映在机构设置上，广播电视局的事业单位性质与地域划分密切相关，其下设立的单位电台、电视台、新闻网站等经过企业改制成为带有企业性质的事业单位或者完全走进市场，自负盈亏，实行企业化管理。

目前长三角广播电视呈现"一中心，多核心"的市场格局；从地方台企业上下级来看，目前的市场格局逐渐打破了上下级权力等级的界限，逐渐走向市场经济范畴内的一体化，更多的企业走向了市场，不止局限于行政管理范畴。一体化的战略方向不仅仅是上海、江苏、安徽和浙江四个省市的区域连动杆，更包括每个区域、每个企业的上下级的联动和协同。

广播电视一体化不仅需要串联横向省级广播电视机构的大动脉，更要辐射到地方具体企业的产品生产和营销。一体化不仅要关注大动脉的联通，更要关注毛细血管的健康和成长。

（四）尊重市场机制，积极拓展产业链

不同于其他产业，广电产业不仅具有经济属性，也是重要的意识形态阵地。近年来，经济下行压力加大，新媒体等新兴业态冲击剧烈，广电产业的重要性日益明显，这需要广电产业进一步提升敏感度，洞察受众需求，准确把握市场动态，推进新技术、新产品的使用，同时，要强化市场机制的调控作用，建设更加完善的产业体系。长三角区域的广电产业十分重视发挥市场在资源调配中的决定性作用，尊重市场的机制和力量，推动整个长三角区域内的资源要素快速流通，不断地提升资源配置的效率。这将更大地解放广电生产力，打造长三角区域广电产业的强大竞争力。

以"打造综合性的文化产业"为目标，江浙沪广电集团还大力推动业务发展的多元化。在传统业务的基础上，将产业拓展到旅游、会展、物业等领域，并通过电视直播带货，"电视晚会+电商直播""线上+线下""大屏+小屏"的融合，等等形式，实现电视与电商相互赋能，延伸传统广电产业链。

（五）新技术与广电产业结合趋势凸显

广播电视行业与科技紧密相依，技术革新的契机会催生广电新业态的出现，重构广电产业体系，促进行业迭代升级。所以，对广电行业来说，应当紧紧抓住技术红利，为广播电视产业高质量创新性发展提供持续动能。

一是人工智能助力智慧广电。2020年全国广播电视工作会议提出，要深入实施"智慧广电"建设工程，加快行业的优化升级。推动广电智慧化已成为全行业的发展共识，而长三角各地也积极把智慧广电建设作为行业发展的重中之重。

目前，长三角三省一市都已经制定、发布了智慧广电建设实施方案。例如，上海依托广电网络，积极布局智慧城市物联网业务，将广电网络与教育、医疗、养老等服务融合，让电视不仅能"看"，而且能"用"，拓展了智慧广电新版图。江苏提出在3~5年内基本建成广播电视智慧化生产、智

慧化传播、智慧化服务和智慧化监管一体化的现代传媒体系。浙江则积极探索"智慧广电+政务""智慧广电+生活""智慧广电+安防""智慧广电+融媒"等内容，搭建全方位的信息服务平台。安徽深入实施"智慧广电"发展战略，通过打通内部资源、拓展外部渠道发力"智慧广电+"。

随着人工智能、大数据等新一代信息技术的推广应用，智慧广电也有了发展进步的技术基础。智慧广电也将是推动长三角广播电视从数字化、网络化向智慧化、一体化发展的重要举措，是推进广播电视高质量发展的主线。

二是5G新应用场景不断解锁。2019年6月，中国广电获得了5G商用牌照。为建设符合中央要求、广电特色的新型广电5G网络，长三角地区三省一市各广电局的科技工作紧紧围绕广电5G网络的规划与发展，在多方面进行布局。

上海在明确提出5G基站建设目标的同时，也正在推进5G与各行业融合发展。江苏在筑牢5G网络基础上，积极建设具有江苏特色的5G先导示范网，推动超高清视频、多屏同看、智慧灯杆等广电5G应用场景的研发，探索面向5G的智慧广电业务模式。浙江重点启动了20个大型数据中心项目建设，截至2022年4月已建成12.16万个5G基站，以提升广电网络资源调度和配置效率，提高智能化水平。安徽已基本实现地级市主城区连续覆盖，正不断推进5G在广播电视业务场景中的应用。

可见，三省一市在积极谋划5G网络基础建设布局的同时，也在广播电视领域主动开展5G条件下新应用场景的初步探索。

三是4K技术迅速普及。超高清并非只是清晰度的改头换面，4K超高清视频是目前广电技术上的新一轮重大革新，将带动整个广电产业链的变革与重组。布局4K超高清视频，既是为了满足用户对广电产业清晰度的高要求，也是在加快视频行业的转型升级，能够有效提升我国广电事业的实力与竞争力。

2019年3月，工信部、国家广电总局、中央广播电视总台印发了《超高清视频产业发展行动计划（2019—2022年）》（以下简称《行动计划》），明确中国未来三年加快超高清视频产业发展的目标任务和行动举措,按照"4K先行、兼顾8K"的总体技术路线,大力推进超高清视频产业发展和相关领域的应用。《行动计划》发布后,长三角地区三省一市各广电局迅速做出部署,结合各自广电产业的特点制订了行动计划,形成了推动4K超高清视频产业发展的良好布局。

2020年上半年,长三角地区三省一市便发布了各自的4K超高清发展方案。例如,上海结合自身定位,力图打造全球领先的超高清视频产业内容中心、产业芯片研发中心、产业标准专利中心、产业创新应用中心,构筑具有核心竞争力的超高清视频产业生态圈。江苏、浙江、安徽三省也结合各自的产业特点与发展现状,对超高清视频产业发展做出了战略部署。

四 长三角地区广电产业发展趋势展望

通过对长三角地区广电产业进行市场分析,我们发现未来一体化发展仍是长三角地区广电产业创新发展的必然趋势,云制作、云传播、智慧广电、MCN等新技术新业态则为广电产业的发展带来了新的机遇。

(一)一体化进程不断推进,协作水平不断提升

《长江三角洲区域一体化发展规划纲要》中指出,到2025年,长三角一体化发展取得实质性进展。在科创产业、基础设施、生态环境、公共服务等领域基本实现一体化发展,全面建立一体化发展的体制机制。发挥上海的龙头带动作用,苏浙皖各扬所长,加强跨区域协调互动,提升都市圈一体化水平,推动城乡融合发展,构建区域联动协作、城乡融合发展、优势充分发挥的协调发展新格局。一体化是目前长三角广播电视的趋势,也是未来很长一段时间的发展方向。

(二)技术创新进一步融合,内容生产优势不断显现

新冠肺炎疫情促使各家广电集团尝试云端协同式生产,云制作、云传播成为视听制作新业态。例如,基于5G的4K/8K高清展示、沉浸式的VR新

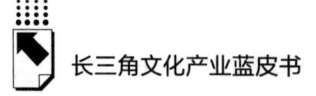

闻、AI智能剪辑实时传输、移动云直播、云综艺、云会议等，都是在互联网媒介技术发展的基础上呈现的云制作、云传播形式。未来，传统广播电视内容的生产、分发、集成、播控能够实现云端融合、云端协同的常规化运作，必将推进广电产业整个产业链的再造，建构云端化、智能化、专业化和社会化的生产格局，为广电产业的创新发展带来新的机遇。

2021年10月，国家广播电视总局发布了《广播电视和网络视听"十四五"科技发展规划》，其中指出，推动虚拟主播、动画手语广泛应用于新闻播报、天气预报、综艺科教等节目生产，创新节目形态，提高制播效率和智能化水平。虚拟新闻主播的应用，不仅将成为未来的一个趋势所在，同时也将在连接青年观众群体、提供立体化视听服务方面发挥重要作用。上海广播电视台融媒体中心也推出了虚拟新闻主播"申䒕雅"，通过探班、聊天、采访、播报，以更青春、更网络化的语态联结观众。

在新技术叠加效应的强力推动下，以信息化技术为依托，构建广电产业新生态，打造全媒体传播体系是广电产业融合的方向（解学芳、申林，2020）。广播电视产业将继续以智慧广电为战略，坚持以科技创新驱动广播电视产业升级，积极探索基于广电5G的4K、VR的直播、点播业务，并推进广电5G建设与云计算、车联网、物联网、VR/AR等同业伙伴及异业伙伴整合，从而促进广电产业的多元化发展，拓展市场。

但储备优质内容，多元化生产强黏性内容，仍是广电产业前行的根本动力。

（三）创收模式创新，大数据精准内容投放未来可期

在脱贫攻坚战取得全面胜利的背景下，各地广电集团纷纷利用主流媒体强大的公信力做背书，探索将广电直播带货与助农、助困、助贫相结合，促进拉动内需、助力农产品销售、助力复工复产，实现了公益传播与流量变现的良性运转，也为广电媒体探索出一种盈利多、操作简单且与广电媒体十分契合的创收新模式。

2020年"双十一"期间，江苏卫视联合快手推出"快手一千零一夜"

晚会，浙江卫视联合苏宁易购推出"好事发生·苏宁易购 11.11 超级秀（第一场）"，而京东联合江苏卫视、天猫携手东方卫视和浙江卫视，将综艺晚会与直播带货的结合，尝试传统广电营销方式的创新与变革，获得了不错的效果。2021年，东方卫视品牌节目《我们在行动》开展的青海刺绣直播、浙江卫视《王牌对王牌》开展的"春雷助农，王牌送到"公益直播等各项包含带货环节的节目在各大地方卫视播出，可以预见短期内主流媒体将进一步加码 MCN 业务，积极与电商和短视频平台合作，各地主流媒体在丰富的存量资源及广电背景所提供的信用背书下，进一步拓展了未来的发展空间。

2020年11月24日，国家广播电视总局发布《关于加强网络秀场直播和电商直播管理的通知》，要求网络电商直播平台要对开设直播带货的商家和个人进行相关资质审查和实名认证，完整保存审查和认证记录，不得为无资质、无实名、冒名登记的商家或个人开通直播带货服务（唐瑞峰，2020）。

长三角地区的卫视与广播拥有多年积累的权威性，这也是其赖以生存的根基，是广电行业区别于个人带货者的最大优势。在后疫情时代，长三角地区的广电行业完全有能力把好直播带货的质量关，找到内容与商业的平衡点，利用直播带货等新业态增加收入。

此外，大数据时代为广电行业提供了寻找更为精确的目标观众群，开发场景智能化识别与产品智能推荐系统的可能，东方卫视、江苏卫视、浙江卫视、安徽卫视常年居于省级卫视收视率前列，拥有全国范围的观众群，具备进一步延展服务、满足用户需求的条件和需求。借助大数据技术，结合5G的普及与发展，长三角地区的广电产业能够加快广播电视在智慧城市、智慧社区、智慧家庭等建设中的布局，实现跨行业、跨平台的用户引流，以精准投放内容延展广电产业链。

（四）MCN 市场格局初显，新型业态有待进一步探索

目前广电 MCN 以短视频与直播两大业务作为媒体融合纵深发展的一条探索路径，将传统广电的内容进行二次创作，并优化适配到互联网平台，进

而形成一个全新生态化的媒体场域。广电 MCN 正成为媒体融合轻量化转型的重要路径。广电 MCN 这一组织形式作为连接广电媒体与互联网平台的中心枢纽，也使得内容方、平台方和品牌方的沟通更加高效。

《电视指南》杂志调研统计，截至 2020 年底，全国至少有 20 家广电机构成立了 MCN 机构，其中包括长三角地区的江苏广电、浙江广电、安徽广电、无锡广电、南京广电等。长三角区域广电的"MCN 化"已经从小范围试水、雏形初显，进入大范围铺开阶段，成为广电机构存量改革的新载体。

黄金眼 MCN 是浙江广电集团旗下第一家综合类 MCN 机构。2021 年，黄金眼 MCN 以短视频打造为基础业务，重点开发培育垂类账号，尤其在音乐和母婴垂类上的表现出色，在垂类矩阵的赛道上跑出了"加速度"。同时，黄金眼 MCN 进一步加大了本地生活类账号的扶持与开发力度，以更多样化的运营进一步打通与拓宽合作渠道，助推广电 MCN 的产业化进程。

相对于市场上的 MCN，广电具有传统媒体的权威度和公信力优势，并拥有专业的内容制作团队，与 MCN 有着天然的高适配性，然而在入局时间、市场化程度、运行体制、盈利路径等方面并不占优势。因此，虽然布局较早，但长三角地区的广电 MCN 仍处于初创阶段，更多着力于内容铺设、打造品牌影响力，直播带货也更多偏向于公益，盈利模式尚未明晰。如何发挥广电产业的传统优势，借助 MCN 结合变现内容与流量，建立更加多元的运营体制，仍然是长三角地区广电产业需要进一步探索的课题。

参考文献

郭宇杰，2018，《"广电+旅游"趋势下区域广电的融合发展之道》，《新闻研究导刊》第 19 期，第 245~246 页。

解学芳、申林，2020，《上海媒体融合：新特点、新亮点与新趋势》，载梅宁华、支庭荣主编《中国媒体融合发展报告（2020）》。

李岚，2022，《数字经济驱动下的广电节目融合创新与运营》，《电视研究》第 5 期，第 13~16 页。

汤蓓华、杨卫武，2010，《长三角地区广播电视产业的活力文化圈》，《社会科学》第8期，第51~57、188页。

唐瑞峰，2020，《2020年广电MCN调研报告 超20家广电机构借MCN弯道超车，广电MCN向产业化、生态化演变》，《电视指南》第22期，第32~39页。

田香凝、赵淑萍，2022，《广电媒体体制机制改革现状与未来趋势》，《电视研究》第1期，第13~15页。

杨明品，2020，《长三角视听传媒一体化发展的机遇与路径》，《视听界》第6期，第5~8、11页。

B.5
长三角广告产业发展报告

蒋诗萍　谭镕*

摘　要： 受广告政策与城市本身经济发展的影响，长三角广告企业主要集中于长三角中部地区，在数量分布上呈现"一线多点"的状态。长三角广告产业的发展呈现大型广告企业带动小型企业、注重"引进来"与"走出去"相结合，以及通过会展和数字化推动广告产业发展等特征。长三角广告产业正通过多元整合、园区化、科技创新与产业的深度融合等方式协同发展，打破原有的地域分布格局，向整体的广告产业集群进发，这将促进长三角广告产业向更高质量一体化发展迈进。

关键词： 长三角　广告业　产业集群

一　长三角广告产业发展概况

广告是文化产业中的一个核心领域，2016~2020年，国家多次出台相关意见与政策，推动广告产业转型升级与发展。2021年，长三角广告一体化发展促进会的成立预示着广告产业在长三角迈上新的台阶。随着互联网的快速普及，具有更广传播覆盖范围及更高传播效率的新兴互联网媒体纷纷涌现，这些为营销信息的传播提供了更加便利的传播渠道，进一步推动了广告产业的快速发展。

---

* 蒋诗萍，上海财经大学人文学院经济新闻系副教授，研究方向为广告学、品牌管理；谭镕，上海财经大学人文学院经济新闻系2021级硕士研究生。

本文将以长三角广告产业为研究对象，通过分析长三角广告产业的发展现状与发展模式，挖掘长三角广告产业发展的特征，并对长三角广告产业的发展趋势做出展望。

（一）长三角广告产业发展基本状况

根据统计报告，2020年我国广告业经营额达10191亿元，首次突破万亿元大关，其中长三角三省一市广告业的经营收入占到全国三分之一左右，且长三角地区人均广告业收入远高于全国平均水平。[①] 同时，三省一市中的上海、浙江、江苏这几个省市都处于中国广告经营收入前五之列，在长三角广告产业发展中相对弱势的安徽省也处于全国靠前位置，说明长三角三省一市在广告产业都具有不俗的实力。

1. 上海市广告产业发展基本状况

上海是我国近现代广告业发祥地，国内早期的报纸广告、霓虹灯广告、广播广告等都诞生于此。上海作为中国广告业重镇，其广告业具有两个明显特点：一是高度集中，如所有大的跨国性广告集团均于上海设立分公司；二是高度分散，即在广告产业链的各个环节，都呈现出饱和状态的充分竞争。数据显示，截至2021年11月，上海经营范围涉及广告业务的企业达到55.8万户，其中主营广告企业有7.6万户、外商投资广告企业有8403户。上海年广告营业收入近2000亿元，其中互联网媒体广告发布收入占比超过60%。互联网头部企业在上海设立双总部或分支机构，创新型数字技术公司和创意热店明显增多，数字广告新的产业动能正在形成，新兴要素成为发展重要力量。[②] 上海广告业的快速高质量发展，也能从社会消费品零售情况的活跃来印证。2020年，上海社会消费品零售总额达1.59万亿元，增长

[①]《全年广告收入占全国1/3，推动数字化转型，长三角广告一体化发展促进会成立》，https://www.163.com/dy/article/GFJLTSOR0514A42S.html，最后访问日期：2022年9月18日。

[②]《推动广告业加快数字化转型 上海发布全国首个数字广告业指导意见》，https://baijiahao.baidu.com/s?id=1719124170552121785&wfr=spider&for=pc，最后访问日期：2022年9月18日。

0.5%，高于全国4.4个百分点，规模稳居全国城市首位。①，这一消费规模是上海广告业高质量发展的有效证明。

广告数字化是我国广告业发展的前沿趋势，上海也积极参与到广告数字化转型的行列中。目前，上海已经陆续发展出一些规模比较大的数字广告平台，比如拼多多、趣头条、利欧、分众等，但与北京和杭州等城市相比，上海头部企业产生的数字广告经营额仍有一些差距。对全力推动城市数字化转型、发展数字经济的上海而言，支持广告业发展已被写入《上海市国民经济和社会发展第十四个五年规划和二〇三五年远景目标纲要》，将数字广告业打造为上海文化产业和现代服务业的重要组成部分已成为重要课题。2021年7月，上海国际广告节顺利召开，上海指出将联合长三角其他省市共同壮大数字广告产业，与沪苏浙皖地区最具代表性的国家广告园区共同发起并签署《长三角园区一体化发展协议》，以推动长三角区域各园区间的交流互动，探索产业链上下游创新合作和整体转型升级。同年12月，上海市市场监管局、市经济信息化委员会联合发布国内首个针对数字广告业发展领域的省级政策文件《关于推动上海市数字广告业高质量发展的指导意见》，明确提出将上海建设为"国际数字广告之都"的目标，并指出将以强化科技创新、提升创意水平、推进产业集聚、促进国际交流四个方面为工作重点，发展数字广告新业态，推动上海数字广告业智能化、集约化、国际化发展。此外，上海指出将重点培育、扶持一批有成长性的中小微特色数字广告企业，鼓励落户广告产业园区和产业集聚区。2022年7月，上海首个数字广告园区落址普陀区，数字广告业进一步实现高质量发展。

2. 江苏省广告产业发展基本状况②

江苏省作为我国广告大省，其广告行业的发展地位在长三角地区甚至全国均位于前列，近年来在稳健的发展中不断突破创新。

---

① 《2020年上海社会消费品零售总额达1.59万亿 居全国首位》，https://baijiahao.baidu.com/s?id=1692586905063495308&wfr=spider&for=pc，最后访问日期：2022年9月18日。

② 《江苏发布广告领域"十四五"规划》，http://pc.cmrnn.com.cn/shtml/zggsb/20220120/337058.shtml，最后访问日期：2022年9月18日。

在产业发展方面,一是广告产业规模扩大迅速。2020年江苏省广告经营企业共18万户,广告从业人员共68万人,广告经营总额达到1219亿元,广告市场规模位居全国前列。此外,2020年江苏省规上广告企业共1454家,实现广告经营额共625亿元。二是产业竞争力不断提升。2020年江苏省年经营额超亿元的广告企业有53家,其中超20亿元的广告企业有14家,超50亿元的广告企业有1家,共培育国家和省两级广告产业创新创业示范基地共18家,涌现出一批国际化服务能力强、创新能力突出的广告领军企业。三是产业园区显著提质增效。江苏省拥有国家、省、市三级广告产业园区共13家,其中国家级园区有3家、省级园区有7家、市级园区有3家,实现设区市全覆盖。2020年各级广告产业园区建成载体面积为389万平方米,入驻广告及关联企业共3761家,拥有从业人员共11万人,园区经营额达到654亿元,占全省广告经营额的54%,纳税额达到24亿元。其中,年经营额超百亿元的园区有3个、超50亿元的园区有1个。

在广告监管方面,一是法制监督基础不断强化。《江苏省广告条例》修订工作顺利完成,制定了广告监管、广告监测、广告行政指导等多项制度。此外,修订完善了江苏省整治虚假违法广告联席会议工作制度。二是智慧监管能力有效加强。以"传统媒体+互联网+户外"三位一体广告监测体系为基础的"江苏省广告智慧监管系统"上线应用,形成横向覆盖各项监管职能,纵向贯通省、市、县、乡四级的广告智慧监管网络。三是信用监管制度逐步完善。江苏省将梳理的严重违法广告情形纳入企业"黑名单"管理,并将广告发布单位纳入省局"双随机、一公开"抽查,同时开发了"广告发布信用评价系统",启动了《江苏省大众传播媒介广告信用评价管理办法》制定下发工作,进一步完善了信用监督体系。后续,江苏省不断完善信用管理体系,于2021年8月出台《江苏省社会信用条例》。该条例对失信行为认定、公开、评价、惩戒等措施作出了具体规定,更新且覆盖了原有管理办法,进一步规范了社会信用服务,健全了社会信用体系，推进治理体系和治理能力现代化。①

在公益广告传播方面，充分发挥公益广告传播优势，加强对社会主义核心价值观的宣传。"紫金奖"公益传播设计大赛连续举办7年，以"我的正能量""爱敬诚善""我们的节日"等为主题，面向社会征集并传播公益广告作品，共征集作品近4万件。江苏省广告经营单位累计获得中国广告业大奖"长城奖"192件，"黄河奖"228件，且成功举办第十九届中国广告与品牌大会、江淮广告节、苏州品牌博览会、南京广告博览会等品牌推广活动，"5G技术环境下的广告产业展望"等学术论坛以及改革开放四十周年全省广告产业先进单位和先进个人表彰等活动，江苏省广告业在国内外影响不断扩大。

3. 浙江省广告产业发展基本状况②

浙江省广告产业向高质量方向不断发展。一是产业地位逐渐显现。截至2020年，浙江省广告经营企业由2015年的3万余户增至9.2万余户，规上企业达到735家，行业从业人员达到43万人。2020年，浙江省从事广告业务企事业单位实现广告业务收入约800亿元，年均增长40%以上，广告市场规模位居全国前列。

二是产业结构不断优化。据《浙江省广告产业发展"十四五"规划》，截至2020年，浙江省国家广告产业园区增至3个，占全国1/10，杭州、宁波、温州三大园区共聚集广告及关联企业2434家，2020年广告业务收入达到187.1亿元；省级广告产业园区总量增至17个，省级以上广告资质企业总数达到198家，资源整合集聚效应显现，产业规模化、集约化水平显著提高。互联网广告头部企业的龙头带动作用突出，实现互联网广告业务收入约520亿元，占浙江省广告业务收入的六成以上，且传统与现代传媒广告企业融合发展，优势互补、协调互动的产业格局基本形成。

---

① 《江苏省社会信用条例》，https://baijiahao.baidu.com/s?id=1707381728964587299&wfr=spider&for=pc，最后访问日期：2022年11月10日。

② 《关于印发〈浙江省广告产业发展"十四五"规划〉的通知》，https://www.zj.gov.cn/art/2021/5/20/art_1229530739_2285193.html，最后访问日期：2022年11月10日。

三是产业环境持续优化。新《浙江省广告管理条例》的修订实施，使得浙江省地方广告法治体系进一步健全。此外，浙江省率先出台《广告经营单位业务管理规范》《互联网广告标注与传输技术规范》省级地方标准，率先创设互联网广告信用评价，且传统媒体"五位一体"、互联网"三位一体"广告监督机制成为全国样板，使其广告市场环境不断优化。

四是产业效应持续增强。浙江省充分发挥其舆论传播优势，深化"讲文明、树新风""放心消费在浙江"等主题公益广告活动。此外，连年举办"金桂杯"广告创意大赛，参赛作品达到3651件，优秀作品展播率达100%，对小微企业和区域经济的发展产生了积极效应。"浙港澳广告论坛""中国广告论坛"等活动的顺利举办，也使浙江广告业在国内外的影响不断扩大。

4. 安徽省广告产业发展基本状况

安徽省广告产业的实力虽略逊于长三角其他城市，但近年来也表现出明显的发展潜力。为实现安徽省广告产业持续平稳增长，进一步提升集约化、专业化和国际化水平，增强其广告产业的创新能力，改善市场环境以不断提高对经济社会发展的贡献度，安徽省做出了一系列部署，并取得了显著成效。芜湖广告产业园区于2015年1月开园运营，于2017年4月被认定为国家广告产业园区，这一园区的成立为安徽省广告产业的发展提供了良好的环境，使得小城市的广告产业园区中也有营业额突破10亿元的广告公司存在。在产业效应方面，安徽省举办了2020"黄山杯"安徽省第26届优秀广告作品大赛，共收到来自全国各地的有效投稿1759件，同时多次举办全省广告审查法律法规培训班、年度优秀会员单位通报、年度全省先进广告协会和先进工作者评选、安徽省优秀公益广告作品评选等活动，使得安徽省广告业的产业效应在省内外得以渗透。在理论基础研究方面，2019年安徽省广告学术委员会成立，为开展广告理论研究、促进专业学术交流、培养广告人才，搭建了政、产、学、研、用融合发展服务平台；2022年5月，为进一步着力提升广告产业理论研究水平、推动安徽省广告业高质量发展，安徽省广告创新发展研究院诞生。

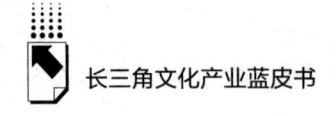

（二）广告企业数量分布呈"一线多点"状态

截至 2021 年 7 月 10 日，依据天眼查数据以及部分工商局企业数据，选择存续期间已认证的广告相关企业，删去重复的企业之后，得到广告企业相关数据。最终，研究得到长三角地区共有 14348 家企业，其中，上海共有 5374 家企业，浙江共有 3232 家企业，江苏共有 4132 家企业，安徽共有 1610 家企业。长三角广告企业数量分布呈现"一线多点"的状态，以"上海—南京"一线及杭州、芜湖为主要集中区域，并且集中于长三角地区的中部地区。

"一线"是指"上海—南京"一线。"一线"周边地区的广告产业也受到"一线"的影响，并且企业数量分布由"一线"的两端向中间递减。上海与南京为两个具有广告企业数量聚集优势的端点，上海的广告产业发展辐射苏南地区，并且随着城市间距离的增加辐射影响变弱，苏州是"上海—南京"一线中具有重要地位的城市。

"多点"是指长三角地区以杭州、芜湖为代表的城市。这类城市广告企业数量突出，是各省份在该领域中的翘楚，但是并没有对周边城市形成十分鲜明的辐射效果。

对于广告企业数量较多的城市而言，这些城市普遍受到了利好政策或者城市本身经济发展情况的影响。政策是上海、江苏、安徽广告企业数量分布的主要影响因素；杭州原有经济发展状况对其广告企业数量分布的影响较大。

各省市内部的广告企业数量分布也存在差异。江苏省各区市广告企业数量分布相对均衡，虽然各区市之间仍有一定数量差距，但是整体而言差距较小。上海市、浙江省、安徽省内部各地区广告企业数量分布差距较大，广告企业往往集中分布于部分区市之中，其他区市较少。

从图 1-1 可以看出，长三角广告企业数量排名前五的区市分别为杭州、奉贤、芜湖、南京、苏州。在上海市，奉贤区的广告企业数量较多，崇明区、嘉定区等也具有一定的聚集优势。在其他省市各区市中，杭州市的广告企业聚集数量名列前茅，说明杭州市本身的广告文化发展实力不容小觑。而江苏省的广告产业整体水平较高，南京、苏州等皆具有较好的企业聚集能力。总体而言，广告产业在长三角的分布仍为大型企业分布带领小型广告企业的形式，以先带后，并且区域内聚集形式鲜明，资源差距较大。

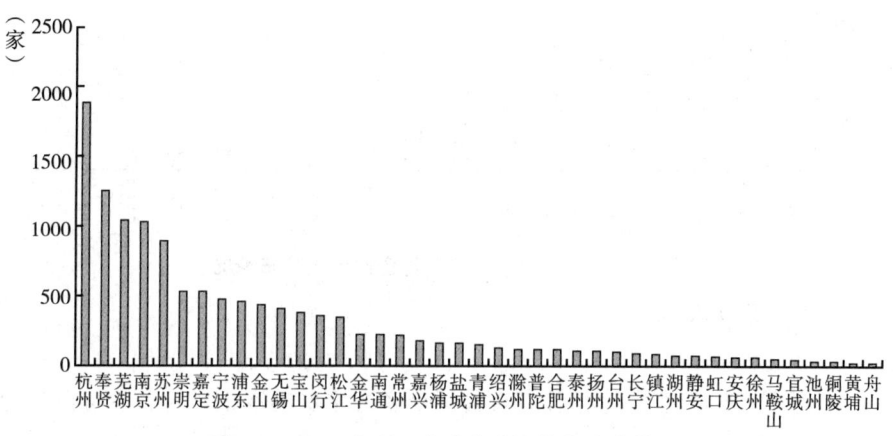

图1-1　2021年长三角广告企业聚集分布情况

资料来源：天眼查。

1. 上海市：广告企业数量分布差距大，点状分布聚集于三个区

上海市广告企业数量分布的主要影响因素是政策，具体为企业优惠政策和产业园区政策，各区域原有经济发展情况对广告企业数量分布的影响较小。例如，以奉贤区、崇明区为代表的企业优惠政策突出的地区，以嘉定区为代表的产业园区政策突出的地区，其整体广告企业聚集效应明显；而黄埔、静安等相对老牌地区，其广告企业数量较少（见图1-2）。

上海市广告企业数量位于前三的为奉贤区、崇明区、嘉定区，其公司数量分别为1292家、555家、553家（见图1-2）。奉贤区、崇明区是上海市注册公司较多的地区，这离不开其所颁布的优惠政策，包括但不限于营业税额等内容。优惠政策促进了广告产业的发展与集聚，这也是产业发展环境良好的体现。而嘉定区作为上海国家广告产业园所在地，本身具有政策倾斜以及各方面配套环境支持等优势，吸引了不少广告企业在此落地，广告企业聚集效应明显。

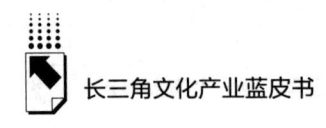

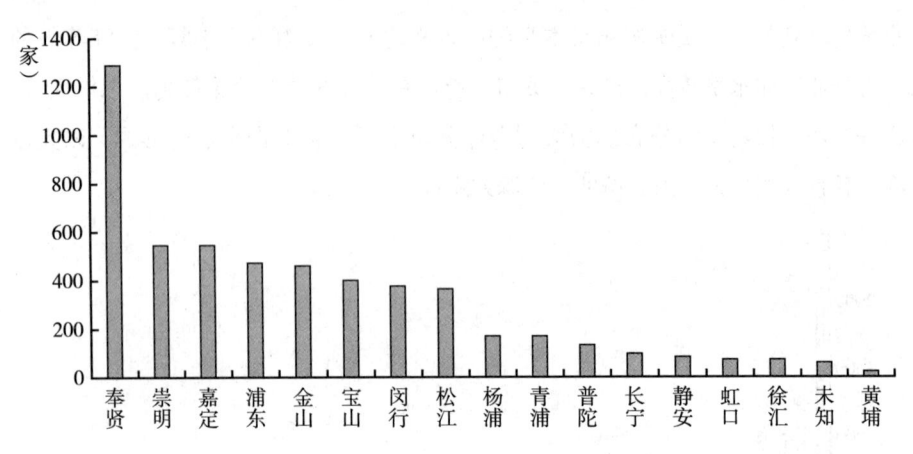

图 1-2 2021 年上海市广告企业聚集分布情况

资料来源：天眼查。

上海市广告产业发达，且广告公司众多，主要的本土广告企业可以分为四类，即创意热店、传统广告媒介、互动营销公司、其他（见表1-1）。

表 1-1 上海市广告企业名单一览表（部分）

类别	具体企业
创意热店	不只广告，文明广告，W，华与华，恒尊，威汉营销，同立传播，东伽文化，胜加，艾德韦宣，F5，天蕴，Mother，迪卡，朗标，屹珂设计，Frog，欣稞文化，九曜，马马也，Jones Knowles Ritchie，Media Monks，好旺角，中好广告，ST，KASAKII，脆黄瓜，认知锤，Target Social，Heaven & Hell
传统广告媒介	雅仕维传媒，东方航空传媒，迪岸传媒集团，分众传媒，上海公共交通广告，上海捷讯传媒，上海联众电广传媒，龙韵广告，上海电广媒体传播，七星广告，上海剧星传媒，新民传媒，中视国际，新华传媒
互动营销公司	CCE GROUP，锐客，安瑞信杰，意类广告，颉摩广告，恩三，亿迈，傲祺，有门互动，睿路传播，天与空，享网互动，昂课，英睿孚，众引传播，六奕集团，NPLUS，睿承，Artefact，蒙彤传播，舜好，悦普，DLG，神鸦社鼓，述源，嘉年华，栗壳，万拓，介陌创意，畅致文化，UID，红岚文化，能乘文化，BestQuay，Kconnect
其他	艾特传播，艾德韦宣，麦辟，昂天广告，上海蝶亿公关，明酷，川力企划，快乐隽实，瑞欧公关，智源动力，榕智，决胜整合品牌推广，欣瀚国际，芙瑞，优尼，思焰公关，越唐文化，万卓睿桥，机诺公关，The Trade Desk，维都，Convertlab，伺动营销，DRD4，Stink

资料来源：《报告下载丨R3：〈2022 中国代理商图谱〉正式发布》，https://www.163.com/dy/article/H6KMBNFE0539E9ND.html，最后访问日期：2022 年 10 月 12 日。

2.江苏省：各地企业数量相对均衡，南京与苏州一线的发展情况突出

江苏省整体广告企业数量分布均衡，其中，南京与苏州一线的发展情况突出。截至2020年10月，江苏省共有13个国家、省、市级广告产业园区，形成广告产业园区梯次发展、错位发展格局。[①] 广告产业园区能够促进该区域的广告产业发展，与区域内广告企业数量具有较强的相关性，正是依托于江苏省各区市的广告产业园区，江苏省各地的广告产业具有良好的发展态势，为江苏省"广告大省"的地位打下了基础。

同时，广告企业数量分布也与上海市的辐射效应相关。从广告公司的地域分布上可以看出，在江苏省苏南地区的城市中，距离上海市越近的城市，其广告企业数量越多，如苏州、无锡便是江苏省广告企业数量较多的城市，显示出上海市对苏南地区具有较强的辐射效应。

此外，南京作为江苏省的省会城市，政治、经济、文化资源集中，第三产业整体发展也较为突出。在此基础上，南京国家广告产业园的设立进一步推动了南京广告产业的发展和广告企业数量的增加。

江苏省广告产业的聚集数量由大到小分别为南京、苏州、无锡、南通、常州、盐城、泰州、扬州和镇江。其中，南京与苏州的广告企业聚集效应极为明显，二者齐头并进，形成一定的竞争态势。南京、苏州作为江苏省广告产业发展突出的城市，广告企业数量分别位于第一和第二（见图1-3）。

镇江与南京的广告企业数量分布差距较大，这与镇江的产业发展特点有关（见表1-2）。镇江的五金工具产业优势突出，第三产业的发展稍显落后。虽然近年来江苏省内注重新兴产业与原有传统产业结合，但由于原有工业根基浓厚，服务业相对落后，镇江的广告产业发展处于相对弱势地位。

---

① 《我省再增2家省级广告产业园区》，http://scjgj.jiangsu.gov.cn/art/2020/10/20/art_70154_9541543.html，最后访问日期：2022年10月12日。

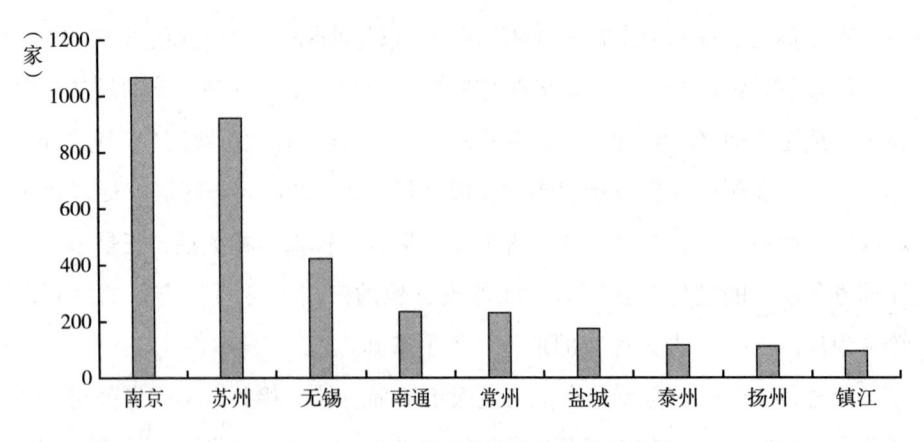

图1-3　2021年江苏省广告企业聚集分布情况

资料来源：天眼查。

表1-2　2021年江苏省广告企业数量分布

单位：家

城市	南京	苏州	无锡	南通	常州	盐城	泰州	扬州	镇江
数量	1069	922	423	235	233	174	116	115	96

资料来源：天眼查。

3. 浙江省：广告企业数量分布呈"多点"状态

杭州这一省会城市在广告企业数量上具有绝对领先地位，宁波也具有一定的广告企业数量规模，而其他市的发展规模相对一般，各区市之间差距很大。同时，广告企业数量呈现从浙北地区向浙南地区减弱的趋势。

如图1-4、表1-3所示，浙江省的广告企业主要集中在杭州，有1940家广告服务企业。作为浙江省省会城市，杭州是政治、经济、文化中心，经济文化发展繁荣，第三产业规模较大，具有文化产业创新活力，在一定程度上引领了周边城市的经济与文化发展。杭州广告企业数量在整体分布中处于核心位置，并且对浙江省其他城市的广告业有一定的辐射作用。而过于突出的中心地位是省内资源分布不平衡的体现，区域内产业差距过大也不利于产业的长久发展。

宁波的广告企业聚集数量居浙江省第二位，有496家。宁波具有广告产业园区的效应加持，并且本身在浙江省内经济地位突出，因此广告企业数量也具有一定优势，但其广告企业数量与杭州差距很大。

其他城市的广告企业数量较少，广告产业发展状况也远逊于杭州。从地理分布上看，浙江省的经济发展也是浙北地区占有优势地位，而浙南地区相对处于弱势位置。

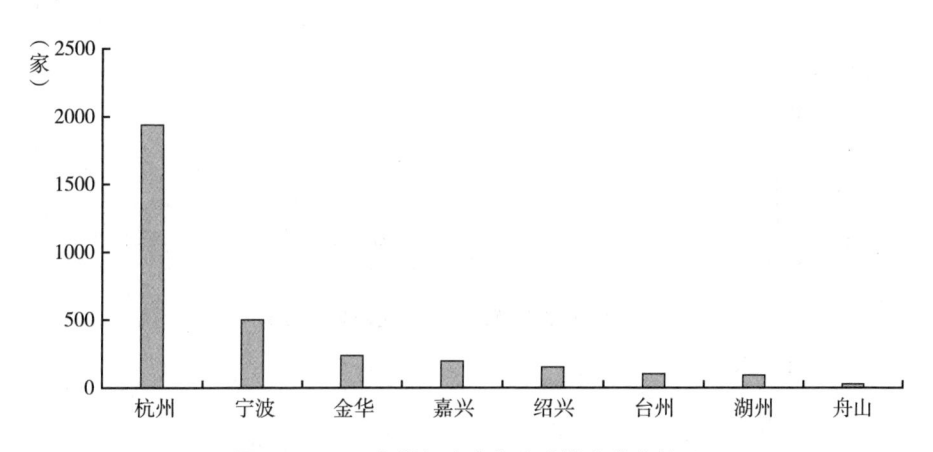

图1-4　2021年浙江省广告企业聚集分布情况

资料来源：天眼查。

表1-3　2021浙江省广告企业数量分布

单位：家

城市	杭州	宁波	金华	嘉兴	绍兴	台州	湖州	舟山
数量	1940	496	237	194	143	105	86	26

资料来源：天眼查。

4.安徽省：芜湖一家独大，广告企业集聚效应显著

安徽省不同地区的广告企业数量分布差距大。芜湖并不是安徽省省会城市，但是作为安徽省唯一一个国家级广告产业园区所在地，其广告企业数量较多，在省内处于领先位置。

从企业聚集数量而言，安徽省和浙江省相同，处于重点城市企业聚集情况遥遥领先的状态。芜湖的广告企业聚集数量为1079家，而排名第二、第三的滁州、合肥的企业数量仅分别为133、125家（见图1-5、表1-4）。

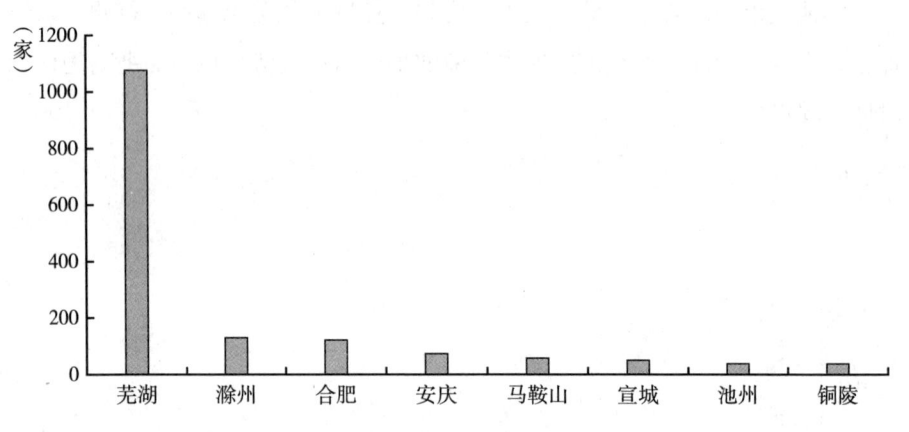

图1-5 2021年安徽省广告企业聚集分布情况

资料来源：天眼查。

表1-4 2021安徽省广告企业数量分布

单位：家

城市	芜湖	滁州	合肥	安庆	马鞍山	宣城	池州	铜陵
数量	1079	133	125	76	61	52	41	41

资料来源：天眼查。

芜湖虽然是以制造业发展为主的工业重镇，但是也同样注重广告产业的发展。芜湖国家级广告产业园为该市首个广告产业园区。而该地区的广告企业对标服务各工业企业，凝聚产业优势，促使广告产业依托于原有工业优势而不断发展。[1] 这对于三四线城市广告业发展来说具有重要借鉴意义。

---

[1] 《芜湖国家广告产业园，三四线城市广告业的样板》，《中国广告》。https：//www.sohu.com/a/351204148_657211。

安徽省各区域的广告企业数量分布差距极大，这是广告产业分布不均的体现，也是省市内部区域一体化、产业聚集持续发展的攻破要点。2020年，安徽省新认定皖北广告产业园、六安广告产业园两大省级广告园区，这或许能推动安徽省各地广告产业发展，缩小区域内广告产业发展差距，为安徽省整体广告产业区域发展带来新活力。

二　长三角广告产业发展特征

（一）龙头广告公司带动小微企业发展

长三角三省一市中，广告企业存在大型企业数量较少，小型企业众多的现象，而大型企业也往往起到了对小型企业的提携作用，最终相辅相成，呈现各广告企业之间和谐共生、息息相关的局面。

上海市注重龙头企业的引领作用，政府希望通过龙头企业的带动来推动文化产业的快速发展。"十二五"以来，上海市通过在文化产业上出台一系列扶持政策，推动经济结构转型升级，大力发展文化产业等高端服务业，重视当地龙头企业的培育，希望以此助力上海市在文化产业上的话语权。

浙江省最值得骄傲的成就、最大的亮点和特色之一就是以小微企业为主体的民营经济。浙江省委、省政府把小微企业成长作为推动民营经济新飞跃的重要原动力。自2015年以来，浙江省先后实施了两轮"小微企业三年成长计划"，坚定不移地打出了小微企业提质升级的"组合拳"。通过举行各类创意大赛等促进小微企业发展壮大，通过大型企业自身的能力所长为小型企业的专业发展、企业发展指引一条发展明路，最终实现广告产业整体繁荣发展。据悉，各类创意大赛开办以来，各级广告公司参与热情高涨，这不仅是小微企业充分发挥能动性的体现，也是通过这一行为推动广告产业的发展与创新，促进广告创作在制作质量、创意概念、表达形式等方面的全面提升。

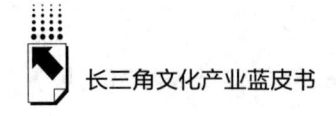

（二）"引进来"与"走出去"相结合的产业发展战略

长三角广告产业的发展注重"引进来"与"走出去"相结合，对外融合、向内提升的策略与方案不仅停留在外资引进之中，也更加强调广告创意理念、信息、资源与广告管理的融合。

全球顶级4A广告公司如奥美、盛世长城、灵狮、李奥贝纳、电通等选择在上海市落户生根，这使得上海市的广告市场呈现出明显的客户资源优势，具有市场容量大、辐射空间大的特征。在与外资合作的过程中，上海市的本土广告公司搭上对外贸易渠道的顺风车，渐渐拓展国际市场的销售、宣发渠道，这对于长三角地区与世界的交融有战略性意义，也进一步提升了长三角广告产业的发展标准。而上海市的广告公司和国际广告公司之间的激烈竞争也为长三角广告产业培养了一批本土广告精英人才，提升了本土广告公司的整体服务能力。

江苏省的广告公司早在2011年就开始注重广告领域内的整合。国际广告代理巨头奥美对江苏省最大的整合营销广告代理商——南京银都广告商务有限责任公司的并购，催生了江苏省内巨头银都奥美公司的成立。这一内外资结合、国际势力与本土势力的融合增强了企业优势，服务于包括江苏移动、海澜之家、洋河蓝色经典等众多企业，推动了区域内资源整合。

安徽省同样注重对国际力量的利用，广告产业的发展坚持"引进来"与"走出去"相结合，从引进资金、设立外资企业，转向引进国际先进的广告业理念、信息、资源等，为更多的"安徽制造""安徽创造""安徽品牌"开拓国际市场提供广告专业服务。

（三）地方特色：会展经济助力广告产业发展

会展经济成为广告产业发展的主要手段，也是广告营销面向社会公众展示的重要一环，对广告产业的整体促活具有重要作用。江苏和上海作为广告强省（市），在会展经济上逐渐发力。

"十三五"期间，上海青浦区汇聚上海市会展行业协会、上海市国际展览公司、英富曼、中贸美凯龙、云上会展等一批行业龙头企业和机构共建了虹桥国际会展产业园。而"十四五"期间的发展规划提到,上海将积极参与虹桥国际开放枢纽建设,争取继续服务保障好进博会的同时,努力放大进博会溢出效应,做好"大会展""泛会展"文章,继续发挥上海会展优势。

江苏省加强了对硬件设施的建造,特别是会展的相关布置,国际会展中心逐步在连云港、昆山、南京等地拔地而起,为江苏省在会展领域的崛起打下了重要基石。此后又涌现了包括苏州、无锡等在内的会展业发达城市。上海市作为中国文化的一大中心,其博物馆、美术馆等展览数不胜数,通过上海世博会、进博会等国际性展会推动会展经济发展,全方位助力上海在国内外文化交流中的突出地位。会展本身以及参会展商的知名度提升对广告产业而言都有支撑性作用,且其也推动了广告产业在长三角地区的发展。

(四)发展动能:数字化助推广告产业转型升级

互联网技术飞速发展,广告产业与互联网相结合不仅是未来广告产业转型发展的一大路径,也是促进产业自身创新的强势动力。在此过程中,三省一市都注重建立自己的广告平台,将原有的长处不断发扬,推动广告产业转型与升级。

上海市提出"国际数字广告之都"的畅想,注重数字化战略布局。上海市各广告公司依据未来发展趋势,加强数字化业务发展。2017年,媒介代理公司Wavemaker在上海成立预示着WPP旗下的群邑集团在媒介传播、数字科技营销等方面的决心;Wunderman Thompson的成立也彰显着国际广告企业在数字化、创新、技术上竞争力的精准把握。

浙江省提出了"广告+"概念,切实发挥广告服务性质,以G20峰会和亚运会为关键节点,实现广告与各类产业的对接与融合,力争成为具有国际一流水准、兼具创新与互联网技术的广告大省。浙江省的传统媒体近年来不断增强数字化倾向,在短视频、融媒体等互联网化、视频化趋势上不断发力,加快培育若干拥有知名品牌、数字技术领先、自主创新能力强的具有国际化服务能力的大型互联网广告企业。同时,浙江省政府注重互联网广告企

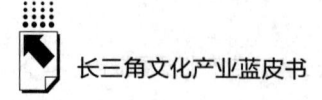

业的培育，重点培育在语音识别、人脸识别、真人营销等互联网广告专业领域的骨干企业。

安徽省广告产业内不同领域之间的协作发展，促进了广告企业与电子、物流等不同业态之间的融合发展，最终打破了原有媒介、单一平台之间的桎梏。同时，广告产业也不断进行跨领域合作，信息业、装备制造业、旅游业等产业是合作的重要对象。广告公司帮助各产业进行产品的推广与销售，并且建立各行业内某一企业或产品的品牌形象，最终实现跨领域多方协作的共赢。

（五）市场化、规范化的公益广告发展迅速

公益广告在精神文明建设和文化软实力提升上有着重要作用，各省市对于公益广告的发展十分重视，并且注重实践与推广。《广告法》《公益广告促进和管理暂行办法》等法律也引导了长三角地区公益广告的发展。

2014年，江苏无锡成立了全国首个专注于公益广告发展的基金会——无锡太湖公益广告发展基金会。2021年，无锡通过创新运作机制、盘活闲置资源、引入社会资本等方式，破解公益广告发展中公共财政投入不足、摊派式推广效率低下等困局，打造公益广告可持续发展模式，从而进一步弘扬公益精神、引领社会风尚、传播正能量。

近年来，浙江省的公益广告发展迅速。公益广告数量增长，作品质量提升，活动日趋活跃，社会参与度不断提高，社会影响更加广泛。杭州、宁波、温州等地的形象公益广告在国内外进一步推广。《关于深入开展"讲文明树新风"公益广告宣传的实施方案》《浙江省公益广告宣传实施细则（暂行）》等先后出台，公益广告发展进入规范化、法治化轨道。

安徽省建立和完善公益广告可持续发展机制，出台了《关于进一步做好"讲文明树新风"公益广告宣传的意见》以及促进公益广告发展的相关措施，推进公益广告宣传制度化、长效化；鼓励、支持、引导社会各界以提供资金、技术、劳动力、智力成果、媒介资源等方式积极参与公益广告宣传活动。同时，安徽省合理安排公益广告的发布比例，实现公益广告与商业广告的协调发展。

三 长三角广告产业发展展望

长三角三省一市的广告产业通过多元整合、园区化等方式协同发展，打破原有独立的地域分布格局，向整体的广告产业集群进发。目前，三省一市的广告产业发展仍存在五大问题。

（一）广告产业向更高质量一体化发展迈进

长三角区域竞争力非均衡发展的矛盾较为突出。长三角内部省市在广告产业发展规模、广告产品的生产能力和广告经济效益三方面并不完全匹配，如果参照对欧美发达国家的认知，广告作为巨大创收的经营来源之一，其占比应该为国内整体经营收入的2%，但是在三省一市中仅有上海市达到了相关标准。

区域一体化发展进程相对各大国际城市组织而言滞后，这从根基上制约了长三角广告产业协同发展的步伐。长三角地区的市场部分应梳理各自区域的广告产业发展特色以及相互之间发展状态的差异，并由此根据同一目标制定个性化的发展策略。上海作为国际化大都市，聚集着大量广告产业人才、资本，是未来较长时间区域内广告产业的中坚力量。目前，上海广告产业在区域内一家独大，在一定程度上限制了周边城市广告创意产业的发展，政府应当通过政策引导和配套激励措施，使得上海在区域中增强辐射作用，鼓励上海广告机构通过项目外包等形式，深化与江浙皖等地广告公司的合作，降低各地之间的流动门槛，引导资本和创意人才在长三角区域内部快速流动，进而形成创意知识和经验在区域内的共享。

例如，促进区域合作，推动广告产业区域协同发展，借助长三角一体化国家战略深入实施为契机，搭建供需对接平台，深化长三角广告产业合作内涵，优化广告产业协同发展格局，推动区域内广告企业优势互补，拓展发展空间，提高产业竞争力，提升资本合作能级，扩大上海广告产业的合力和影响力。

安徽省和江苏省、浙江省的部分区域则应当发挥自身的比较优势，承接

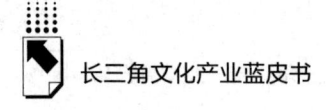

发达地区资本和技术的转移,快速提升自身产业水准,并结合地方优势形成特色发展领域,拉动更多地方性需求,最终对产业发达地区形成反哺。由于长三角地区在全国经济发展中的独特地位,长三角广告产业的区域一体化发展经验有望成为全国广告产业区域合作的典范。

(二)加强园区建设,提升专业水平

国内广告产业普遍面临着产业集中度低、同质化竞争严重、缺少具有国际影响力的龙头广告企业等问题,广告产业园区的建设亦未能充分实现行业集群发展的预期效果。而长三角地区的广告产业,尤其是江浙皖,集中度低的现象牵制了广告公司规模效应的形成,这也是目前存在的亟待解决的重点问题。

专业化、集约化、国际化是广告产业发展的大势所趋,广告产业园区建设则是实现广告产业专业化和集约化的有效途径。目前,多数广告产业园区仅仅是简单地将区域内的广告企业聚集到园区内,并未根据自身特点打造区域竞争优势,也没有实现广告产业链上下游的闭环。未来应当进一步加强广告产业园区建设,旨在从地理意义上的集聚转向产业意义上的真正集群,有效实现广告产业的规模经济效应和知识溢出效应。尤其是安徽省,目前只有一个国家级广告产业园区。如果计划进一步发挥广告公司的集聚效应,提高广告市场集中度,那么确定具有较大规模的行业内龙头企业则为重中之重。不论是生产链上的补充还是合作产业上的扩展,龙头企业都能够带动周边小微企业并且增加自身影响力,最终成功建构出以龙头企业为核心、小微企业为支撑的综合多元结构。例如,加强广告产业与产业链上下游企业、其他产业之间的互动与协作,强化资金、技术、人才等要素支撑,支持上下游企业加强产业协同,构建融合共生、互动发展的协同机制,增强广告产业链的韧性。

为此,当地政府应当在税收、人才引进等方面给予专项支持,并适当减免管理费用,集中区域内的优质产业要素,支持和引导优秀的广告公司进驻园区,并且辅助和引导行业组织树立对于优秀人才的识别标准认知以及培育

意识。同时，建成广告产业协作开放共赢圈。打造"广告+"的产业生态体系，创新合作共赢模式，促进全省广告产业协同融合发展，建立长三角广告产业园区联盟，搭建广告产业国际合作交流平台，发展更高层次的广告产业经济。

此外，广告产业园区应当组建行业协会，拓展与高校、企业的合作，定期举办广告创意大赛等交流活动，搭建产学研融合交流平台，促进广告创意成果第一时间转化，满足社会需求，服务企业实践。

（三）优化配套服务，营造区域口碑

日趋高昂的人力及用地成本以及京津冀、珠三角等区域的竞争，也给长三角广告产业的可持续发展带来压力。由此，注重各方面服务配套，形成长三角地区在全国的竞争优势尤为重要。广告是一门高度依赖人才与创意的产业，能否吸引到大量优秀人才直接影响着区域内产业的发展状况，而高素质的广告创意人才对所在城市的生活便利度和精神文化生活有着较高的需求。长三角区域透明高效的城市管理和开放包容的文化氛围对于青年广告人才来说具有独特的吸引力，已然具备了良好的人文环境基础。

各地政府应当进一步加大对广告产业园周边的配套设施和配套服务的投入，定期举办行业交流沙龙以及展览、戏剧等各类高层次文艺活动，打造令创意精英满意的工作和生活环境，促进广告创意产业从业者面对面的思想碰撞交流和信息、想法即时共享。例如，依托广告行业组织、广告产业园区，逐步建立交流合作、创业孵化、人才培养、资源共享、交易展示等公共服务平台；鼓励通过数字技术实现区域内及区域间产业信息共享，促进咨询、推广、培训、内容、渠道等多种服务的沟通联动；鼓励各级工商部门、行业协会及企业通过各类会展、论坛建立行业交流平台；建立广告业调查统计和信息发布制度，推进政府部门间信息互通共享，运用广告业统计数据进行行业发展分析、预测；支持广告行业组织建设广告业发展信息数据库，建立广告业信息发布制度，推进行业信息共享；鼓励广告市场主体申请知识产权，加大广告业知识产权保护力度，从外部助力广告产业交流与发展。

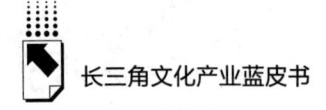

目前北京的广告产业已趋饱和，近年来出现广告从业人员数量下降的趋势，上海、杭州等城市则应当抓住机遇，通过高质量的配套服务营造优质的行业内口碑，乘势吸引优秀广告人才前来工作，将广告创意产业纳入城市文化品牌战略之中，积累在广告领域的区域美誉度和文化认同。

（四）科技创新与产业发展深度融合

随着"互联网+"趋势不断加强，数字化浪潮席卷广告产业，新兴技术环境赋予广告产业发展新的可能性，同时物联网、AR、VR等技术的发展速度较快。如果广告产业故步自封，则其发展的潜力与可能性也将消亡于技术化发展之中。由此，科技创新与产业发展融合刻不容缓。

2019年《长江三角洲区域一体化发展规划纲要》的印发描绘出一幅长三角地区区域创新共建的蓝图。在此之后，长三角三省一市注重经济产业发展深深扎根于科技创新之中，并且在区域内进行核心科技资源的共享与整合，集中力量解决各领域的"卡脖子"问题，做到自主、自强。长三角地区也注重人才在各地之间的调转与流动，力争将人才的价值最大化。由此，长三角地区在力争打造区域创新共同体的状况下，最终形成了共享完善的技术创新链、整体协同、相互影响、共同提高的创新技术联合体，这对于广告产业技术的创新与提高，在渠道、呈现形式等方面的创新具有支撑性作用。

在数据化进程中，数据共享互通也成为长三角各省市之间深度合作的重要渠道。价值100亿元的中国移动坐落江苏省，将"移动云""网络云""IT云"的数据运用落实到长三角地区，带动长三角地区在云计算上的运用及效益，促进信息产业结构化转型与提升。最终，在数据技术的支撑下，长三角地区正式迈入"快速跑道"，"小步快跑"推动广告产业的提升与发展。

同时，应该注重以"创新"为核心，鼓励技术研发和跨学科技术人才招募，从税收、金融政策方面鼓励新技术、新模式的应用创新和推广。建立新业态企业融资渠道体系，帮助新业态企业的资源对接和跨平台合作。鼓励差异化竞争，鼓励企业间纵向联合，鼓励企业与高校相关专业间的横向联合人才孵化计划。关注知识产权产业的创新力量和趋势，推动本省特色品牌、乡村品牌、旅游产业和文化产业的知识产权战略与广告企业的合作。

（五）参与社会共治，厚植广告产业社会服务效能

广告产业也将成为"重要窗口"建设助推器。传播社会正能量，提升广告产业文化软实力；带动社会创业创新，增加就业岗位；传递商业信息，更好地满足人民日益增长的美好生活需要；宣传法规政策信息，履行社会共治责任。

目前，长三角广告产业多为经济服务，为了进一步促进其后续发展活力，拓展发展领域，广告产业可以用于提升区域文化软实力。运用广告强大的传播功能，助力城市形象对外输出。例如，利用杭州亚运会、上海进博会等大型、赛事、展会的影响力，在城市形象广告、城市视觉符号设计、城市宣传口号、社交媒体平台等方面，围绕城市间不同发展方向与定位，推进实施相关广告战略，助力厚植城市文化软实力。

同时，广告产业也可以传播政策信息，履行社会责任。促进公共政策传播广告化发展，以民众喜闻乐见的形式宣传大政方针，通过简单通俗的宣传，加深社会大众对公共政策的理解和记忆。以活泼美丽的方式宣传区域特色产业、民俗景观，提高人民群众的获得感与幸福感。加强广告信息规范，普及和宣传科学知识，杜绝不良广告信息的误导与欺诈。对于浙江省来说，广告产业也可以很好地服务于乡村振兴，打造美丽乡村。以公益广告和农业品牌全产业链服务为抓手，广告产业赋能乡村振兴战略，加强信息传播与交流，促进产品流通与销售，提高乡村综合效益和竞争力，实现乡村产业发展。例如，拍摄美丽乡村公益形象广告，结合乡村特色资源和优势，推动农业品牌全产业链发展。

此外，健全公益广告体系也具有必要性。为了促进资源进一步整合，统筹各类媒介发布资源，政府应鼓励各类广告媒介单位承担公益广告发布主体责任，增加互联网公益广告发布力度。建设和完善公益广告作品库，鼓励开展公益广告学术研究，鼓励公益广告创新研究基地建设，支持成立促进公益广告发展的专业机构，多渠道筹集公益广告资金，积极推进政府采购公益广

告服务，推动省市县三级媒体对投放的公益广告减免相关费用，健全公益广告可持续发展机制。

参考文献

本刊编辑部、王智颖、秦先普、张天逸，2019，《探秘国家广告产业园——安徽篇》，《中国广告》第11期，第16~18页。

本刊编辑部、王智颖、秦先普、张天逸，2020，《探秘国家广告产业园——上海篇》，《中国广告》第1期，第16~17页。

李春玲，2022，《破局、重构、升维：人工智能时代的中国广告产业结构演进》，《商业经济研究》第15期，第180~183页。

张宏，2022，《数字化战略对电影产业的赋能与创新路径研究》，《当代电影》第9期，第55~59页。

赵宇、姚曦，2022，《中国广告产业制度变迁的关键节点》，《人民论坛》第8期，第70~72页。

智颖，2020，《上海中广产业园：国家创意产业园区的引领者——走访上海中广国际广告创意产业园》，《中国广告》第1期，第18~20页。

B.6 长三角电影产业分析报告

王学成　兰天宁　张俊杰*

摘　要： 本文首先从长三角地区（上海、江苏、浙江、安徽）电影产业的政策环境着手，针对长三角电影产业发展现状进行细致的剖析讨论，随后将分析重点转向长三角电影产业的结构和市场行为，对具有代表性的影片与电影上市公司进行分析，最后透过产业链的专业角度，分析了长三角电影产业发展的总体状况、特征以及可改进的空间，并提出相关意见与未来长三角电影产业的趋势发展可能。

关键词： 长三角电影产业　市场结构　产业链

长三角地区是我国电影产业发展的重要基地，不仅拥有众多放映公司与影院，也具备庞大的电影消费市场。面对文化产业的全球化、新媒体科技的勃兴以及新冠肺炎疫情的冲击，长三角地区的电影产业发展面临着前所未有的机遇与挑战。

一　长三角电影产业政策环境概述

对于投资风险较高、不确定性较大的电影产业而言，政府的政策支持是

---

* 王学成，上海财经大学人文学院教授、经济新闻系主任，研究方向为文化产业、媒介管理；兰天宁，美国加州大学圣地亚哥分校2022级硕士研究生；张俊杰，上海大光明院线有限公司统计员，研究方向为电影营销。

促进区域电影产业发展的必要保障。2021年6月17日发布的《中国影都竞争力指数报告（2021）》显示，长三角地区在政策得分上优势突出，其中，上海松江位居榜首（见图1-1）。①

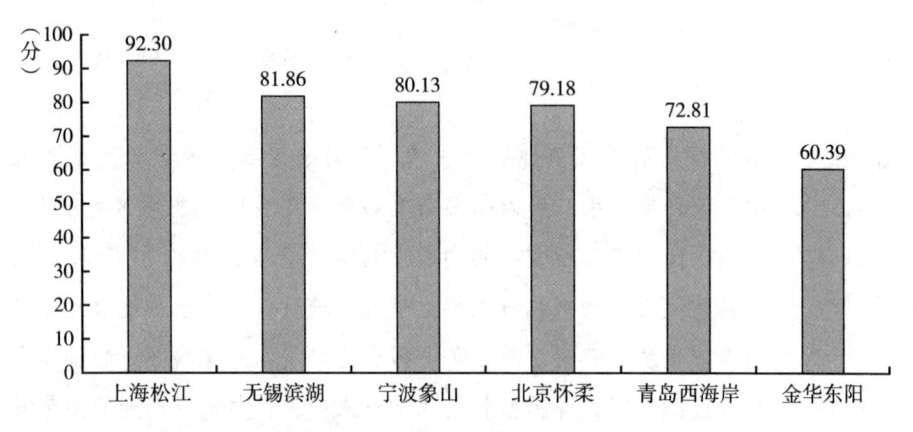

图1-1 中国影都政策法规竞争力得分

资料来源：中国经济信息社。

（一）精细精准挖掘长三角影视资源

2014年，上海推出《关于促进上海电影发展的若干政策》，其中最快落实到位的一项措施就是成立上海市影视摄制服务机构。2014年，由上海市影视摄制服务机构认定的上海影视拍摄推荐取景地有75家，2016年底迅速增加到219家，2020年突破300家。

2020年8月1日，上海市影视摄制服务机构与长三角首批17家影视拍摄基地共同宣布成立"长三角影视拍摄基地合作联盟"。这将促进长三角影视拍摄服务的协同合作与联动发展，帮助和促进影视工业产业升级，实质性地推动长三角电影产业的共同繁荣发展。

---

① 《2021中国影都竞争力指数发布》，https://baijiahao.baidu.com/s?id=1702824213244281259&wfr=spider&for=pc，最后访问日期：2022年11月10日。

（二）配合区域一体化发展战略，加强国内外影视产业合作

长三角电影产业不仅设立了"丝绸之路国际电影节""上海国际电影节""上合组织国家电影节"等电影节，2016年还联合拓展亚洲、欧洲、北美洲等许多国家的电影院线，共同建立了中国大陆影片合拍海外发行信息服务平台。这些措施扩大了中国精品影片在海外的发行，实现了中国电影从"引进来"到"走出去"的重要跨越。①

（三）应对疫情冲击，推出一系列措施以应对市场挑战

2020年3月下旬，上海电影集团、上海电影与部分投资有限公司正式成立了全国首支10亿元规模的影院抗疫纾困基金。同时，上海电影也与其他控股股东合作建立了上海影院直投公司或上海电影股份有限公司，专门负责长三角及周边地区的影院投资。

2020年2月19日，江苏省委宣传部、江苏省电影局等八个部门联合下发了《关于支持全省电影业应对新冠肺炎疫情影响促进平稳健康发展的政策措施》，聚焦电影企业实际困难和主要诉求，聚力帮助电影企业纾困解难和平稳发展，明确了加大财税扶持、加强金融支持、减轻企业负担3个方面的10条政策措施。

2020年2月26日，浙江省出台《关于积极应对疫情推动文化企业平稳健康发展的意见》，从加大文化产业扶持力度、加强文化企业稳岗和用工保障等6个方面，采取16项具体补贴和扶持措施，对文化企业进行引导。优先落实2019年度奖励放映国产影片成绩突出的影院和第四批乡镇电影院建设补助资金，安排1000万元对因受疫情影响停业的电影院及院线予以适当补贴，加大对防疫抗疫主题优秀电影作品宣传发行的扶持力度。

落到实处的抗疫纾困工程项目，对疫情期间长三角电影产业的健康发展起到了关键作用，帮助从业者度过了艰难的一年。

---

① 《中国电影从"引进来"到"走出去"》，https://page.om.qq.com/page/OUSVlSUFs5eC0Zk5abK57iQA0，最后访问日期：2022年11月10日。

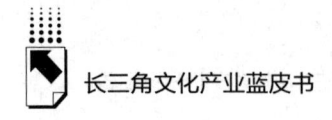

二 长三角电影产业发展现状

(一)基本数据

据猫眼电影统计,长三角地区(三省一市)2020年的票房总额约为52.30亿元,约占全国票房的25.75%,在全国票仓中占有举足轻重的地位。其中,江苏省的票房总额约为18.37亿元,占比35.12%;浙江省的票房总额约为14.91亿元,占比28.51%;上海市、安徽省相对落后,票房总额分别为11.64亿元、7.38亿元。

从各个城市占长三角地区总体票房的比例看,江苏省中苏州、南京分别占据9.15%、7.57%的票房;浙江杭州独揽10.92%的票房,成为除上海市外票房最高的城市。上海市由于疫情原因票房逊于江苏省和浙江省,占长三角地区的25.19%;安徽省的票房主要由合肥贡献,合肥是安徽省唯一一个票房破亿的城市(2.42亿),占长三角票房总额的5.62%(见图2-1)。

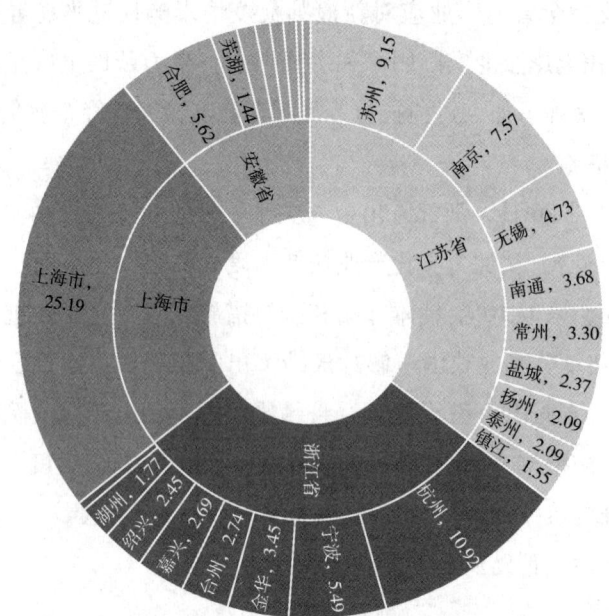

图2-1 长三角各城市电影票房占比(%)

资料来源:猫眼专业版。

（二）产业链现状

产业链往往具有很强的整体性，各个环节之间往往相互作用、相互制约。基于木桶原理，想要真正取得整个产业链的整体价值收益最大化，必须及时针对其中的一些产业薄弱环节进行综合优化，提升产业整体的协调发展能力。

长三角电影产业链中的核心参与者是制片人、发行厂家、放映厂家、后期电影产品研发商和消费者。这五个核心的参与者把长三角电影产业中密切相关的上下游企业串联在一起，既各司其职又彼此有着紧密的联系，组成了一个以电影为纽带的全新产业链和网络架构（见图2-2）。

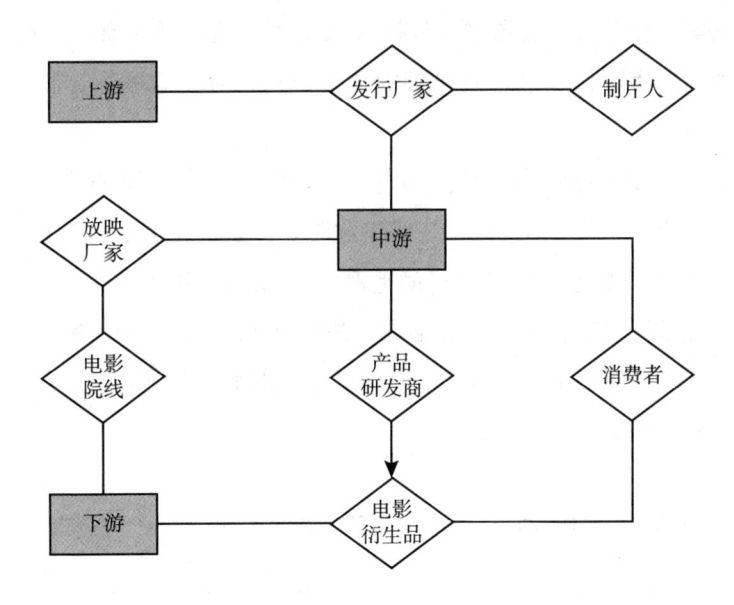

图2-2 长三角电影产业链模式

1. 上游——投资与制作

整体来看，长三角电影产业的上游具有以下两个特征。

（1）投资模式新颖多样，资本大量涌入

电影项目的投资巨大，制作成本较高，且其风险几乎完全由制片方承担。在目前长三角电影的基础性体系和产业发展链条中，一些新型的、多元化的投资模式已经出现，缓解了这一风险带来的冲击和影响。类似保底发行等模式也逐步出现，放大了电影产业的口红效应，各路资本也蜂拥进入长三角的电影产业链，想从高速健康发展的电影市场中分一杯羹。这种贯穿产业链的利益与风险共担的新型投资方式，在产业链的初级便形成了新型战略合作伙伴关系，是对现存产业链的一种优化。

（2）中小企业占多数，盈利能力分化明显

近年来，从事制片行业的长三角上市公司的经营状况和盈利能力分化明显。以下选取长三角地区文化、体育和娱乐业（一级行业）中广播、电视、电影和录音制作业（二级行业）内负责影视节目制作（三级行业）的上市公司，剔除终止上市的公司之后包括A股3家、新三板9家，共计12家经营范围囊括剧本写作、电影制作等的传媒公司，对其2016~2020年的毛利率进行分析。

从表2-1中可以看出，长三角电影上游产业上市公司的毛利率较多分布在20%~50%，但个别公司存在明显波动。读客文化、盛视天橙、郡谷文化、上亿传媒、舞之动画等公司的毛利率在2016~2020年呈现下降趋势。其中，受疫情冲击和行业竞争的影响，2019年和2020年的毛利率均创造较大跌幅，东阳天沐影业、新锐文化传媒、上亿传媒、唐德影视的毛利率达到负值，有些甚至跌至-100%以下。

表2-1 2016~2020年长三角电影上游产业上市公司毛利率统计

单位：%

上市公司	2016年	2017年	2018年	2019年	2020年
读客文化股份有限公司（A股）	51.53	51.45	49.58	44.55	37.50
上海盛视天橙传媒股份有限公司	60.68	58.89	48.39	40.83	—
上海郡谷文化传播股份有限公司	46.62	24.45	26.14	13.99	—
上海上亿传媒股份有限公司	30.47	-8.66	14.38	-148.94	8.65
上海风炫文化传媒股份有限公司	48.55	64.75	67.55	70.98	—
上海基美影业股份有限公司	-150.67	-63.93	0.19	44.95	93.27

续表

上市公司	2016年	2017年	2018年	2019年	2020年
苏州舞之动画股份有限公司	35.99	35.76	22.19	34.32	—
浙江唐德影视股份有限公司（A股）	—	47.52	8.69	-182.42	31.16
浙江新锐文化传媒股份有限公司	36.90	44.35	88.66	38.26	-69.12
浙江东阳天沐影业股份有限公司	54.42	42.78	50.14	36.24	-29.23
浙江华策影视股份有限公司（A股）	—	26.57	25.92	18.91	26.74
温州正栩影视制作股份有限公司	74.63	40.04	-26.12	50.54	—

资料来源：天眼查。

但凤炫文化传媒、华策影视、舞之动画、正栩影视以及基美影业都在2019年或2020年稳住了阵脚，毛利率不降反升。基美影业更是扭亏为盈，毛利率从2016年的-150.67%上升至2020年的93.27%，究其原因，在于其疫情期间的成本控制优于其他公司，虽然收入也因受疫情冲击而下降幅度较大，但线上观影为其业务开展拓宽了渠道，低成本的线上放映和融媒体传播为有着优秀作品的电影制作商创造了新的机遇。

2. 中游——发行与出品

在长三角地区，电影产业的发行环节和市场集中程度相对较高，中影集团几乎长期占据了其发行环节35%~40%的份额。近年来，长三角电影产业的发行和市场竞争态势逐步加剧，市场化的潜力逐渐增强，随着移动互联网而诞生的诸多第三方电影平台已经成为一股崭新的力量——在线择票、众筹、电影APP、娱乐宝等多元化产品相继问世；猫眼、格瓦拉等专门的分类网站也开始深度走入受众的生活。

第三方售票平台打通了线上线下的消费瓶颈，助力供给、需求同步扩张，做大了电影市场规模。但随着市场日趋饱和，第三方平台服务费模式的弊端也日趋凸显。当市场逐步习惯了从第三方购票的模式以后，总需求不会无限制扩张，市场将不得不在存量中寻求供需平衡点。这时仍然会有新的影院有进入市场的动机，而新进入市场的影院会进一步压低平均票价。此时，市场整体票房规模会实现最大化，但单家影院的盈利能力已经不那么乐观

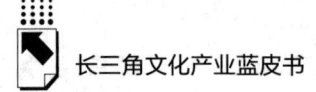

了。第三方平台采取的是每张票收取 3 元不等的服务费的模式，所以在市场整体规模实现最大化的时候，第三方仍然具有压低票价以进一步增加收入的动机。此时，虽然电影票房整体可能出现一定增长，但却是以影院终端市场的内卷为代价的。

如果整体市场的蛋糕在不断增大，那么第三方平台收取单张票 3 元的服务费无可厚非。但在市场日趋饱和的情况下，目前服务费的收费模式不利于整体市场的健康发展，也不利于影院的生存发展。影院在第三方平台面前几乎没有议价的能力，只能接受第三方以非常接近最低票价的价格进行销售结算。所以，双重的边际效应使得第三方平台和影院之间的利益没有做到最佳的分配和权衡。在第三方利益最大化的同时，并没有达到整体市场的利益最大化。

3. 下游——放映及周边

随着现代移动互联网以及信息网络技术的不断普及和快速发展，影院外其他各种信息网络传播播放模式（诸如社交网络、电视、移动端）逐渐开始受到受众的广泛欢迎。长三角地区放映的电影内容和播放方式从固定端逐渐向移动化等多方向发展，而电影在线点播或"跨屏化"播放的出现，也将是未来电影放映的一大趋势。

为了在同移动终端的竞争中赢得差异化优势，长三角影视院线正试图尝试给予观众以"氛围体验"。通过先进科技的配套设施及良好而优质的服务，使得观众身临其境——"智能影院"。智能影院以智能影院服务为经济中心，以"互联网+"数据技术作为经济发展的核心资产，结合了社交网络、新媒体渠道的营销方式，可以吸引更多的消费者，实现价值的最大化。

在长三角电影产业中，票房外的衍生品收入也逐渐成为电影收入的重要来源。产业发展需要票房收入带动与电影相关的其他产品形式的开发和销售，进而实现电影产品和收入的多样化，并有效避免过去由简单依靠票房收入的单一形式引起的市场风险，整体上大大提高了规避风险的水平与能力。

（三）长三角电影市场现状

1. 市场分布：院线集中度较高

据统计，近40家院线公司在长三角地区布局影院，占全国院线的近八成。如图2-3显示，上海联和电影院线有限责任公司占约17%的份额，霍尔果斯万达电影院线有限公司占约12%的份额，江苏幸福蓝海院线有限责任公司占约9%的份额。

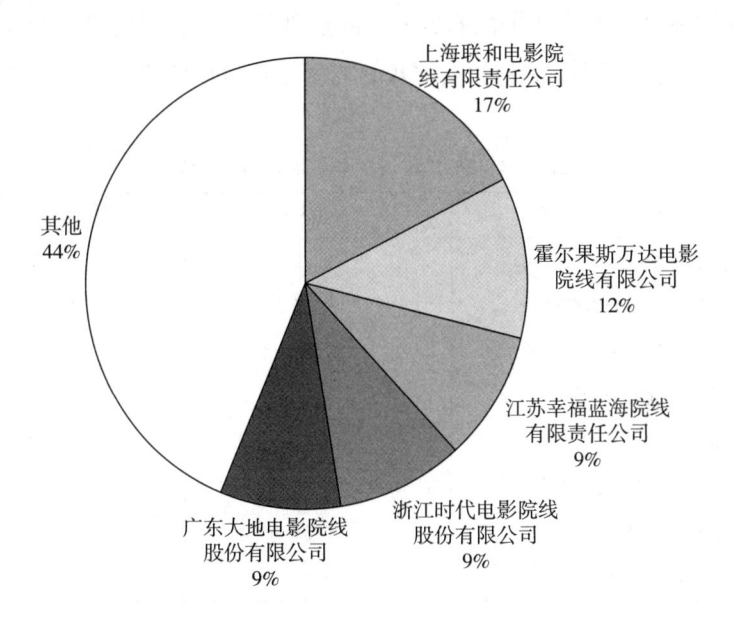

图2-3　2020年长三角地区院线票房占比

资料来源：猫眼电影专业版。

研究当前长三角电影产业在市场上的分布状况，重要维度之一便是其市场的集中程度。市场集中程度就是指在有关市场内前n家最大公司所占的市场份额。为研究长三角电影市场的集中程度，我们主要选取最直观的放映环节的院线集中度来展现整体市场的集中度特点。选择的指标为行业集中率（CR_n指数）。

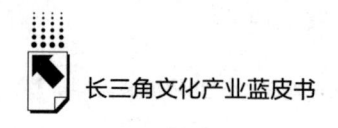

$$CR_n = \sum_{i=1}^{n} X_i \Big/ \sum_{i=1}^{N} X_i \qquad (2.1)$$

其中，X_i代表电影院线排名第i位所占的电影票房；n代表核算前n位产业；N代表整体电影产业数量。

我们选择测算的指标为CR_4和CR_8，也就是电影院线前4位以及前8位的电影票房占电影产业总票房的比例。选择的数据范围为截至2019年的票房数据。

根据猫眼电影专业版提供的数据，截至2019年，长三角电影产业总票房为169.99亿元。其中，票房排名前八的院线贡献114.45亿元（见表2-2）。

表2-2 2019年长三角院线票房TOP8

放映公司	票房(亿元)	市场份额(%)
上海联和电影院线有限责任公司	22.22	13.07
霍尔果斯万达电影院线有限公司	19.56	11.51
广东大地电影院线股份有限公司	17.23	10.14
江苏幸福蓝海院线有限责任公司	15.22	8.95
浙江时代电影院线股份有限公司	14.37	8.45
中影星美电影院线有限公司	10.25	6.03
横店影视股份有限公司	7.84	4.61
中影数字院线(北京)有限公司	7.76	4.56

资料来源：猫眼电影专业版。

根据表2-3中的CR_4和CR_8，我们可以看出，长三角电影票房市场表现为程度较高的寡占型市场结构。这说明在院线产业内，头部院线所占市场份额大，市场集中度高。大型院线企业市场竞争力强，中小型院线企业生存压力大。在2020年疫情的叠加影响下，中小型电影企业受到的冲击较大。而集电影投资、管理、院线于一体的直营制公司，如万达，受到的疫情冲击是暂时的。

表2-3　2019年长三角院线市场集中度

单位：%

	CR_4	CR_8
院线市场集中度	43.67	67.33

资料来源：猫眼电影专业版。

具体来看，长三角电影院线产业中，上海联和电影院线有限责任公司的票房占比约为13.07%（见表2-2），作为地方性院线，远远高于其他院线公司。江苏幸福蓝海院线有限责任公司、浙江时代电影院线股份有限公司同样是长三角地区院线"原住民"，市场份额也超过了8%，但份额差异较小。

通过与疫情中的数据同期比较，可以看出院线市场集中度CR_4和CR_8同时呈上升趋势，这表明在后疫情时期，电影产业的头部效应进一步加强，票房排名前8位的院线企业占据了近六成的市场。面对融媒体和线上观影的冲击，中小型院线企业的市场占比进一步被压缩。

市场份额的占比差异，来源于不同院线公司的市场竞争力差距。以上海联和电影院线有限责任公司为例，其是由上海电影股份有限公司全资控股的全产业链企业，在上海地区的影院发展和资源整合方面拥有得天独厚的优势。旗下的上海百丽宫影城（环贸iapm）和上海市永华电影城在上海地区乃至整个长三角地区的票房排行中始终名列前茅，2019年的年票房均达4500万元以上，具有一定的品牌效应和区域影响力。

根据2019年上海电影年报中披露的相关统计数据，报告期以来，联和影院在上海网络上累计实现票房收入共47.52亿元（不含服务费），观影人次达到1.29亿人次，正式加盟院线的影院总量达到678家，银幕总数高达到4205块。对比2021年的第一季度报，公司及其下属的联和影院累计拥有各类加盟电子影院共687家，银幕总数达到4422块，报告期内公司累计在一季度内实现了票房收入共11.92亿元（不含服务费），市场占有率为7.19%，观影人次达到2757.2万人次。联和院线虽然经历了2020年疫情的影响，但2021年加盟影院总数和银幕总数相较2019年却能实现一定幅度的

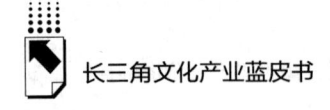

回暖上升，实属不易。

总起来看，全产业链的影视集团或不同的产业链集聚形成的影视基地或将逐渐成为后疫情时代和未来影视文化产业发展的一个风向标，而长三角地区则为全产业链影视集团的成功建立和发展提供了强大的市场驱动力。

2. 市场策略：多因素造成定价差异

长三角地区的社会经济发展程度较高，居民消费能力都远超全国平均水准，因此，长三角电影市场对比全国更多采用差别定价策略，其差异主要体现在档期、地区、数量以及票价补贴四方面。

档期差异是因为长三角地区的主力观影人群集中于80后和90后，而这类人群的集中观影时间则是节假日，从而在此市场结构上便形成了观影档期。在档期内降低票价对于观影人次的影响较小，加上档期观影需求较大，因而在档期内提高票价成为影院的普遍选择。我国经典的观影档期包括暑期档、国庆档、春节档、五一档等，在档期内放映的电影往往票房较高。

地区差异主要是长三角城市群之间以及一、二线城市和三、四线城市之间的差距。这些差距，一方面源自收入水平和消费水平的不同，一、二线城市居民的平均收入水平较高，因此在定价上比三、四线城市相对较高；另一方面则源自补贴方面，目前一、二线城市时常也会有补贴和优惠，但优惠力度相对较小。在地区差异方面，票价差异仍然取决于地区的收入水平。

数量差异则是影院行业根据销售数量的不同对票价进行相应调整。大多数影院往往根据消费大数据分析推出电影套票，如家庭电影票、情侣电影票，在一定程度上形成了薄利多销的销售模式。

票价补贴方面是指影片上映之前，片方和在线票务网站会联合营销，进行票价补贴，通过降低票价、送票等多种优惠的观影方式吸引更多的观影人群。

3. 市场整合：并购重组浪潮火热，浙江省市场地位突出

通过并购重组来实现产业链延伸或横向业务扩张是电影产业普遍采取的手段。Wind资讯统计显示，自2016年起，影视企业每年的并购重组案有近百起，涉资达百亿元规模，图2-4能够直观反映不同省份平均价值大小对比。

在长三角电影产业中，各省市上市公司的并购重组平均价值存在较大差

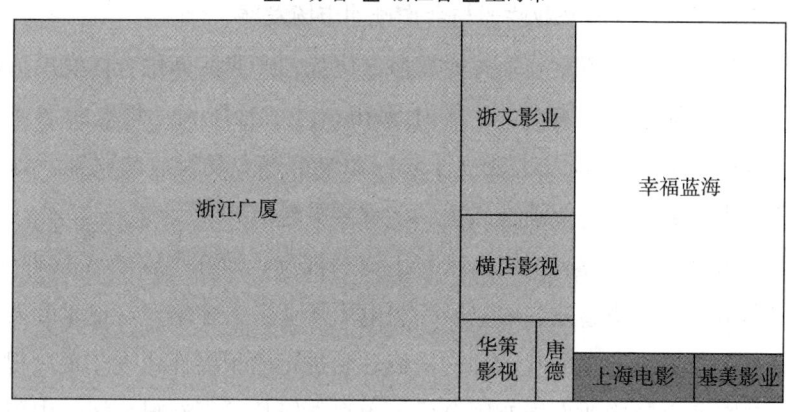

□ 江苏省　■ 浙江省　■ 上海市

浙江广厦 ｜ 浙文影业 ｜ 幸福蓝海
横店影视
华策影视 ｜ 唐德 ｜ 上海电影 ｜ 基美影业

图 2-4　长三角电影产业并购重组平均价值

资料来源：iFind。

距。2016~2020年，浙江省上市公司并购重组数量最多且平均价值最高，其中浙江广厦拔得头筹；江苏省依靠幸福蓝海的并购重组在平均价值上排名第二，但数量较少；上海电影和基美影业的并购重组平均价值相仿。

从并购重组的企业数量和平均价值可以看出，浙江省的影视企业并购重组发展较为迅速且质量较高，新兴公司较多，这得益于近年来浙江省影视基地的培养和产业协同发展的活力；江苏省幸福蓝海一家独大，有着较大的集中度；上海市发展势头持续稳定，公司多为老牌影视企业，资本实力雄厚，市场地位稳固；安徽省则缺少电影产业并购重组的上市公司，一方面可以看出其资本市场活力欠缺，另一方面也表明其电影产业有较大的发展潜力。

电影产品行业的流水迅速，各路影视行业的资本一度热潮涌动。由于意识到影视行业资金的热潮背后"脱实向虚"、盲目收购、明星捞金、业绩波动等诸多不确定的隐患，国家金融监管部门自2016年以来加强对影视行业的监管，例如唐德影视收购爱美神影视公司等并购诉讼案件纷纷被证监会予以驳回。此后，再融资相关监管也逐步趋严。2019年，证监会官方网站发布的《再融资业务若干问题解答》中首次提出"募集资金应服务于实体经济，符合

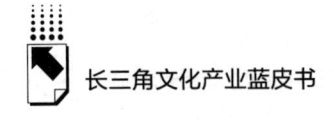

国家产业政策，主要投向主营业务，原则上不得跨界投资影视或游戏"。

4. 市场服务：区域产业联盟与合作推动市场发展

长三角电影产业还充分发挥地域协作优势，产业一体化合作发展为市场发展进一步赋能。2019年6月，在上海市举办了首届长三角电影产业发展论坛，紧接着11月在浙江省成立了长三角电影产业发行放映联盟。这些区域间协作为优秀影片的营销推广提供了重要平台。

长三角电影产业发展论坛由来自上海、江苏、浙江、安徽（三省一市）的长三角电影产业协会发起成立，是为电影从业者人才培训、技术开发、营销演出等各个方面的深度互动和交流而开始进行的积极性建设。现已得到上海红星美凯龙电影影业发展有限公司、上海电影技术厂有限公司、中影数字巨幕（北京）有限公司等多家商业影视公司的支持。

长三角地区的电影发行和影片放映合作联盟活动由三省一市的相关主管部门和事业单位共同发起，其建设有利于打通长三角地区的电影发行、院线放映等信息交流通道，建立更为高效的地区影业合作机制。

三 长三角电影产业发展特征

（一）供给：受疫情冲击较大，后期恢复迅速

电影产业的理想供给主要体现在市场上有比较充足的过审影片以及影院供观众消费。长三角电影产业一直呈现蓬勃发展的态势，但2020年受疫情影响，电影产业遭遇"滑铁卢"。

1. 疫情期间，影片数量和票房持续下降，票房向三、四线城市让渡

分析发现，长三角的电影票房数据从2019年的169.99亿元下降到2020年的52.3亿元。值得注意的是，在院线企业中，相较于2019年，具有区域性的院线，如江苏幸福蓝海、上海联和、横店影视等，2020年和2021年上半年的票房下降速度较为缓和。

在城市票房发展趋势变动方面，长三角一、二线城市占据主力，三、四

线城市有望成为下一个着力点。长三角的电影票房发展在 2021 年上半年呈现一、二线城市向三、四线城市让渡的趋势。2020 年，长三角一、二线城市的票房从主力地位下降至约占全国票房的五成，三、四线城市已占据全国 31.7%的票房。由此可见，长三角三、四线城市有可能成为电影产业发展的下一个着力点。上海市作为一线城市，在长三角电影产业发展中起着较强的带头和辐射作用，在上海资本的撬动下，上海松江区、江苏苏州和无锡等地的影视峰会和论坛如雨后春笋般纷纷开展。

2. 后疫情时期，影院数量继续上升，票房不升反降

长三角地区票房增长稳定。2021 年，全国共有 18 个省级单位票房超过 10 亿元，其中江苏省和浙江省分别位列票房榜的第二和第三，上海市位列第五，表明长三角地区有着充足的影院储备和市场需求。①

在影院规模方面，长三角电影产业在 2021 年上半年显示出较强的活力，影院规模上升较快。如表 3-1 所示，相较于 2019 年同期，2021 年上半年影院规模排前三的院线分别为大地电影院线有限公司、中影数字院线有限公司、中影南方电影新干线有限公司。此外，江苏幸福蓝海影院发展有限公司、万达电影院线的扩张速度最快。

表 3-1 2021 年上半年院线新增 TOP10

单位：条

院线	新增院线	累计院线
江苏幸福蓝海影院发展有限公司	132	479
万达电影院线股份有限公司	118	726
浙江时代电影院线股份有限公司	62	379
中影南方电影新干线有限公司	59	883
博纳电影院线有限公司	57	103

① 《2021 全国各省市票房 GDP 出炉，又是一年大洗牌》，https://ishare.ifeng.com/c/s/v002s2cYShcDmXLWHJo--nm9pq4Cjys54FFcH3L-_HHKO00FE__，最后访问日期：2022 年 11 月 10 日。

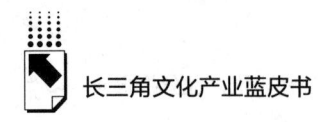

续表

院线	新增院线	累计院线
大地电影院线有限公司	54	1126
上海联和电影院线有限责任公司	54	649
中影数字院线有限公司	47	957
横店影视股份有限公司	41	471
上海华人文化电影院线有限公司	41	42

资料来源：艺恩电影智库。

与2019年同期相比，在2021年上半年院线新增TOP10中，长三角地区的影院同样占据一席之地。江苏幸福蓝海更是以新增132条院线排名第一，其他地区院线如浙江时代、上海联和、横店院线也同样在榜。结合院线规模和企业数量增减数据可以看出，长三角地区的大型影视基地在后疫情时代恢复较快，仍然可以提供强劲的供给；中小型院线则在经历冲击后或一蹶不振，或抱团取暖，走向集聚。

2021年上半年放映影院数量达到1.18万个，相比2019年同期，复合增长10%；银幕数量达到7.2万块，平均单影院银幕数为6块。这说明多厅影院建设仍主导影院增长，票房的消减来自疫情期间院线受分散排映及影院投建放缓双重影响下的去长尾效应。

（二）需求：消费水平增长推动电影产业发展

长三角地区是国内影视产品销售的重要市场。根据相关统计，目前长三角地区的影院数量约为2500家，约占全国影院数量的23%[①]。在2019年中国大陆电影票房排名前十的城市中，长三角地区的上海、杭州、苏州和南京

[①] 《10亿元！上影集团推出全国首支"影院抗疫纾困基金"》，https://www.yicai.com/news/100539860.html，最后访问日期：2022年11月10日。

占据四席。① 这些数据的背后是长三角地区主要省市优异的经济表现与领先全国的消费力。据统计，2020年中国的GDP总量已超过101万亿元，而长三角三省一市就为中国贡献了24.5万亿元，将近全国GDP总量的四分之一。在可支配收入指标方面，长三角地区的各省市也都具有优异的表现。上海市人均可支配收入超7万元，居全国之冠；浙江省人均可支配收入为5.24万元，人均消费支出超过3.1万元，排名第三；江苏省人均可支配收入为4.34万元，人均消费支出约为2.6万元，位列第六；安徽省人均可支配收入为2.81万元，人均消费支出近1.9万元。②

（三）技术研发：长三角电影产业科技资源优势突出

提高电影清晰度，提升观影者的观看体验已然是业界共识。随着中国影视市场不断扩大，电影产业竞争日益激烈，消费者对影片质量的要求进一步提高。在超高清视频产业方面，长三角超高清视频产业4K产业链初步形成，8K关键技术产品研发和产业化取得了重大突破，技术、产品、服务和应用协调发展的良好格局正在形成。

电影产业的科技进步虽然是全国范围内技术提升的成果，但是不同地区之间由于政策、经济、文化发展背景的不同，也存在很大的地区差异。长三角地区的电影科技发展一直走在全国前列，得益于长三角地区的社会经济发展以及人才资源优势。长三角中部地区目前已经坐拥两个大型综合性国家科学中心，并聚集着全国约1/4的"双一流"高校、国家重点科学实验室、国家工程研究中心，为产业创新发展提供了人才支撑。

丰富的人才资源让信息产业发展的优势转化成电影产业强劲的发展动力。电影产业与高校人才进行联动，互相提供新的发展空间。中国电影科学技术研究所已经与上海大学正式宣布建立长期战略性的技术投资合作伙伴

---

① 《长三角票房占全国1/4，苏州这个区影视动漫年产值破亿》，https://www.yicai.com/news/100846638.html，最后访问日期：2022年11月10日。
② 《亮眼成绩单的背后 长三角做对了什么？》，http://finance.china.com.cn/news/20210208/5495639.shtml，最后访问日期：2022年11月10日。

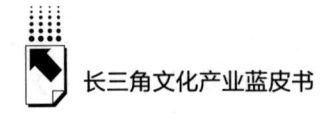

关系。

优越的区位优势使得长三角地区电影科技的进步拥有强有力的政策、人才、技术支撑。电影科技的进步又促进了长三角电影产业的发展，为其他产业的发展提供了借鉴。

四 长三角电影产业发展展望

（一）整合上下游，打造全产业链企业

长三角地区以影视剧放映服务为主营业务的影投公司正在通过各种方式向产业链上游迈进，除了在影院上做文章、提升服务水平外，也在投融资、业务合作、电影衍生品等方面发挥协同效应，致力于打造"内容+渠道"的整体产业链模式。

电影产业的特点就是高投资、高风险和高收益，影视产品的投资与制作充满了巨大的风险和不确定性。为了有效对抗这些风险，全产业链投资就成为一个必然选择。未来长三角电影产业的发展可能呈现出以下态势。

1. 实力雄厚者，整合资源，主投主控

如上影集团，其投资电影全产业链的布局更长远，愿望更强烈，资源整合的能力也更强。电影产业中具有规模和实力的企业对资源整合的愿望更为强烈，作为建设核心和主力，需要上影在业内与知名导演、编剧、制片人、演员、多个影视工作室以及其他知名影视制作公司建立良好的合作关系的同时，发掘并投资新生代演员，以保持产业活力和拓展受众群体。

此外，还应加强对优秀 IP 资源的储备和运营，获取 IP 资源的所有权，整合资源，从而提升上市公司的实力。

2. 新晋力量，跟投为主

做不到主投主控，又想在制作市场分一杯羹、取得部分话语权，可以

选择参投的方式。这也是长三角地区的金逸、横店等企业进军生产和制造市场的一种主要手段。对它们来说,参与影视的制作仅仅是一种投资活动和行为,通过影视的参与,达到了分散和降低风险、扩大收入的目的。

如今,金逸影业和广东横店国际影业分别作为多部电影的主要联合拍摄方和出品方,其融入市场的意愿和行为在包括《摆渡人》《西游伏妖篇》《羞羞的铁拳》《傲娇与偏见》《红海行动》《唐人街探案2》《捉妖记2》等在内的多部大热中国影片系列中都已经开始显现。

(二)提质增效,突破院线公司发展瓶颈

随着长三角电影市场的发展逐渐趋于饱和,电影院线公司发展的瓶颈逐渐显露出来。

院线公司作为连接片方和影院的中间环节,本身具有中介的属性。如图4-1所示,分账收入是其重要的利润来源。但其同质化较为明显,为了争夺加盟影院,容易陷入分账比例的价格战,使院线的毛利率和净利率都不能得到保障。目前院线遇到的困扰是产业模式发展到一定阶段必然会遇到的问题。

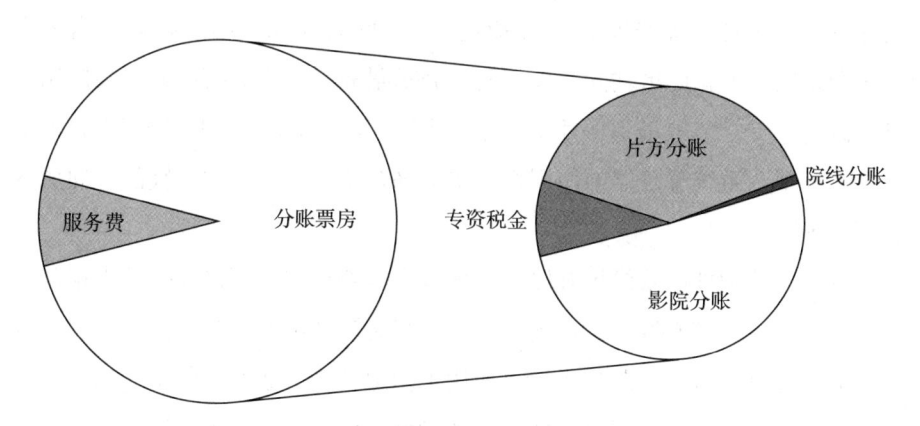

图 4-1 服务费以及分账票房示意图

资料来源:猫眼专业版、灯塔数据。

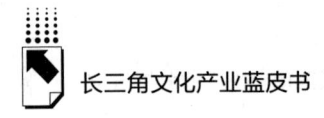

针对这一问题，管理层可以适当提高院线审批的门槛，给存量院线休生养息的机会。目前长三角院线的资金运作和管理能力存在较大的差异，随着影院总体数量的增加，其整体分账的议价能力会进一步减弱，弱势的院线被并购或者重组。但大规模的兼并未必就能产生良好的效果。一方面，美国式的兼并在中国的可行性并不高，AMC院线就是一个很好的例子；另一方面，只剩下几条院线的话，又存在着垄断的可能。

就内部措施而言，长三角院线公司需要从自身的实际经营情况出发，提高服务质量，提升品牌价值。对此，可以为影城提供日常经营管理的各种培训服务，输出管理型人才，提高自身素养；可以为新建影城提供一定的资金扶持或者免息贷款，但条件是根据相关协议进行返还，并拥有广告投放以及卖品渠道的优先权；还可以利用平台优势为影院引入流量明星或影视明星，但影院需要签署更长时间的加盟协议；等等。

（三）打破平台垄断，优化市场环境

近年来，电影产业链中第三方售票平台呈现集中度高、垄断能力强的特点。2020年7月25日，博纳影业CEO于冬在上海国际电影节中国电影产业高峰论坛发言称"票务平台服务费过高"。25日晚间，博纳影业、猫眼娱乐、淘票票三家就此事共同发表声明，表示票务平台收取的部分，长期用于支付微信、支付宝等渠道的手续费，全国近万家影院取票机软硬件的维护费、票务平台系统服务器的使用费，票务平台系统长期维护升级的各项成本费用，等等。

取票机软硬件以及维护升级的各项成本等费用完全可以通过技术革新来完成，但平台已垄断取票机市场，缺少进行更深层次技术革新的动力。比方说，第三方完全可以在影院入场口使用类似地铁刷卡或者支付宝扫描二维码的方式验票入场，配合区块链技术还能做到去中心化以及可追溯。如果考虑到影院工作人员的就业问题，也可以使用超市卖场收银员的扫码器扫码入场，打印电影票的取票机的维护成本就可以省去。

2021年起，国家管理部门反垄断政策频繁出台，其初心是为了促进电

影业更好地发展。反垄断在给科技巨头们戴上"紧箍儿"的同时,也使平台的创新浪潮一触即发。新公司的涌现不仅为市场注入新的活力,也让以BAT为首的第三方产生危机感,进而通过技术革新的手段更好地为电影市场服务。

(四)把握科技创新成果,打造数字化观影体验

1. 发力超高清制播,大幅提升影像水平

中央广播电视总台2020年启动"5G+4K/8K超高清制播示范平台"建设工程。该平台的主要建设内容包括:在总台北京广播公司的上海总部和上海国际传媒港总部建设5G+4K/8K超高清制作直播影院系统、5G超高清影院业务数据传送管理网络等相关基础配套设施。

项目总投资为4.2亿元,预期在未来2年内完成工程建设。该项目建成后,将形成年产1万小时的超高清数字电视节目设计、生产、研发、制作能力,并实现全方位对接影院在内的视频平台(牛梦笛,2020)。4K与8K技术为电影产业在电影制作端与放映端提供了更高的分辨率,满足了消费者更高的电影质量要求,而5G技术为4K与8K电影的传输与播放提供了更加快速的通道,5G+4K/8K真正达到了"1+1>2"的效果。

2. 把握大数据+AI,推动产业整体智能化

随着云时代的到来,社会被解构为大规模的数据。海量数据的获取与分析为各行业提供了发展的思路。电影产业的转型主要依托大数据与人工智能的结合,这一过程在电影的全产业链上都得到了体现。在投资环节,可以通过对以往电影及票房数据进行分析为投资者提供决策依据。在电影制片环节,大数据与人工智能的结合则体现在许多方面:剧本创作、演员选择、电影剪辑。在电影发行环节,人工智能结合大数据使宣传发行更加智能化,同时能够依托算法推荐等方法进行精准营销。面对数字化、智能化的发展方向,长三角电影产业将依靠其雄厚的经济基础和人才优势,充分把握智能化发展趋势,实现产业与网络化、智能化技术的融合,推动电影产业的快速发展。

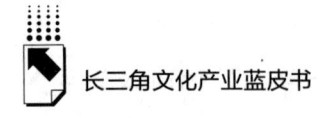

3.打造智慧影院,激发观众消费潜力

电影产业方面科技的发展不仅为电影影片本身提供了发展空间,线下观影的场所——影院——也受到科技进步的支持,进行转型升级,成为更加贴合用户需求的"智慧影院"。在电影产业放映环节,影院是真正变现的场所,也是影片市场绩效与接受度检验的场所。传统的影院主要提供人工售票、观众观影这两个环节的服务。智慧影院依托更加便利的线上服务,提供线上售票、智能取票,以及更加便捷的衍生品购买、娱乐、宣传互动等业务,将影院变成一个线下社交平台,增强用户互动性和体验感。在影院管理方面,智慧影院通过提供更多的线上服务,在节省人力成本的同时也提升了服务质量。

目前长三角地区尚未真正实现大型电影产业全面、系统的良性经营和社会可持续、健康的发展,电影产业的收入仍然在很大程度上集中于票房收入,衍生品等领域的市场开发力度不够、获利较少,缺少电影产品的开发、品牌经营方式的拓展以及电影旅游资源的发掘。在未完成全产业链的发展之前,努力朝着全产业链上游的方向进发,突破行业成长的天花板,对于长三角影院企业来说,是摆脱疫情冲击和线上观影等因素影响的重要道路。能否真正走好这一步,实现对内容和信息渠道整体的全方位把握,对于长三角地区的电影内容制作和生产企业来说,仍然有较长的路要走。

本文从电影产业的政策法规、生产要素、市场运作、科技创新等多个维度进行了考量,随着长三角电子影视产品和行业的持续快速复苏,以上海为核心的影视基地在高质量发展方面的优势将逐渐得到凸显。2021年以来,长三角区域一大批电子影视基地陆续落户。总投入近百亿元的长三角国际影视中心项目建设正在高速开展,工程施工和项目招商同步推进。但政策落实依然任重道远,不同地区之间合规性文件的落实、影视基地的合作配合等仍需要各部门的协作商议、凝聚共识。长三角电影产业要实现高质量发展,还需要产学研各界共同努力,给长三角电影圈新一轮的发展带来新的历史机遇和澎湃的前进动力。

参考文献

胡黎红，2021，《长三角电影产业一体化发展：理论思考与实践探索》，《当代电影》第6期，第61~68页。

刘海龙、管志涛，2021，《中国电影产业时空演变特征及驱动因素》，《热带地理》第5期，第943~955页。

刘亚玉，2021，《长三角地区影视基地的发展转型》，《中国电影市场》第1期，第25~30页。

牛梦笛，2020，《中央广播电视总台"5G+4K/8K超高清制播示范平台"项目启动》，《光明日报》7月23日。

庞博，2020，《中国城市电影经济集聚性探析》，《创新》第4期，第107~116页。

庞博，2021，《基于引力模型的长三角城市群电影经济格局研究》，《苏州市职业大学学报》第4期，第38~41、88页。

张宏，2022，《数字化战略对电影产业的赋能与创新路径研究》，《当代电影》第9期，第55~59页。

张小丽、韩晓黎，2021，《京津冀地区电影产业协同发展研究》，《当代电影》第6期，第53~60页。

B.7 长三角音乐产业发展报告

尤莼洁　张　宇*

摘　要： 本文关注长三角一体化国家战略下音乐产业的发展状况以及趋势，从音乐产业的宏观政策和行业现状出发，分析了长三角音乐产业的现状及其形成原因。通过对长三角音乐产业的宏观调查和微观分析，本文以数据勾画长三角音乐产业发展的特色与不足，并从国家战略的角度对长三角音乐产业的发展提出了思考与建议。

关键词： 长三角　音乐产业　数字音乐

一　长三角音乐产业发展背景

近年来，在日新月异的网络技术与政策监管的博弈过程中，国内音乐产业的发展环境正处于前所未有的变局状态。一方面，互联网技术的发展对音乐的传播起到了巨大的推动作用，随着版权制度的完善和用户付费意识的养成，数字音乐市场正快速发展，并带来了相当可观的经济增长，各种新型音乐活动、音乐艺术项目、音乐产业产品在高新技术的加持下应运而生。另一方面，在国家教育水平不断提高的当下，国民的文化鉴赏水平与日俱增，也因此产生了新的音乐文化需求，教育水平的提升也增加了高水平的产业人才，为音乐产业的发展注入了新鲜血液，提供了更多创新的动力。

---

* 尤莼洁，解放日报社数据新闻中心总监，主任记者，研究方向为传媒经营管理；张宇，上海证券报社投教中心经理，研究方向为传媒经营管理。

（一）经济实力雄厚，为音乐产业的发展奠定了基础

随着可支配收入的增长，居民用于文化市场的消费也在逐渐提升。据艾媒咨询数据显示，2020年我国音乐产业规模达4039.06亿元，同比增长2.23%；付费用户规模扩至6183万人，渗透率升至8%；文化及相关产业增加值达44363亿元，在GDP中的比重升至4.5%。[①]受新冠肺炎疫情影响，音乐产业线下业务仍未完全回暖，在线音乐获得发展红利，中国数字音乐市场规模保持稳定增长态势，预计2021年市场规模增至428.9亿元。[②]

处于长三角区域的上海市是中国经济发展的中心，在经济上处于国内领先的地位。市民每年的教育文化娱乐支出都在一个较高的水平，在2018年就达到了2786元/人，并呈现明显的增长态势，到2020年已达到3662.9元/人。[③]上海地区的消费者拥有充足的消费潜力，也为音乐产业的发展提供了旺盛的动力。上海人民在精神文化上有着较高的追求，高雅艺术的场次呈现增加的态势，民间的演出机构也在不断扩大中。

浙江省作为国内经济强省，其居民有着很高的物质生活水平，充足的消费能力和消费欲望的增长给音乐产业的增长提供了充足的动力。

（二）政策支持力度大，为音乐创新创业提供了更多空间

2015年以来，我国先后发布和修订了多项音乐产业相关政策，如《关于责令网络音乐服务商停止未经授权传播音乐作品的通知》《关于进一步加强和改进网络音乐内容管理工作的通知》《关于大力推进我国音乐产业发展的若干意见》《关于推动数字文化产业创新发展的指导意见》《国家"十三五"时期文化发展改革规划纲要》《关于强化知识产权保护的意见》《中华

[①] 《我国音乐产业环境分析：用户付费潜力凸显 技术助力内容场景化应用》，https://market.chinabaogao.com/chuanmei/062554G402021.html，最后访问日期：2022年11月10日。

[②] 《2020~2021中国在线音乐行业现状及发展趋势分析》，https://www.sohu.com/a/455392788_120536144，最后访问日期：2022年11月10日。

[③] 《中国文化及相关产业统计年鉴（2021）》。

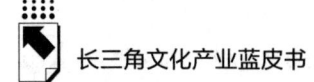

人民共和国著作权法》，提交了《关于促进我国数字音乐发展开放著作权集体管理竞争的建议》等。在一系列法规政策的指引下，长三角三省一市先后出台以上海市"文创50条"为代表的音乐产业政策，推动音乐产业结构调整与升级，音乐产业市场也在技术与政策的加持下有序发展。

上海科技企业孵化协会的数据显示，2021年上海市共有孵化器、大学科技园等457家创业园区，①其中国家级孵化器共62家。②江苏省是我国企业扶植力度最大的省份之一，其国家级孵化器的占地面积以及总量连续多年保持全国第一。

浙江省在"十四五"规划时期，编制了包括扶持音乐产业在内的文化产业政策。其重点在于发展具有江浙特色、中国气派的戏曲、民乐等演艺作品。浙江省拥有国家原创音乐基地，并针对音乐产业的发展提出包括财政补贴、人才奖励、企业入驻租金奖励、版权交易等鼓励原创音乐作品的政策。

安徽省在文化产业的扶持政策上布局很早。2014年底，安徽省人民政府办公厅颁布了《安徽省推进文化创意和设计服务与相关产业融合发展行动计划》，对文化产业提供土地保障、知识产权保护，以及充足的财政补贴和税收支持，并引导人才团队的建设培养，充分培育市场，从而振兴安徽省的文化产业。

（三）教育资源丰富，为音乐创新提供了人才储备

长三角地区"双一流"建设高校合计36所，略高于北京市的34所。其中江苏省有16所，上海市有14所，浙江省、安徽省各有3所。③教育资源和人才储备在全国范围内处于领先地位。

---

① 《2021年度上海市科技企业孵化器毕业企业名单（第一批）》，http：//www.shbia.org.cn/fhq/xhdt/tz/atta1971_b.pdf，最后访问日期：2022年11月10日。
② 《2021年度国家级科技企业孵化器名单》，http：//www.gov.cn/zhengce/zhengceku/2022-05/25/content_5692201.htm，最后访问日期：2022年11月10日。
③ 宋薇萍：《长三角36所高校入选"双一流"：他们不仅是排头兵，还是"加速剂"！》，https：//finance.sina.com.cn/wm/2022-02-14/doc-ikyakumy5948614.shtml，最后访问日期：2022年11月10日。

长三角地区每年为了吸引青年人才，在落户政策与其他扶持项目上给予了优厚的待遇，通过给予落户积分补偿、高额生活补贴、安家补助、购房补贴等方式留住高学历、高素质青年人才，从而形成了雄厚的人才储备力量。

尽管长三角地区的劳动力成本较高，但对于数字行业公司来说，技术创新型人才是推动公司更好发展的重要动力，长三角地区教育资源与人才储备的优势，极大地支持了音乐企业的发展。

（四）融合传统和现代音乐特色，为音乐产业发展提供了优良基因

长三角地区自古以来便是我国传统特色音乐的重要发源地与聚集地，传承了数百年乃至上千年的传统音乐在长三角地区形成了浓厚的音乐文化基础，对于音乐产业在现代的发展大有裨益。

根据各省市非物质文化遗产网的数据，长三角地区共有国家级非物质文化遗产传统音乐项目54种，省（市）级非物质文化遗产传统音乐项目157种，包括传统乐器（唢呐、喇叭、锣鼓等）音乐、宗教音乐以及民歌、吟诵等多种音乐形式，这些音乐形式在三省一市均有分布，但又各自拥有独特的传承形态。

早在20世纪二三十年代，上海市作为东西方文明交流的窗口便形成了具有海派风格的音乐特色，并形成了音乐欣赏的文化氛围。上海市也有着良好的音乐教育历史，上海音乐学院的前身——"国立音乐院"，是中国第一所独立建制的国立高等音乐学府。作为国内一流的音乐学府，上海音乐学院不断为长三角乃至全国的音乐产业源源不断地输送着人才。

江南丝竹在江苏省内有着悠久的历史传统，这在中国当前着力发扬民族音乐的大背景下，有良好的发展潜力。江苏省的民歌蕴藏丰富多彩，以歌唱美好生活为主题的、欢快活泼的歌曲比较多，体现了江南地区的地方文化特色，也有《茉莉花》这样广为传唱的经典作品。此外，江苏的戏曲音乐和传统说唱音乐也有着深厚的文化底蕴，江苏的昆剧音乐、苏州和无锡的评弹，都是中华音乐的瑰宝。源远流长的音乐文化传统给予音乐产业良好的生

长沃土。

作为拥有深厚戏曲音乐文化的省份,安徽省也出台了《关于支持戏曲传承发展的实施意见》等相关保护政策,来帮助戏曲音乐领域的产业发展。安徽省指出,要将戏曲传承发展纳入文化建设主要内容和年度考核指标,让戏曲音乐"活起来、传下去、出精品、出名家"的良好局面基本形成,并对此给予经费、政策、宣传上的充分保障。在戏曲音乐上,安徽省的特色——黄梅戏,是中国五大戏曲剧种之一,影响十分深远。黄梅戏自清朝末年传入安徽地区后,成功与地方艺术结合,发展成了独具特色的剧种。在这之后,黄梅戏又进一步融合了青阳腔和徽调的音乐、表演和剧目。并在随后的一百年里,以安庆为中心,发展成了全国知名的大剧种,深受广大安徽人民的喜爱。

长三角各省市传统音乐求同存异的传承模式,为各地区共同继承和发扬传统音乐营造了共同的理解语境,也为各地音乐企业相互交流和借鉴音乐作品创造了条件,有利于现代音乐作品在长三角地区的广泛传播与协同发展,更为现代音乐作品的创作提供了大量灵感与无限可能。

二 长三角音乐产业发展现状

(一)产业规模:小微音乐企业数量多,大型企业集中于江浙

2020年长三角地区共有艺术表演团体4505个,其中上海市有315个,江苏省有620个、浙江省有1236个、安徽省有2334个。从各地区的演艺机构数量来看,长三角地区音乐相关演艺机构在各地区的分布较为均匀,上海市的密度相对较大。

长三角地区各区域不同规模企业数量的分布情况见表2-1。通过表2-1中数据的横向与纵向对比,可以得出不同规模音乐企业在长三角三省一市的数量分布情况。

表2-1 长三角地区各区域不同规模音乐企业数量分布情况

单位：家

规模	上海市	浙江省	江苏省	安徽省
100万元以下	1035	3431	3419	1612
100万~200万元	165	775	523	339
200万~500万元	156	357	283	472
500万~1000万元	109	335	224	476
1000万元及以上	69	240	161	108
总计	1534	5138	4610	3007

资料来源：天眼查。

1. 浙江省、江苏省数量较多，上海市密度较大

长三角地区共有音乐相关企业14289家，其中上海市有1534家，浙江省有5138家，江苏省有4610家，安徽省有3007家，浙江省与江苏省的音乐企业数量相对较多，分别占长三角地区音乐企业总数的35.96%与32.26%。从整体密度而言，上海市的音乐企业密度为2419.56家/万平方千米，浙江省的音乐企业密度为487.01家/万平方千米，江苏省的音乐企业密度为430.04家/万平方千米，安徽省的音乐企业密度为214.63家/万平方千米。

2. 小微企业数量庞大，主要分布于浙江省、江苏省

长三角地区共有100万元以下规模小微音乐企业9497家，占长三角地区音乐企业总数的66.46%，其中上海市有1035家，浙江省有3431家，江苏省有3419家，安徽省有1612家，分别占小微音乐企业总数的10.90%、36.13%、36.00%与16.97%（见图2-1）。

3. 小型企业数量较多，浙江省占比较大

长三角地区共有100万~200万元规模小型音乐企业1802家，占长三角地区音乐企业总数的12.61%，其中上海市有165家，浙江省有775家，江苏省有523家，安徽省有339家，分别占小型音乐企业总数的9.16%、43.01%、29.02%与18.81%（见图2-2）。

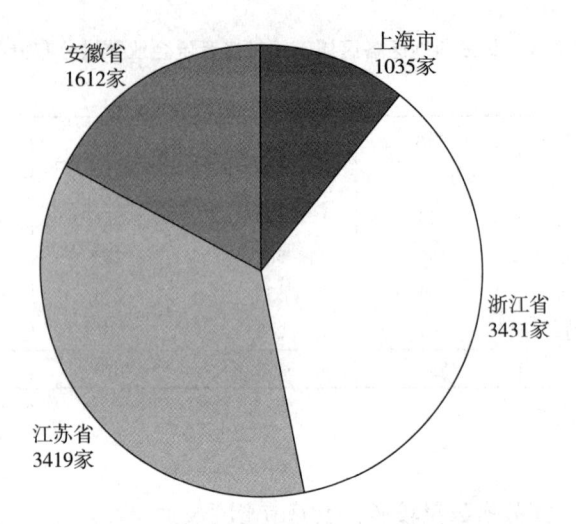

图 2-1　长三角地区 100 万元以下规模小微音乐企业数量分布情况

资料来源：天眼查。

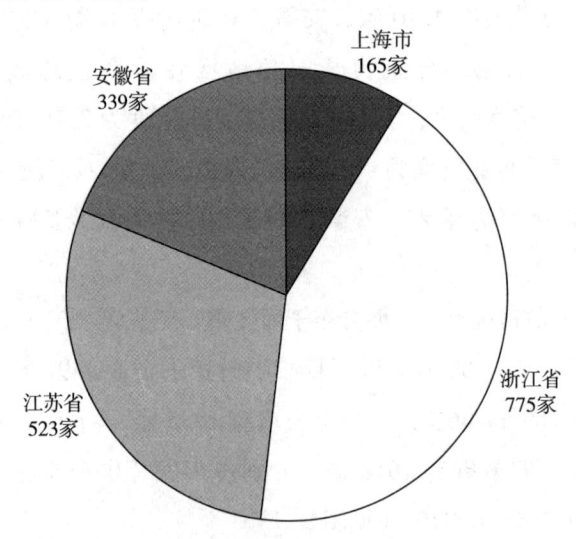

图 2-2　长三角地区 100 万~200 万元规模小型音乐企业数量分布情况

资料来源：天眼查。

4. 中型、较大型企业数量较少，安徽省占比较大

长三角地区共有 200 万~500 万元规模中型音乐企业 1268 家，占长三角地区音乐企业总数的 8.87%，其中上海市有 156 家，浙江省有 357 家，江苏省有 283 家，安徽省有 472 家，分别占中型音乐企业总数的 12.30%、28.15%、22.32% 与 37.22%（见图 2-3）。

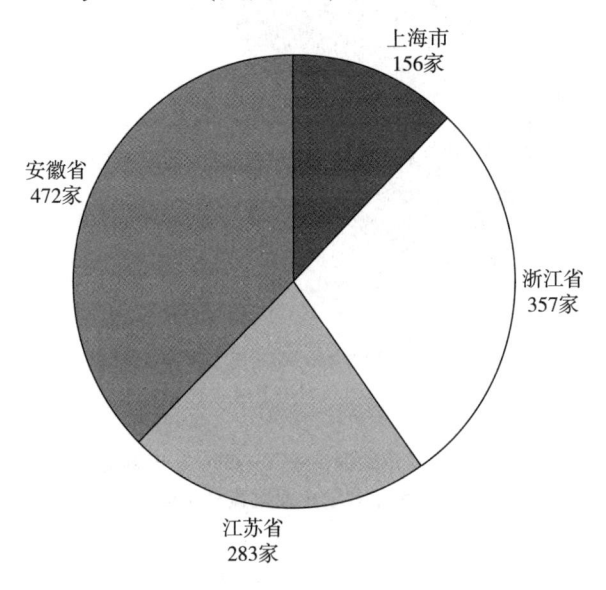

图 2-3　长三角地区 200 万~500 万元规模中型音乐企业数量分布情况

资料来源：天眼查。

长三角地区共有 500 万~1000 万元规模较大型音乐企业 1144 家，占长三角地区音乐企业总数的 8.01%，其中上海市有 109 家，浙江省有 335 家，江苏省有 224 家，安徽省有 476 家，分别占较大型音乐企业总数的 9.53%、29.28%、19.58% 与 41.61%（见图 2-4）。

5. 大型企业数量稀少，浙江省占比较大

长三角地区共有 1000 万元及以上规模大型音乐企业 578 家，占长三角地区音乐企业总数的 4.05%，其中上海市有 69 家，浙江省有 240 家，江苏省有 161 家，安徽省有 108 家，分别占大型音乐企业总数的 11.94%、41.52%、27.85% 与 18.69%（见图 2-5）。

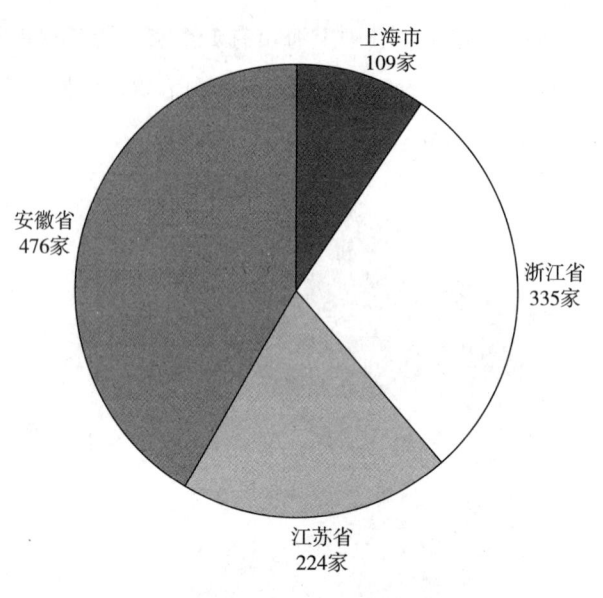

图 2-4　长三角地区 500 万~1000 万元规模较
大型音乐企业数量分布情况

资料来源：天眼查。

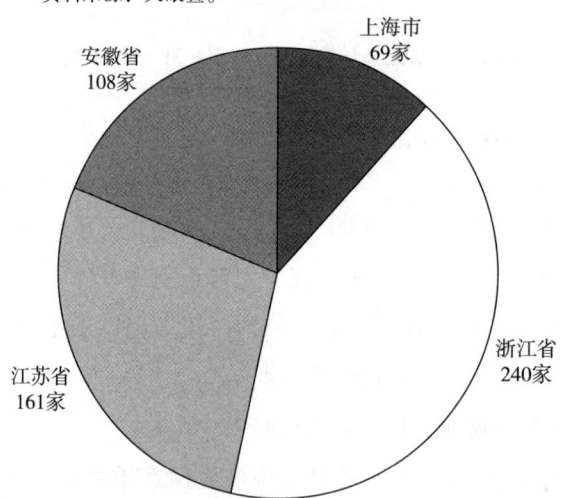

图 2-5　长三角地区 1000 万元及以上规模大型音乐
企业数量分布情况

资料来源：天眼查。

（二）空间集聚：音乐企业主要集中在中心城区或沿海发达城市

1. 上海市：集聚于中心城区

根据天眼查上查询到的数据，音乐企业在上海市各区均有分布，但集中于长宁区、徐汇区与黄浦区，而这三个地区也是《上海市城市总体规划》中明确规定的中心城区。此外，部分音乐企业靠近大型影视产业基地，为影视产品提供音乐服务，说明音乐产业与影视产业之间可能因业务上的联动而促进了其地理位置上的相近。此外，上海市设立了虹口音乐谷等大型音乐基地，但音乐企业并未在音乐基地附近出现明显的密度增加，说明目前上海市的音乐谷并未形成对于音乐企业的强大集聚效应。

2. 浙江省：集聚于省会与沿海发达城市

根据天眼查上查询到的数据，浙江省音乐企业主要集中在两大区域，分别是靠近上海且经济发达的杭州、嘉兴、绍兴一带和沿海城市宁波、温州一带，这些音乐企业集中地均经济发达且交通便利。相比之下，地处浙江省内陆的金华、丽水等城市则仅仅存在数量稀少的音乐企业，说明沿海经济发达城市比内陆城市更容易吸引音乐企业的入驻。

3. 江苏省：分布较均匀，但集聚于南部发达城市群

根据天眼查上查询到的数据，相比于其他两省一市，江苏省的音乐企业分布较为均匀，但仍明显集中在靠近上海且经济发达的苏州、南京、无锡、镇江一带，而江苏省的北方城市虽然均匀分布着部分音乐企业，但未形成规模庞大的企业集聚。这一现象说明江苏省普通地级市与其他省的普通地级市相比更易吸引音乐企业入驻，但这一吸引力仍无法与靠近上海且经济发达的苏州、南京等城市相比。

4. 安徽省：集聚于省会合肥市

根据天眼查上查询到的数据，安徽省的音乐企业重点集中于省会合肥市，其他地级市仅有零星分布，说明安徽省地级市对于音乐企业的吸引力远小于省会城市合肥。

（三）产业结构：产业链条完整，产业发展各有特色

作为从事各类形式的音乐产品的生产以及提供音乐相关服务的经营性行业，音乐产业的核心是具备创作灵感的音乐家以及音乐发售平台，二者共同组成了音乐产业的生产创作环节。此外，音乐用品制造商、分销商、零售商、经纪公司、服务公司等均是音乐产业的重要组成部分，在音乐产业的产业链中各自扮演着自己的角色（刘刚，2006）。

伴随传统音乐产业版权意识的不断加强以及数字音乐产业的不断发展，长三角地区已经明显形成了以音乐产品为基础，以音乐人、音乐平台（发行公司）、音乐经纪公司和乐器制造企业为上游，音乐培训、乐器销售为中游，音乐演出和音乐服务（KTV、音乐会所、酒吧等娱乐产业）为下游的完整产业链（见图2-6）。

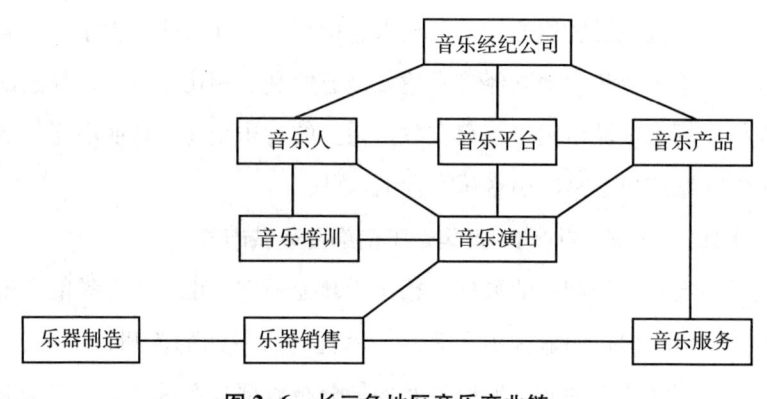

图2-6 长三角地区音乐产业链

1.浙江省：音乐平台市场集中度高，网易云音乐一家独大

长三角地区坐拥两大全国顶尖音乐平台：网易云音乐与虾米音乐。近年来，浙江省在互联网科技领域取得飞速发展，诸多互联网龙头企业都在杭州崛起。音乐产业也在互联网发展的浪潮中受益，阿里音乐、网易云音乐都是数字音乐领域的领军企业，贡献了非常高的产值。其中，网易云音乐总部位于浙江省会杭州，是一款在线移动音乐APP，上线于2013年，用户除听歌

外还可以使用打榜、评论、分享等多个社交功能。2021年前三个季度，网易云音乐总营收为51亿元，同比增长52%；毛利率首次由负转正，大幅提升至0.4%；月活用户达到1.84亿；在线音乐付费用户数达到2752万，同比增长93%。① 移动观象台数据显示，2022年6月，网易云音乐居全国移动音乐APP排行榜第四位。网易云音乐近年来的迅猛发展，大大带动了长三角地区音乐产业的整体发展。

虾米音乐同样位于杭州，于2013年被阿里巴巴收购，经过几年的发展，虾米音乐逐渐在在线音乐平台中占据了一席之地，但与网易云音乐相比差距较大。在近三年在线音乐平台月活跃率中，虾米音乐明显处于下风，平均月活跃率大大落后于网易云音乐。2021年2月5日，虾米音乐停止运营，计划继承其业务的"音螺"平台至今杳无音信。虾米音乐的退场，使得长三角地区上游产业链失去了一个同其他地区产业链竞争的有力手段，在让出市场份额的同时也给了网易云音乐继续拓展的机会。

2. 江苏省：乐器制造全国顶尖，享誉世界

长三角地区的乐器制造企业在中国乐器行业中具有举足轻重的地位。长三角地区不仅孵化了很多业内著名企业，还拥有不少全国性的行业龙头企业，如民族乐器龙头企业上海民族乐器一厂有限公司、中国乐器行业民营企业唯一一家上市公司海伦钢琴股份有限公司、中国手风琴行业龙头企业江阴金杯安琪乐器有限公司、中国乃至世界最大的提琴制造企业江苏凤灵乐器有限公司、中国口琴行业龙头企业江苏奇美乐器有限公司，还有百年钢琴品牌"施特劳斯"、百年口琴品牌"国光"等。

3. 上海市：经纪公司资源雄厚，集聚于上海

长三角地区拥有上海天娱传媒有限公司（以下简称"天娱传媒"）、上海上腾娱乐有限公司（以下简称"上腾娱乐"）等多家全国领先的音乐经纪公司，为音乐界挖掘了众多音乐新星、开创了多种新式音乐栏目。

---

① 姚天航、郑磊：《传媒行业周报：网易云音乐重启IPO，反垄断监管改善在线音乐竞争格局》，https://data.eastmoney.com/report/zw_industry.jshtml?infocode=AP202111221530485952，最后访问日期：2022年11月10日。

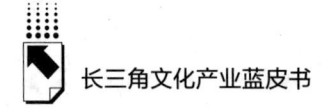

天娱传媒是全国最大且最具影响力的唱片影视传媒公司之一[①]，于2004年成立于上海，旗下拥有白举纲、华晨宇等中国顶尖歌手，主办的"超级女声""超级男声"曾是全中国最具影响力的歌唱选秀类节目，目前更是形成了"艺人—唱片—演唱会"的立体营销模式，其产品、渠道、品牌的培养模式为长三角地区乃至全国演艺公司均提供了宝贵的营销样本。

上腾娱乐由环球国际唱片股份有限公司（以下简称"环球唱片"）与上海文广新闻传媒集团共同创办，既能依靠上海文广新闻传媒集团的媒体优势，又能借助环球唱片世界顶级的音乐营销手段，旗下目前拥有薛之谦、高娅媛等实力歌星。

（四）企业绩效：数字音乐产业表现亮眼，传统音乐受疫情影响大

1. 数字音乐：上海网络音乐收入绝对领先，浙江网络音乐作品数量占据明显优势

以2019年为例，长三角地区网络音乐收入达到447.1亿元，其中上海市为422.8亿元，江苏省为1.7亿元，浙江省为22.5亿元，安徽省仅为0.07亿元（中华人民共和国文化和旅游部，2020）。上海市网络音乐收入占整个长三角地区的94.6%左右，这意味着长三角地区网络音乐商业活动基本集中于上海市，安徽省则明显落后于其他省市。2019年，长三角地区国产网络音乐作品数量达17468565部，其中上海市有2206768部，江苏省有1000428部，浙江省有14260525部，安徽省仅有844部（中华人民共和国文化和旅游部，2020）。浙江省国产网络音乐作品数量占到整个长三角地区的81.6%左右，这意味着长三角地区网络音乐创作活动基本集中于浙江省，安徽省在这方面则同样明显落后于其他省市。

2. 音乐上市公司线下业务受疫情影响业绩下滑

目前我国音乐产业共有9只概念股，分别是海伦钢琴（300329）、珠江

[①] 《中国知名唱片影视传媒机构排行榜》，http：//www.ttpaihang.com/vote/rank.php？voteid=871，最后访问日期：2022年9月20日。

钢琴（002678）、三七互娱（002555）、南天信息（000948）、中南文化（002445）、宋城演艺（300144）、漫步者（002351）、视觉中国（000681）以及浙富控股（002266）。其中，海伦钢琴、中南文化、宋城演艺、浙富控股、三七互娱均位于长三角地区，珠江钢琴、漫步者位于珠三角地区，南天信息位于云南省，视觉中国位于北京市。

海伦钢琴全称为中国海伦钢琴股份有限公司，其总部位于浙江省宁波市，主要从事琴类乐器制造；宋城演艺是中国演艺第一股，全称为宋城演艺发展股份有限公司，位于浙江省杭州市，是一家以从事商务服务业为主的企业[1]；中南文化总部位于江苏省江阴市，是一家工业金属管件研发企业，目前旗下拥有大唐辉煌、千易时代、中南影业、值尚互动、新华先锋、极光网络、成红网络、中南音乐等多家知名影视、IP版权及互联网娱乐公司[2]；浙富控股全称为浙富控股集团股份有限公司，总部位于浙江省桐庐县，主要经营项目是电气机械和器材制造业，2014年浙富控股收购了梦响强音，正式踏入音乐产业[3]。

长三角地区的四家音乐上市公司中，海伦钢琴及宋城演艺均从起步阶段便从事乐器制造、音乐演出等音乐相关经营活动，而中南文化和浙富控股均通过制造业起家，之后通过收购音乐子公司踏足音乐市场。

将海伦钢琴、宋城演艺、中南文化、浙富控股2017~2021年年报中的主要数据制图，得到长三角地区音乐上市公司近五年来的经营状况。

由图2-7可知，2017~2021年，海伦钢琴营业收入水平保持稳定，并未因受疫情影响导致营业收入大幅受损，营业收入在2020年虽有降低但保持正常水平；宋城演艺在2018年以前营业收入保持上升趋势，但在2019年

---

[1] 宋城演艺发展股份有限公司，https://www.tianyancha.com/company/60527740，最后访问日期：2022年9月20日。

[2] 中南文化，爱企查，https://aiqicha.baidu.com/s?q=中南文化&t=0，最后访问日期：2022年9月20日。

[3] 《浙富控股：同意公司与西藏璀灿星河文化传媒有限公司、自然人田明签署〈梦响强音文化传播（上海）有限公司之股权转让协议〉的议案》，http://stock.10jqka.com.cn/20140425/c565138326.shtml，最后访问日期：2022年11月11日。

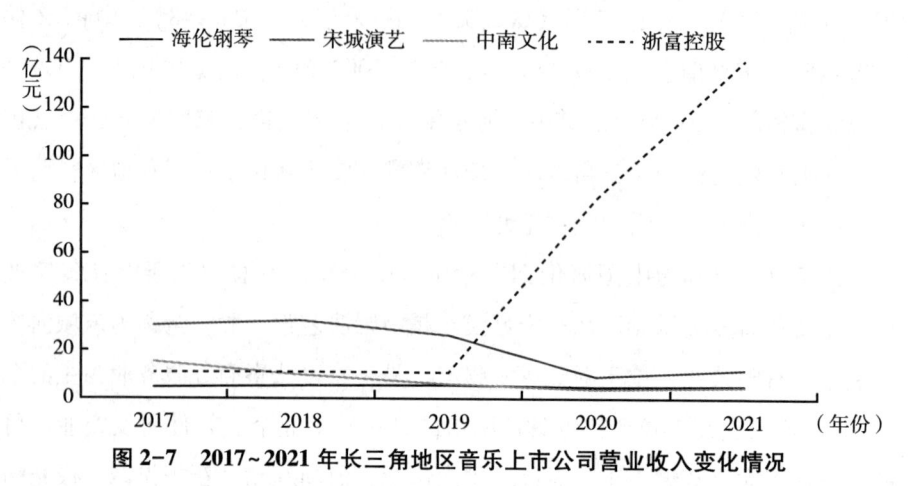

图 2-7　2017~2021 年长三角地区音乐上市公司营业收入变化情况

资料来源：天眼查。

营业收入明显降低，2020年更是受疫情影响而大幅萎缩，2021年随着疫情得到控制，营业收入回暖；中南文化自2017年以来营业收入一直处于萎缩状态，但在2021年营业收入有所回升；浙富控股的营业收入扩张势头强劲，特别是在2020~2021年，营业收入实现翻倍增长。总体看来，长三角地区音乐上市公司的营业表现差距较大，传统的音乐企业海伦钢琴和宋城演艺在2021年的表现相对较差。

由图2-8可知，2017~2020年，海伦钢琴的盈利表现平稳，作为长三角地区的乐器制造龙头企业，并未因疫情而亏损，净利润水平虽有所降低但保持正常水平，不过在2021年有所亏损；宋城演艺在疫情之前盈利水平不断提升，但在2020年线下演艺游乐活动受限的情况下遭遇巨额亏损，损失惨重，直至2021年逐步回升；中南文化在2018年与2019年遭受巨额亏损，最终在2020年实现扭亏为盈；浙富控股保持强劲增长势头，在2020年与2021年均实现超150%的盈利水平，丝毫未受疫情影响。总体看来，长三角地区音乐上市公司的盈利表现差距较大，传统的音乐企业海伦钢琴和宋城演艺在2021年表现相对较差，说明疫情对传统音乐产业的盈利能力产生了巨大的负面影响。

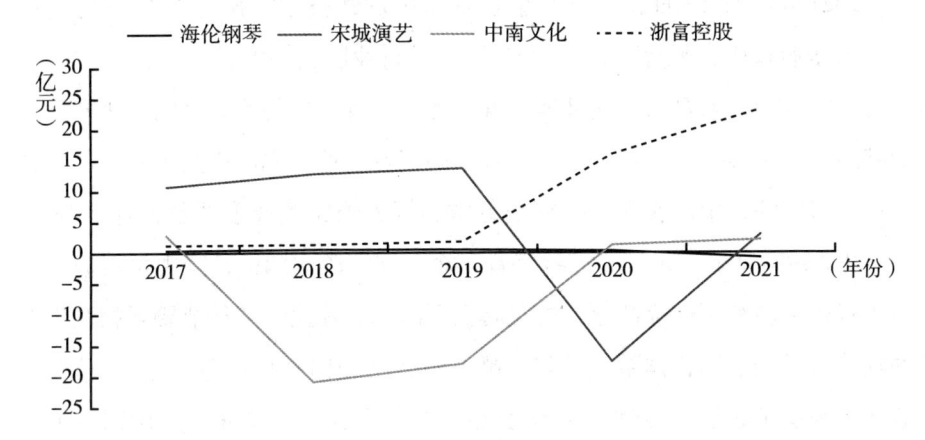

图 2-8　2017~2021 年长三角地区音乐上市公司净利润变化情况

资料来源：天眼查。

三　长三角音乐产业发展特色与不足

（一）长三角音乐产业发展特色

1. 已形成特色明显的音乐产业集聚区

为了给音乐产业的集聚式发展提供有力支持，长三角各省市均在政府与市场的双重努力下形成了音乐特色集群，这些音乐特色集群为本地音乐企业提供了更为轻松的生存环境，也为各省市音乐产业的发展提供了动力与活力。

长三角主要有四个集中的音乐产业基地，分别是上海音乐谷，浙江萧山国家音乐产业基地，江苏太湖迷笛音乐公园和黄桥乐器文化产业园，安徽省原创音乐基地与庐阳区音乐小镇。

上海音乐谷是我国 AAA 级旅游区，由上海音乐谷（集团）有限公司独立运营，坐落于上海市虹口区，于 2017 年 12 月 22 日成为我国第四个直属国家广播电视总局管理的国家音乐产业基地。

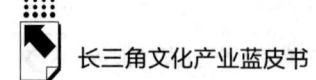

2021年5月14日，上海音乐谷基于区块链技术推出了"长三角（中国）音乐版权服务平台"，提供全流程音乐行业版权保护。①

浙江萧山国家音乐产业基地是继上海音乐谷之后的第五个国家级音乐产业基地，也是唯一一家定位于数字音乐的产业基地，先后成立了中国数字音乐产业研究院、中国音乐音视频报备中心两大国家级音乐平台。自2018年2月以来，网易云音乐等8家数字音乐企业陆续落户园区，全力发展数字音乐、音乐培训和制作等产业，构建起上下游相互呼应、各环节要素相互支撑的现代音乐产业综合体系。目前，萧山园区已经拥有超过20亿元的总营业收入，吸引了超过30家数字出版及相关企业入驻。2022年，萧山园区的企业集聚效应会进一步扩散，预计未来能吸引超200家音乐企业公司入驻，容纳超2000名高端人才。②

与上海市、浙江省有所不同，江苏省的音乐产业集聚并非以国家音乐产业基地的形式出现，而是围绕特色音乐形式形成了独特的音乐文化产业园区。

江苏太湖迷笛音乐公园位于苏州市吴江区七都镇，是江苏省首家国家音乐产业示范园区，也是国家音乐产业促进工作委员会向国内音乐机构颁发的首张牌照。自2014年起，太湖迷笛音乐公园投资了约5亿元，用于发展迷笛品牌产业集聚，包括迷笛教育（太湖迷笛音乐学校、迷笛全国音乐考级南方基地）、迷笛体验（太湖迷笛音乐公园、迷笛青年营）和迷笛演艺（太湖迷笛民谣与世界音乐节、迷笛音乐季以及其他演出项目）等，围绕迷笛品牌打造了丰富而完整的产业生态链。

黄桥乐器文化产业园位于"提琴之都"江苏泰兴黄桥镇，集生产、研发、交易、会展、艺术、培训、接待、旅游等要素于一体，拥有博览区、文化街、生产区、配套区、物流仓储区、景观区等功能区，是名副其实的

---

① 单颖文：《让有梦想的音乐人获得更多生存发展空间，长三角（中国）音乐版权服务平台在国家音乐产业基地上海音乐谷揭牌》，https://www.163.com/dy/article/G9VNECA805506BEH.html，最后访问日期：2022年11月11日。
② 《萧山：掘金千亿数字音乐产业》，https://www.xsnet.cn/news/szjj/2020_10/3295840.shtml，最后访问日期：2022年11月11日。

"中国乐城",其"琴韵小镇"于2018年入选了全国特色小镇、江苏省首批特色小镇。黄桥镇的提琴生产及配套企业达220多家,从事和提琴有关工作的达到3.5万人,每年生产各类提琴70余万把,销往欧美等90多个国家,约占世界总产量的30%,全国总产量的70%,年产值约24亿元。①

相比于长三角地区其他省市大规模的音乐企业集聚,安徽省的音乐企业集聚呈现小而散的特点。安徽省原创音乐基地创立于2019年5月,位于安徽省合肥市包河区,内部设立音乐展演空间、小剧场、酒吧、咖啡馆、文创空间、录音棚、排练房、音乐教室、音乐展厅等设施,是融合多种业态的青年文化综合体。庐阳区音乐小镇主要开展音乐演奏、原创音乐推介、音乐考级、教学及交流活动,吸引了迷笛音乐学校等音乐教育机构的入驻,为音乐人、音乐机构与音乐消费者提供集中而便利的音乐教育与服务。

2. 龙头公司引领作用和用户集聚效应明显

(1) 音乐"龙头"企业带动区域音乐产业集聚式发展

长三角地区拥有多家音乐"龙头"企业,包括数字音乐领域的网易云音乐、乐器制造领域的海伦钢琴、演艺游乐领域的宋城演艺、出版经纪领域的天娱传媒等。这些音乐"龙头"企业为整个长三角地区的音乐产业发展提供了创业机会与环境,并带来了配套产业的繁荣,带动了区域内部相关企业的集聚式发展。

(2) 上海用户及数字音乐APP处于优势地位

从音乐市场中的用户群体来看,作为传统认知的音乐消费主力军,年轻人自然是消费市场重点关注的用户。基于上海市数据交易中心对2020年8月长三角41个城市用户在数字音乐(音频)领域中用户消费行为的调查数据显示,上海的数字音乐类APP一骑绝尘,使用人数和日均频次都远高于其他四类APP,使用人数占比和日均频次也远超长三角地区的平均水平。上海数字音乐类APP的使用人数占比是30%(长三角地区的平均占比为

---

① 《亮了!看她今天的模样》,https://www.thepaper.cn/newsDetail_forward_9515707,最后访问日期:11月11日。

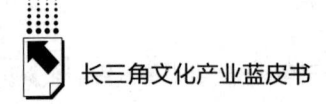

23%），日均频次占比是36%（长三角地区的平均占比为23%），职场新人是消费的主力军。除了年轻群体外，银发一族的数字音乐使用频率亦不容忽视。

（二）长三角音乐产业发展中的不足

1. 城市生活成本较高，不利于初创企业成长

从劳动力成本来看，2022年第一季度上海市的平均薪酬约为13245元，在全国仅次于北京市，同属长三角地区的杭州市、南京市的人均薪酬分别约为11388元、10627元，分居于2022年第一季度中国城市平均工资排行榜第四位和第五位。① 可见，长三角地区属于工资高水平地区，这对于长三角初创企业来说，无疑是较大的成本压力。

根据网易云音乐2021年报，我国音乐人群体数量增长迅猛。截至2021年底，网易云音乐入驻独立音乐人超40万，持续位居行业头部。与此同时，传统音乐人集聚于大城市的现象不再普遍。截至2020年底，仍然居住在一线城市的音乐人数量降低至13%，而分布在三线及以下城市甚至乡村的音乐人数量已逐渐过半。音乐人"逃离北上广"、奔赴小城市的一个重要原因固然是互联网的普及使得音乐人不再受地域限制，但其直接原因则源于大部分音乐人不稳定的低水平收入与一线城市高昂生活成本的巨大反差。据统计，每月音乐收入超过1000元的音乐人仅占总数的19%左右，而上海、南京、杭州等长三角地区一线城市的人均房租在每月1500元以上，这意味着一线城市的生存条件给了大部分音乐人过高的生存压力，不利于音乐人才的吸纳。②

2. 音乐企业营业结构差异大，音乐概念股主营业务并非音乐

截至2021年底，海伦钢琴的主营业务仍为西洋乐器制造，占比达

---

① 《耀眼的数据:2022中国城市平均工资排行榜》，https://www.isolves.com/news/sh/2022-04-20/53374.html，最后访问日期：2022年11月11日。

② 《中国传媒大学报告称52%的中国音乐人没有音乐收入》，https://news.dahe.cn/2020/12-22/777104.html，最后访问日期：2022年11月11日。

100%,其中立式钢琴营业收入占比为79.23%,盈利占比为77.94%,是海伦钢琴的主要营收手段。此外,海伦钢琴仍以国内市场为主,国外市场收入占比仅为12.38%。① 宋城演艺的主要收入来源为现场演艺和旅游服务,分别占其总收入的85.22%、14.78%。在宋城演艺拥有的8个旅游区中,位于总部的杭州宋城旅游区业绩最佳,贡献率达到41.01%。从地区来看,总部所在地浙江省的贡献率达到55.78%,说明宋城演艺对总部周边的吸引力更高,辐射效果更佳。②

相比之下,截至2021年底,中南文化的主营业务仍为机械制造,文化传媒的营业收入占比仅为1.44%,利润占比仅为4.59%;③浙富控股的主营业务为生态保护和环境治理业,营业收入占比达到92.81%,其音乐相关活动被归为"其他"类中,仅占0.45%。④ 可以说,虽然中南文化和浙富控股归属于音乐产业概念股,但本质上仍是现代制造业企业。

3. 部分音乐产业园区的集聚效果尚不明显

从上海的音乐产业园区来看,虽然上海国家音乐产业基地努力打造一系列大型活动,积极推动上海音乐企业的集聚发展,但目前效果仍不明显。2018年,上海国家音乐产业基地共入驻524家企业,其中音乐相关企业有209家,占比约为40%,从业人员共6288人,其中音乐从业人员有440人,仅占7%,相比之下,北京、广东和成都的国家产业音乐基地的音乐从业人数均占50%以上。⑤ 从这一数据来看,上海国家音乐产业基地在音乐企业集聚方面的成效并不显著,仍落后于其他三个老牌音乐

---

① 证券之星,https://stock.quote.stockstar.com/stockinfo_corp/business.aspx?code=300329&dt=2021-12-31,最后访问日期:2022年11月11日。
② 证券之星,https://stock.quote.stockstar.com/stockinfo_corp/business.aspx?code=300144&dt=2021-12-31,最后访问日期:2022年11月11日。
③ 证券之星,https://stock.quote.stockstar.com/stockinfo_corp/business.aspx?code=002445&dt=2021-12-31,最后访问日期:2022年11月11日。
④ 证券之星,https://stock.quote.stockstar.com/stockinfo_corp/business.aspx?code=002266&dt=2021-12-31,最后访问日期:2022年11月11日。
⑤ 《〈2019中国音乐产业发展报告——音乐产业集聚区发展专题报告〉详细解读》,http://www.cnmipc.org.cn/show/?id=330,最后访问日期:2022年11月11日。

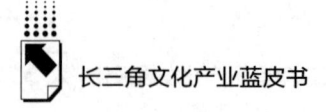

产业基地。

再以安徽省为例,安徽原创音乐基地和庐阳区音乐小镇虽然吸引了部分音乐相关人员与团体的入驻,但尚未形成完整的音乐产业链,无法依托现有音乐文化辐射周边,形成大规模的音乐企业集聚,对音乐产业发展的带动作用有限。

4. 音乐产业的一体化尚需深入

2021年10月20日,长三角城市经济协调会第二十一次全体会议在江苏省徐州市召开。会议指出,城市经济协调会将紧扣"三大使命、七项任务"的战略要求,紧扣"一体化"和"高质量"两个关键,从城市合作的实际需求出发,进一步提升服务水平,完善协同机制,促进城市合作,相互赋能,以一体化的思路和举措打破行政壁垒、提高政策协同,让要素在更大范围内畅通流动,发挥各地区比较优势,各扬所长,实现更合理分工,凝聚强大合力,促进高质量发展,共同把长三角城市群打造成强劲活跃增长极。

然而,对于音乐企业而言,是否迎合区域政策拥抱区域一体化趋势主要取决于投入与成本是否成正比。以小型乐器制造厂商为例,区域一体化能够帮助他们拓宽贸易渠道,寻找更合适的原料供应、物流、劳动力等,从而降低成本,扩大贸易规模。而对于已经形成规模集群的六大乐器制造基地而言,它们已经在各自的"领地"内实现了小规模一体化,原料、物流、劳动力等成本已经基本降到最低水平,而且其贸易额已经基本占据国内、国际市场的大头,一体化为这些大型乐器制造基地带来的收益有限,这种情况限制了长三角音乐产业一体化的发展。

四 长三角数字音乐产业发展态势

自2021年初以来,伴随着新冠肺炎疫情防控态势的不断变化、新型科技产品的大量问世、音乐政策的相继出台、互联网资本的大规模进入等,长三角数字音乐产业的发展呈现出不同以往的新态势。

（一）受疫情影响，音乐企业数量和音乐演出活动持续下降，线上音乐演出成为突破方向

根据企查查的数据，长三角地区三省一市在2011~2020年新增音乐企业数量如图4-1所示。

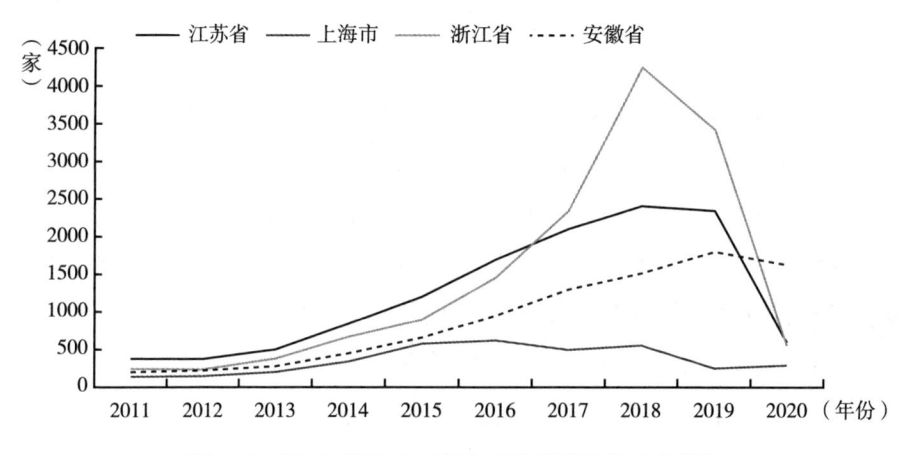

图4-1　2011~2020年长三角地区新增音乐企业情况

资料来源：企查查。

从图4-1可以看出，2011~2018年江苏、浙江、安徽三省新增音乐企业数量均呈明显上升状态，且浙江省的增长速度最为迅猛，其次是江苏省，说明浙江省与江苏省对于音乐企业的吸引力更大，安徽省的竞争力略次。上海市每年新增音乐企业数量基本保持在500家左右，变动幅度不大，这一现象有可能是因为上海地区企业运营成本高、准入门槛过高导致新增企业数量受限。2019~2020年，受疫情影响，全国经济状况均有所下滑，江苏、浙江、安徽三省的新增音乐企业数量下滑明显，说明新冠肺炎疫情对音乐产业同样产生了较大冲击，音乐产业新势力进军速度放缓。

中国演出行业协会发布的《2021全国演出市场数据分析》显示，2021年上半年全国剧场演出和大型演唱会、音乐节演出市场已明显走过止损临界点，但由于7月接连发生的局部疫情以及多地出现的极端天气，国内演出市

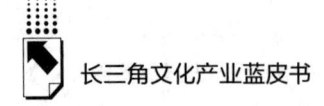

场热度上扬的态势受抑，第四季度再次出现的多地疫情导致大部分地区均有不同程度的剧场设施关停、演出取消和延期情况。

以演唱会、音乐节市场为例，长三角地区是我国音乐演出的活跃地区。2021年，全国大型演唱会、音乐节演出总场次为500万场，票房收入为19.98亿元，平均票价为660元。其中，音乐节项目票房、场次综合排行榜中，草莓音乐节、国潮音乐嘉年华、MDSK音乐节、迷笛音乐节位列排行榜前四。[1]

新冠肺炎疫情发生后，线下演艺事业遭受重大打击，2020年上半年几乎所有演艺活动都宣布推迟或取消，下半年的演艺活动恢复情况也不乐观。以宋城演艺为例，2020年1月宋城演艺宣布暂停运营，直至当年6月才逐渐恢复营业，最终2020年全年仅实现营业收入9.03亿元，同比缩水了近七成；全年实现净利润-17.67亿元，亏损数额是2019年利润总额的两倍之多。[2] 疫情迫使音乐平台与音乐人打破过去的音乐传播渠道，努力寻找数字音乐的"互联网+"传播模式，扩充线上数字化的文化供给品类，引发"云上文化"热潮。陈奕迅、孙燕姿、五月天、刘若仪、TFBOYS、Billie Eillish等艺人纷纷把演唱会开到了线上，进一步推动数字音乐产业发展模式的更迭优化。

（二）音乐新势力推动音乐产业发展

2019年末，互联网科技企业哔哩哔哩开始新一轮的数字音乐布局，一方面推出"音乐星计划"，为上海数字音乐产业吸引更多后备人才；另一方面与索尼音乐娱乐正式达成战略合作，为数字音乐作品提供更多传播渠道与破圈途径。

2020年初，阿里巴巴宣布与太合音乐集团达成数字音乐内容合作。双方将在音乐版权、IOT智能设备、在线K歌等领域开启数字音乐内容合作新

---

[1] 《中国演出行业协会：2021全国演出市场数据分析》，http://www.199it.com/archives/1426683.html，最后访问日期：2022年11月11日。
[2] 天眼查。

模式。阿里巴巴创新业务事业群旗下的虾米音乐、天猫精灵以及短音乐创新产品鲸鸣、唱鸭将获得太合音乐旗下艺人歌曲授权和内容解决方案。①

（三）区域一体化为音乐产业协同发展提供了动力

2019年5月，《长三角地区一体化发展三年行动计划（2018—2020年）》发布，要求长三角三省一市实现相互通达的综合交通体系、强劲的能源互济互保能力、先进的创新驱动能力、高效通畅的信息网络以及有序透明的市场环境，这些目标无疑为长三角音乐产业的协同发展扫除了诸多障碍，为音乐产业实现互联互通、共建共享提供了有力支持，特别是伴随着长三角地区信息网络越发通达与协调，将大大有利于优秀音乐作品在长三角地区的传播。

除了交通、基础设施、市场等的协同与资源共享之外，制度上的协同也为音乐产业的发展提供了条件。如2019年8月29日，上海音乐谷（集团）有限公司分别与中国音像与数字出版协会音乐产业促进工作委员会、上海师范大学音乐学院、上海世界音乐季组委会签订了《战略合作协议》，积极组建"长三角音乐产业联盟"。② 2021年5月13日下午，以"创新浙军'音乐+'产业，助力诗路文化"为主题的浙江省音乐产业发展联盟会员大会在杭州艺创小镇举行，宁波10家企业成为首批会员③。2021年5月，"长三角（中国）音乐版权服务平台"上线，它基于区块链、人工智能等新型数字化技术，对音乐作品内容进行存证、确权、监测等，从而为原创音乐人维护版权提供便利。音乐作品版权保护措施的越发成熟，为音乐创作者与音乐发行机构提供了来自官方的有力帮助，为音乐原创活动赋予了更多生机与动力。

---

① 《阿里与太合音乐集团达成合作 开启数字音乐内容合作新模式》，http://www.ce.cn/xwzx/gnsz/gdxw/202003/11/t20200311_34466860.shtml，最后访问日期：2022年11月11日。
② 杨海乾：《2019上海国家音乐产业基地暨上海音乐谷发展大会在沪举行》，http://music.china.com.cn/2019-09/02/content_40881544.htm，最后访问日期：2022年11月11日。
③ 宣瑾、瓜瓜：《浙江省音乐产业发展联盟成立，宁波10家企业成为首批会员》，https://www.sohu.com/a/467025798_121117494，最后访问日期：2022年11月11日。

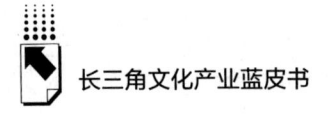

参考文献

李小莹,2020,《对我国音乐产业发展现状的观察与思考》,《音乐探索》第2期,第85~89页。

刘刚,2006,《中国音乐产业价值链问题研究》,硕士学位论文,中国地质大学(北京)。

吴丹、于兰英、殷瑛,2021,《我国音乐产业集聚区的建设现状与发展建议——评〈中国音乐产业集聚区建设发展研究〉》,《科学决策》第1期,第97~98页。

杨雅茗,2021,《中国音乐文化产业发展及其价值导向》,《四川文化艺术研究》第00期,第138~142页。

张丰艳,2016,《中国音乐生态圈的现状问题与产业发展研究》,《中国版权》第2期,第50~54页。

中华人民共和国文化和旅游部编,2020,《中国文化文物和旅游统计年鉴(2020)》,国家图书馆出版社。

专题报告

The Special Reports

B.8
长三角文化创意集聚区发展报告

吴淑凤　杨宇清*

摘　要： 本文选取长三角地区作为研究对象，首先分析过去创意城市与空间生产的关系，并梳理中央政府和地方政府层面的相关政策，在此基础上介绍长三角文化创意产业集聚区的发展背景。然后总结长三角文化创意产业园区的企业情况，描述产业集聚区文化创意的分布情况，以探讨空间生产的变化对城市转型的影响，包括城市更新。最后，本文以长三角地区三省一市的文化创意产业集聚区为案例，总结分析了相关产业链的集聚发展模式，并提出了在新的发展模式下进一步促进文化创意产业集聚发展的建议。

关键词： 文化创意产业　集聚区　空间生产

---

* 吴淑凤，上海财经大学人文学院经济社会学系副主任、讲师，研究方向为经济社会学、城市社会学；杨宇清，上海市虹口区凉城新村街道办事处社区文化活动中心九级管理员，研究方向为文化创意产业。

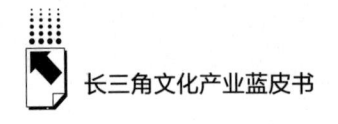

一 长三角文化创意产业集聚区发展现状

（一）上海市文化创意产业集聚区的发展现状

上海市文化创意产业集聚区的发展历经两个阶段。一是在20世纪90年代末至21世纪初的探索阶段，基于城市经济空间重组和历史文化遗产保护的双重作用，文化创意产业集聚区的发展成为一个焦点。以废旧厂房为据点，以文化创意为内核，投入少且见效快，兼顾文化保护传承与开发利用的发展路径得到认可。二是2004年至今的规范化建设阶段，上海市文化创意产业集聚区的建设得到政策支持，同时中央出台的一系列推进文化和产业发展的战略举措，也为上海市建设文化创意产业集聚区提供了制度和政策保障。这也表明上海市文化创意产业集聚区的发展已经开始由自发建设向政府规划指导转变；从低投资、低成本的发展模式向高投资、高科技附加值的发展模式转变。

2017年，上海市人民政府印发《关于加快本市文化创意产业创新发展的若干意见》，提出文化产业发展的5年规划，计划在5年内将文化创意产业增加值提高到全市生产总值的15%左右，基本建成现代文化创意产业重镇；计划到2030年，基本建成具有国际影响力的文化创意产业中心，文化创意产业增加值在全市生产总值中的占比达18%左右。同时对具体产业领域提出了建设全球影视创制中心、打造亚洲演艺之都、建设全球动漫游戏原创中心等战略目标。围绕着这些战略目标，上海市已经打造了由东向西的文化创意产业发展轴，这一轴线与沿中外环新经济圈，沿黄浦江、苏州河文化创意发展带以及其他多个地区相辅相成，形成了"一轴一圈两带多区"的文化创意产业投资地图。

从文化创意产业的表现上看，上海市文创产业增加值占全市GDP比重目前已近13%，全市已有市级文创园区共149家，总面积达到836万平方米，入驻文创企业共2万余家，入驻企业创造的税收超过300亿元，支柱产业地位日益凸显。① 2020 年，上海市文化创意产业实现增加值2389.64 亿元，占 GDP 比重为 6.1%，占我国文化及相关产业总增加值的比重为5.31%。②

（二）江苏省文化创意产业集聚区的发展现状

江苏省作为经济大省，就经济总量而言，目前在全国排名第二，庞大的经济总量为文化产业的发展提供了良好的基础。在努力提升经济竞争力的同时，江苏省注重提升文化软实力，充分发挥文化创意产业设计的支柱作用，调整产业结构的优化升级，将江苏省建设成为文化创意设计强省。数据显示，2021 年，江苏文化及相关产业增加值达到5800 亿元以上，占GDP 比重达5.01%，居全国前列；③ 2022 年上半年，江苏省净增文化企业共1488 家，增长18.3%；文化投资运营、新闻信息服务两个行业延续第一季度快速增长态势，比上年同期分别增长19.4%、14.6%；内容创作生产、文化装备生产、文化传播渠道、文化辅助生产和中介服务、文化消费终端生产、创意设计服务六个行业的营业收入继续保持平稳增长，比上年同期分别增长6.5%、5.4%、3.1%、2.3%、2.2%、0.2%。

江苏省文化创意产业发展比较迅速。目前，江苏省拥有各类文化产业园区（基地）共200 多家，其中南京秦淮特色文化产业园区、无锡国家数字电影产业园区等16 家产业园区是国家文化产业示范基地。南京、常州、无锡、苏州4 个国家文化和科技融合示范基地，累计入驻文化企业超2000 家，全面推进荔枝广场、荔枝文创、荔枝文旅三大品牌载体建设运营，为内容生产及文化创意产业提供有力的平台支撑。江苏省积极建设文化强国先行区，提出建设"两中心三高地"，并将数字化作为江苏省文化产业的重大战略方

---

① 《上海文创产业园动能澎湃，持续孵化新经济"增长极"》，https：//baijiahao.baidu.com/s?id=1741088968907435747&wfr=spider&for=pc，最后访问日期：2022 年4 月20 日。
② 《上海市委宣传部：上海文化产业发展报告（2021）全文》，https：//www.163.com/dy/article/HDVBETTH0519CS5P.html，最后访问日期：2022 年4 月20 日。
③ 《解码江苏文化产业新动能："文化+"如何为高质量发展蓄能增势？》，https：//new.qq.com/rain/a/20220420A0CJU300，最后访问日期：2022 年4 月20 日。

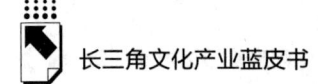

向，大力发展数字创意产业。江苏省还积极布局"三轴一圈"，以扬子江创意城市群、世界级运河文化遗产旅游廊道、沿海特色文化产业集聚区为三条轴线，推进长三角文化产业一体化发展，积极参与长三角"朋友圈"。此外，《江苏省"十四五"时期文化及相关产业重点项目清单》共发布重要创新载体、重点产业项目、文化基础设施、文化保护传承及文旅融合项目四大类共计192个项目。通过不断优化文化创意产业结构，来提高以文化艺术服务、数字内容、创意设计服务等高附加值领域为主的文化创意产业比重，鼓励助推民营企业不断发展壮大，成为文化创意产业在江苏省发展的新力量。

（三）浙江省文化创意产业集聚区的发展现状

作为一个沿海经济大省，浙江省文化资源丰厚，经济实力强劲，为文化创意产业的深化发展提供了较好的基础条件。浙江省是中央同文化和旅游部文化体制改革的试点省份，也是国家非物质文化遗产保护、文化信息资源共享工程试点省，其文化产业发展处于全国前列。在文化产业政策层面，浙江省先后制定了《浙江省旅游产业发展规划》《浙江省文化产业人才发展规划（2017—2022年）》《浙江省文化改革发展"十四五"规划》等文件，推动文化创意产业的发展，致力于发挥其在转变经济发展方式方面的主导作用，以期实现从文化大省向文化强省转型，省会城市杭州在发展文化创意产业方面一直走在全省前列。据统计，2018年，杭州市建有11个国家级文化产业重点平台、24个市级文创园区和35个文创楼宇，用于发展文创产业的空间面积累计达1000万平方米，集聚各类文创企业达6000余家，文创产业园区年均创造产值达1000亿元以上。① 2020年，杭州市文化创意产业增加值达2285亿元，比上年增长8.2%②，占GDP的比重为14.2%，产业规模稳步扩

---

① 《全国第3！杭州的文创产业实力持续增强》，https://www.sohu.com/a/279862648_100020953，最后访问日期：2022年1月5日。
② 《杭州文化产业：2020年增加值达2285亿元，比上年增长8.2%》，http://zj.ifeng.com/c/83OebQ9sXyB，最后访问日期：2022年7月24日。

大。温州也积极打造浙江创意园，将文化元素与温州的山水文化相结合，拓展现有文化创意产业构架，与本地优势产业有效联动，促进温州创意产业发展迈上新台阶。

（四）安徽省文化创意产业集聚区的发展现状

安徽省委省政府高度重视文化创意产业的发展，十分重视融入长三角一体化的重要契机，培育国民经济和支柱产业被确定为建设文化强省的重要途径之一。2017年，安徽省出台《"十三五"时期文化改革发展规划》，提出到2020年，基本建成便捷高效、覆盖城乡的现代公共文化服务体系，完善文化市场体系以更好地提高文化艺术创作水平，推动文化产业成为支柱性产业以提升文化影响力。

近年来，安徽省通过不断优化发展环境，加大重大项目投资力度，实现文化产业升级，推进新型文化企业的业态和消费模式转变，促进省内文化产业快速融入长三角一体化的文化产业升级转型发展。目前，安徽省拥有规模以上数字创意企业共1256家，2021年产值达到824亿元。①

在长三角三省一市中，安徽文化产业的发展相对落后，但发展速度较快、发展潜力较大。省内文化产业发展呈现出规模以上文化制造业主导地位突出、贡献率高，文化服务业发展迅速的特点。安徽省文化产业的发展集中在芜湖、合肥、铜陵、马鞍山等城市，其中铜陵、芜湖、宿州、马鞍山、阜阳等9个城市规模以上的文化企业营业收入增长率超过全省平均水平，增幅均超过20%，合肥、滁州、芜湖等7个城市规模以上的文化企业营业收入占到全省总量的81.1%。在安徽省文化产业的发展中，民营企业表现亮眼，科大讯飞、芜湖方特和禾泉农庄等民营企业在安徽省委宣传部、省文化和旅游厅与省新闻出版广电局联合举办的"安徽优质民营文化企业"评选中荣获"明星企业"称号。

---

① 《文化赋能"安徽制造"》，http://www.ahcid.com/p/11206.html，最后访问日期：2022年1月29日。

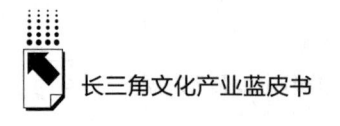

二　长三角文化创意产业集聚区发展特点

文化创意产业集聚区主要是在政府的支持规划指导下发展起来的一种新型聚集模式，以区域内的文化资源为载体，以优惠的产业政策为支撑，吸收多元文化生产要素，吸引投资，集聚国内外艺术家、文化产品经营者和文化组织规划者，营造文化氛围，创造文化特色。

在政策引导和金融投资的双重刺激下，长三角文化产业保持了良好的发展态势，积极利用经济增长放缓和绿色经济带来的倒逼机制，大力发展具有节能减排优势的文化产业。文化创意产业发展迅速，并从资本投资中受益。文化产业集聚区在政府总体规划的指导下，承载着大量文化产业新业态的发展趋势，是进一步推动长三角文化产业综合发展的重大突破。

（一）完整的工业体系、雄厚的经济实力为文化创意集聚提供了基础

长三角地区约占中国国土总面积的 3.8%，拥有中国最完整的工业体系和最好的城市化基础，是中国文化产业发展的一个核心支撑区。长三角城市群发展蕴含巨大潜力，其工业和文化发展模式具有典型意义和示范效应。

在经济社会融合一体化发展的基础下，文化要素将成为未来凸显城市竞争力的核心要素，文化资源也将成为城市间经济社会竞争发展的重要资源。目前，全国文化产业正在突破行政区划的束缚，向全国文化市场一体化方向发展，区域性的文化市场逐步发展成为相互关联的全国性大市场，各省市间既有异常激烈的竞争，又有不可或缺的合作。

地理位置为创意经济提供了先决条件，创意经济重塑了场所和空间。莫里奇指出，地域文化和城市文化历史是影响区域创意产业集聚的重要因素，创意产业园区作为当代经济秩序中出现的新空间现象，主要受到企业经济动机和区域发展政策的驱动，创意企业与个体的空间行为最终导致了创意产业

集聚区的形成和成长。长三角地区的经济发展迅速,文化和创意经济在生产中迅速崛起,消费以及与地理空间的关系方面和传统行业有着很大的区别。正如佛罗里达的"创意阶级"理论所指出的那样,当前的创意经济展现了一种与城市独特的关系,即当前的城市增长很大程度上依赖于创意经济的增长动力,这种增长动力通常被称为城市的"宜人性"和"创新气候"等流行的概念。佛罗里达教授提出了3T理论,即技术、人才和创造环境三要素,指出创意社会阶层是创意经济形成的根本动力体系,优秀创意企业投资的区位因素将成为大批创意人才是否选择居住的关键。

(二)产业集聚规模与质量位于国内前列,集聚效应明显

目前,长三角文化创意产业集聚区的发展速度和规模位居中国前列,文化创意产业的集聚效益日益凸显。

在长三角区域,上海市具有龙头作用。上海市发布的《上海市国民经济和社会发展第十四个五年规划和二〇三五年远景目标纲要》中明确提出,"建设高品质园区载体,实施特色产业园区培育工程,布局一批高能级专业化特色园区,推进一批重点园区整体转型升级""深化园区合作机制,推动园区共建、产业共育、利益共享,促进产业链、创新链、生态链融通发展"等产业发展措施。

根据上海市文创办公布的2021~2022年度市级文化创意产业园区(含示范园区)、示范楼宇和示范空间的评估名单,上海市目前共有149家市级文化创意产业园区(其中25家为示范园区)、16家示范楼宇和28家示范空间。[①] 2021年,上海市创意和设计产业蓬勃发展,总产出超过1.2万亿元,增速近20%。[②] "十四五"时期,上海将继续加强文创产业建设,打造具有

[①] 《关于2021—2022年度上海市级文化创意产业园区(含示范园区)、示范楼宇和示范空间名单公示》,https://sghexport.shobserver.com/html/baijiahao/2021/02/04/353326.html,最后访问日期:2022年8月15日。

[②] 《产业总产出超1.2万亿元 上海将建世界一流"设计之都"》,http://www.jwview.com/jingwei/html/02-17/465026.shtml,最后访问日期:2022年2月17日。

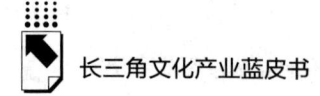

核心竞争力、国际影响力的文化创意产业中心。

江苏省政府对文化产业发展形成了广泛共识和良好氛围，文化产业增加值突破千亿元大关，进入中国第一梯队。在产业结构上，传统文化产业和数字创意产业都有新的突破；在集团建设方面，文化骨干企业在中国具有明显的领先优势。

江苏全省共有国家级文物单位6家，文化创意产品开发试点单位等省级文物单位37家①，全省共有92家上市文化创意产业公司，其中1家主板上市公司总市值超740亿元。在文化相关企业中，江苏省有35家企业和11个项目入选国家文化出口重点企业和项目，对外文化贸易规模持续扩大。②

安徽省创意文化产业基地承担了国家"十三五"战略性新兴产业发展规划重点项目，重点建设数字影视、创意设计、数字出版、生态休闲等四大战略性新兴产业，实现创意文化产业大发展。截至2022年6月底，安徽省拥有省级及以上科技企业孵化器共130家，其中国家级48家；省级及以上众创空间219家，其中国家级70家。③ 2016年，安徽合肥万达文旅城落地，该项目投资190亿元，基地承担着"下一代广播电视网"项目的全产业链开发测试和设备生产。同时依托华为、科大讯飞等龙头企业和中国科学院大学等重点大学联合形成产学研的合作关系，在合肥高新区建设"科大硅谷"核心区、高新园、"讯飞小镇"。目前，合肥高新区从业人员总数达45.6万余人，受过高等教育人员的占比为75.6%，拥有市级以上高层次人才4200余人。④

---

① 《37家成为江苏省文化文物单位文化创意产品开发试点单位》，https://www.rmzxb.com.cn/c/2017-03-22/1432972.shtml，最后访问日期：2022年1月5日。
② 《江苏文明城市数量居全国第一，文化强省建设十年成绩单亮眼》，https://baijiahao.baidu.com/s?id=1741389405195145009&wfr=spider&for=pc，最后访问日期：2022年8月17日。
③ 《安徽省新增29家国家级孵化载体》，https://ah.ifeng.com/c/8HJUPu0Rlss，最后访问日期：2022年7月2日。
④ 《"科大硅谷"来了！合肥高新区将建"讯飞小镇"》，http://finance.sc-rh.com/finance/20220627/400265384.html，最后访问日期：2022年7月10日。

（三）形成了各具特色的产业集聚发展模式

长三角文化创意产业集聚区依托其雄厚的资金实力和资本运营优势，以深厚的历史文化积淀为基础，形成了长三角文化创意产业发展模式，具有国际贸易前沿优势和政府文化体制创新优势。该模式以上海、江苏、浙江、安徽等核心省市为代表，文化资本运营能力强，以文化消费市场规模大、文化国际贸易发达、文化产业园区建设水平高、政府文化体制积极创新著称。

1. 上海市：多元化的文化创意产业集聚区发展模式

上海市的文化创意产业集聚区有以下五种具有主要代表性的模式。

一是以历史文化遗产或老旧工业厂房为基础的文化创意产业聚集区。文化创意产业集聚区建设的过程需要充分利用当地的文化遗产和相关的文化资源。上海市在文化创意产业集聚区的建设过程中，注重对当地历史文化资源的挖掘和老工业厂房设施的再利用，体现了"传承文化、再创造文化"的特点。田子坊文化产业园始建于1998年，经过多年的培育，形成了"五大文化特色"和"十大文化亮点"。田子坊文化产业园是一个典型的自下而上的建设样本。在当地居民与政府的博弈过程中，其自发形成了住房租赁与文化管理的模式。而M50创意园则是典型的以废旧工厂为基础的文化创意产业集聚区，以废旧厂房为基础建设文化创意产业集聚区是我国最典型的模式之一，这样既避免了拆建造成的环境污染，保护了历史文化建筑，又节约了社会资源，实现了城市的可持续发展，可以说是文化创意产业集聚区建设的"绿色模式"。

二是以房地产开发商为主导的文化创意产业集聚区。随着上海市房地产业的快速发展，房地产开发商聚集了大量的资金，并十分热衷于文化创意产业集聚区的发展。房地产开发商开发已成为目前最快、规模最大的园区建设模式。例如，徐汇区的X2创意空间是由20世纪80年代末的老旧工厂厂房改建而成，是为迎接世博会，将文化创意和数字文化产业作为具体创意项目，并依托数字赋能拓展文化消费新空间，打造文化融合新模式，创造文化产品新内容，营造文化产业新业态。

三是政府主导的文化创意产业集聚区。政府主导是一种自上而下的文化创意产业集聚区建设模式，强调政府在文化创意产业集聚区建设中的主导作用。政府在园区前期规划、发展定位、宏观规划、招商引资等方面发挥主导作用，在注重形成长期效益的同时重视短期文化创意品牌溢出效应的发展。

四是基于知识经济资源优势的文化创意产业集聚区，依赖于高层次创新人才的聚集。上海市在文化创意产业集聚区的建设过程中，注重挖掘本土智力资源优势，特别是抓住高校和艺术家的人力资源优势，为文化创意产业集聚区建设增添了活力。例如，环同济建筑设计产业集聚区依托同济大学的资源，形成了高校知识经济核心圈，集聚了1600多个现代服务业和配套企业，吸引了近2.4万名高素质就业人员。

五是以高新技术资源为基础的文化创意产业集聚区。文化与科技的深度融合是21世纪文化创意产业发展的突出特征，新兴的文化产业业态离不开科学技术的支持。上海市是中国重要的科技创新试验区，依托高科技公共服务平台和投融资公共服务平台，其在2005年率先成立了上海张江数字出版文化创意产业发展有限公司，以高新技术为主导的张江文化科技创意产业集聚区正在迅速崛起，成为上海乃至全国典型的高技术文化创意产业集群。

2. 江苏省：政府引导扶持与产业融合为核心的集聚区发展模式

南京聚焦"六力"，打造"创意南京"服务平台。一方面，作为省会城市，南京在发展文化产业方面与江苏省其他城市相比具有独特的优势，可以优先对全省各种文化资源进行分类。另一方面，作为全省行政权力的据点，南京文化产业还具备向全省扩张及延伸的机会，这是其他省内城市所无法比拟的政治优势。而在经济效益方面，根据表2-1所示，南京九大文化产业以新闻信息服务和内容创作生产为两大支柱，在2020年除文化娱乐休闲服务外均实现了较大幅度增长。此外，南京拥有60多所高校，820多家科研机构，为文化产业的发展提供了知识经济资源，并且拥有较完善的文化基础服务设施和法律法规，为文化产业的快速发展提供支撑。[①]

[①] 《活力南京 文化南京》，https://www.fx361.com/page/2010/0326/5458113.shtml，最后访问日期：2022年11月11日。

表 2-1　2020 年南京九大文化产业营收以及增长情况

九大分类	企业数（个）	营业收入（亿元）	营业利润（亿元）	营业利润率（%）
新闻信息服务	161	350.56	50.89	14.52
内容创作生产	354	491.61	55.37	11.26
创意设计服务	456	716.85	50.12	6.99
文化传播渠道	222	415.59	33.93	8.16
文化投资运营	38	23.90	1.41	5.90
文化娱乐休闲服务	88	23.30	-2.38	-10.21
文化辅助生产和中介服务	204	122.97	5.72	4.65
文化装备生产	55	69.26	2.11	3.05
文化消费终端生产	236	844.54	31.03	3.67

资料来源：《奋楫"十三五"扬帆再起航——南京文化产业取得新成就及发展展望》，http：//tjj.nanjing.gov.cn/tjxx/202110/t20211012_3155439.html，最后访问日期：2022 年 7 月 10 日。

南京率先建立了文化产业政策体系和政府引导资金支持模式。文化产业发展专项资金逐年递增，扶持项目包括重点文化产业、创意融合、功能区规划等多个领域，用于扶持重点文化产业的项目共 25 个，资金总额达到 1920 万元；"创意南京"服务平台扶持项目共 11 个，资金总额达 890 万元；优秀原创文化产品扶持项目共 26 个，资金总额达到 1240 万元；"南京市文化企业 30 强培育计划"项目共 10 个，资金总额达到 1000 万元；"创意品牌和人才宣传推广计划"项目共 9 个，资金总额达到 420 万元；文化产业"走出去"和文化创意"众创空间"项目共 5 个，资金总额达到 150 万元，突出跨界融合在文化创意产业发展中的引导作用，帮助南京建设成为全国重要的文化创意中心和具有全球影响力的创新名城。同时紧紧围绕目标来推进文化创新项目，培育文化市场主体，构建文化市场体系，优化文化资源配置，加大文化产业园区的聚集力度，提高文化产业发展对经济社会的贡献率。

苏州以创意为动力，以内容为核心，通过加强科技、智力投入和政策、资金支持，促进文化创意产业的持续蓬勃发展和综合经济实力的不断增强，营业收入的年均增长率超过 20%，使文化产业呈现出新的发展格局。

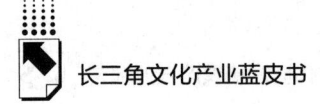

为推动文化创意产业的业态发展新模式，苏州提出"五合"：文化的新旧结合；以政策促进资源整合；以产品促进区域融合；以市场推进技术整合；以生态建构实现产业整合。根据跨界融合的要求，苏州着力建设文化创意产业集聚区，目前已经拥有"苏州国家动画产业基地""昆山文化创意产业园""阳澄湖国家数字出版基地"等10个国家级文化产业示范基地，23个省级文化产业示范基地，63个高级市级示范基地，处于全省首位。

3. 浙江省：基于资源和政策导向的集聚区发展模式

浙江省文化创意产业发展主要以三种模式为主。一是基于本地文化资源开发的发展模式。浙江省依托自身优势，有效开放和利用当地文化资源来发展文化创意产业，进一步释放文化创意产业集聚区的集聚效应。以杭州西溪创意产业园区为例。西溪创意产业园是杭州首批确定的十大文化创意产业园之一，也是国内影视产业创作的重要聚集地。园区共有建筑59栋，建筑面积约2.6万平方米，投资近2亿元，2008年被列为杭州十大文创产业公园之一，先后被授予"北京电影学院教育创作实践基地""浙江省影视创作拍摄示范基地""浙江省广播电影电视局电影审查中心"和全球文化产业特色园"创新引领奖"等荣誉称号[①]。二是基于现有传统优势产业的发展模式。在发展文化产业的过程中，浙江省以非常务实的态度，依托当地的产业优势，转型升级文化创意产业形态。三是基于政策导向的发展模式。浙江省在发展文化创意产业时，系统地提出了金融服务、人才引进与培训、科技支持以及集群区配套设施和路网交通建设等措施。例如，西湖区设定了建设"浙江省第一家文化创意产业园区并努力成为国家文化创意产业示范区"的目标。西湖区每年提供8000万元的财政资金用于支持文化创意产业开发。目前，西溪创意产业园已开始显现其独特之处，自2009年以来，已经向11家战略合作机构申请了超160亿元的文化创意企业专项贷款资金。此外，成立杭州银行文化创意支行专门用于发展文化创意产业，从2013年到2017

---

① 《德信物业进驻西溪文化之最——西溪创意产业园》，https://baijiahao.baidu.com/s?id=1682178497724338036&wfr=spider&for=pc，最后访问日期：2022年7月10日。

年，累计向907家中小企业提供了超70亿元贷款，仅2017年杭州市文化创意产业的增加值已实现3041亿元，同比增长19%，占GDP的比重达24.2%。①

4. 安徽省："旅游+文化"产业融合发展模式

安徽省利用自身丰富的旅游文化资源，大力推进"旅游+文化"产业融合，打造文化旅游品牌。同时安徽省出台相关配套政策文件，推动文化旅游企业快速发展，文化旅游环境不断改善，游客人数稳步增长，文化旅游融合优势逐步凸显。接下来，安徽省将继续借助长三角区域一体化国家战略的东风，积极融入，主动对接江浙沪，在更广范围、更深层次、更高水平上深化文旅合作，提前规划，加强市场推动，进一步完善制度安排，畅通协调渠道，促进融合发展。

（四）文化与数字科创融合成为文化创意产业发展的重点

上海市将文化创意产业作为其发展的八大重点产业之一，在《上海市国民经济和社会发展第十四个五年规划和二〇三五年远景目标纲要》中将"丰富各类产业集群、园区载体、特色小镇的数字化服务功能，引导中小企业'上云用数赋智'，共享产能、技术、数据、人才、市场等资源"作为文化产业发展战略重点之一。2020年，在疫情影响下，上海市文化创意产业部分行业收入下滑严重，但移动游戏、网络视听、数字阅读等网络文化产业却实现了"井喷式"增长。游戏业实现销售收入1206亿元，同比增长50%；网络文学实现销售收入115亿元，同比增长37.7%；美团点评、喜马拉雅、小红书、哔哩哔哩等头部互联网企业快速发展，拉动互联网生活服务平台实现总产出1435.9亿元。②

江苏省一直致力于推动传统文化产业向高端数字创意产业转型。近年

---

① 《文创金融杭州银行样本：特色业务成区域城商行突围之道》，https：//www.sohu.com/a/232829127_115124，最后访问日期：2022年7月24日。
② 《2020年上海文化创意产业总产出逾2万亿元人民币》，http：//www.gov.cn/xinwen/2021-03/31/content_5597036.htm，最后访问日期：2022年7月10日。

来，包括动漫、创意设计、数字媒体等在内的数字产业在江苏省内迅速发展，成为江苏省促进文化产业发展的重要途径。

浙江省在发展文化创意产业上的势头强劲，综合竞争力也在不断提升，文化创意产业正逐渐发展为浙江省经济的重要支柱产业，重点以数字创意产业为主导，打造特色小镇和产业园区，推动园区和项目开发向创新融合转型，大力推进数字经济与文化产业深度融合，培育扶持一批新型数字文化企业落户浙江。在政府提出加快浙江省文化创意产业万亿项目的建设后，数字文化产业的发展达到了新高度，如杭州、宁波和横店都建立了文化科技一体化国家示范基地，梦想小镇和云栖小镇也成为数字文化产业发展的新平台载体。

安徽省积极推动新兴产业发展，尤其是在动漫游戏、数字产业等方面的新业态发展迅速，以《加快发展数字经济行动方案（2022—2024年）》为契机进一步推动文化数字创意产业园区建设和国家级基地建设，支持中国声谷、科大硅谷等发展壮大，入园企业达2000户，营业收入力争超过3500亿元。借助文化赋能数字制造，到2025年，安徽省文化数字创意产业将努力打造千亿元级产业，实现营业收入翻一番以上，产业发展水平和产业规模位居全国第一方阵。①

三 长三角文化创意集聚区发展问题与趋势

随着长三角经济文化交流合作的深入，文化创意产业的发展已成为推动区域一体化合作发展和产业转型升级的重要途径。

（一）长三角文化创意产业集聚区发展存在的问题

目前产业园区集聚发展模式在我国应用较为广泛，因为集聚本身就是一个动态演化过程，通过集聚发展可以有效促进创意产业要素的整合和互动，

---

① 《安徽：构建数字创意产业良性发展生态》，https://baijiahao.baidu.com/s?id=1736852068559164585&wfr=spider&for=pc，最后访问日期：2022年6月28日。

进而形成辐射驱动效应，进一步推动文化创意产业的协同发展。而为了更好地实现文化创意产业价值链、创新链和资本链的一体化发展，我们应当厘清文化创意产业发展集聚的演化路径，提出有效的文化创意产业集聚发展战略。但目前产业集聚区内相当数量的文化创意产业仍存在着产业发展方向趋同、区域联动合作机制不协调等问题。

一是区域内部资源要素分配不够均衡。由于经济、政策、地理等方面的原因，长三角不同地区存在不同要素分配不均匀的问题。有些地区的资源要素过于集中，而有些地区的资源要素又相对稀缺。比如，作为国际大都市，上海市拥有雄厚的资金支持，文化产业的发展较为迅速，文化产业集聚效应也比较明显；安徽省的经济发展相对于长三角其他地区略有落后。在江苏省，苏南地区目前的文化创意产业集聚程度和发展水平又高于苏中地区和苏北地区。其中，苏中地区和苏北地区依旧是传统产业居多，文化与高科技融合发展的新业态基本集中在苏南地区。

二是行政区划空间分隔。长三角地区并不是一个独立的行政区划，虽然在一体化的国家战略下三省一市都致力于推进相互之间的合作，但由于行政区域和历史的原因，各个城市都有对自己城市的文化产业规划，拥有自己的文化产业市场，目前长三角地区尚无统一的文化产业集聚发展的规划路线和方案，各地区仍存在各自为政的现象，主要着力于强调自己的文化资源和特色文化。虽然从整体上看长三角地区持续蓬勃发展，但从区域一体化的角度看还缺乏真正的深层次协作。这种因没有统一规划、统筹协调导致发展不协调的情况更随着各地财政、政策和自身文化底蕴等方面的不同而加剧。

三是缺乏具有国际影响力的集聚品牌。长三角地区的经济与国际高度接轨，在国内各地区发展程度、开放程度中均处于较高水平。这种情况会使西方文化大量涌入，凭借着工业化后数百年在文化发展和利用上积累的丰富经验大量开拓并占据市场。长三角地区的文化底蕴丰厚，是任何外来文化都无法比拟的，但是在利用文化、发展文化产业并形成规模的经验上，中国的大部分地区与西方发达国家相比还有一定的差距。例如，迪士尼乐园的各种场

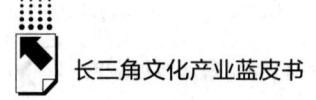

景设置、故事模式都是依赖于其自身的各种童话故事。大到建筑，小到身边的古董，各方面的设计都是为了让游客完全沉浸其中，各种细节均经得起推敲。这是经近百年的文化沉淀才形成的文化品牌。而中国企业的主题乐园刚刚兴起，中国两家最大的主题乐园——中国华侨城集团和华强方特，它们的收入均不到20亿元，游客量不及上海迪士尼乐园的三分之一。换句话说，长三角文化产业集聚区缺乏明星企业和产业集聚品牌，"软、小、散"的文化企业仍然突出。

（二）长三角文化创意集聚区发展趋势

1.打破行政规划壁垒，共享文化发展资源

长三角地区实现协调发展最重要的是打破行政区划、行业壁垒，实现不同地区、不同部门之间联合规划、协调发展。应当发动发展较为超前的城市带动发展较为落后的城市共同前进，以先富带动后富，利用文化产业发展先进的城市对周边城市的辐射作用，区域内部协调统筹发展，逐渐形成城市文化网乃至整个长三角地区文化网。此外，文化产业部门也应提出相应的政策规划，联合长三角各城市、各部门共同规划，实现文化产业的横向发展，从上而下培养文化协调发展的理念。

在协调发展的过程中更应共享不同地区之间的文化产业资源，打破传统生产要素的流通壁垒，实现要素利用的最大化。在资本方面，流通的重要性不言而喻。文化产业的不断发展需要依靠雄厚的资本支撑，不同地区的资本市场差异明显，其流通会明显带动经济相对不发达地区的文化产业迅速发展。在人才方面，政府应建立有效的人才流动机制，保证人才可以在发展程度较好和略差的地区毫无阻碍地流通。此外，可以整合多种资源，搭建发展平台，进一步搭建优质服务管理和交易平台。整合利用现有平台和文化系统资源，专注于行业数据统计分析，为方便文化消费、艺术品和产品交易，与一流的文化产业项目云平台以及文化资本、产权、人才、信息、科技等交易平台对接。

2. 坚持错位互补，实现城市间的文化产业错位发展

长三角地区的地理位置、自然环境、人文环境相对接近，地区文化有着整体上相统一、局部上有差异的特点。随着长三角各城市的不断发展，必然会产生同质性特征，不同城市的文化产业趋于一致，游客产生审美疲劳。因此，不同城市应利用自身文化的微弱差异，扩大自身的特殊文化，发展自己的特殊产业，创造有地方特色、种类繁多的文化品牌。各省市相关部门可根据当地历史特点、地理位置和人文特色，找到城市自身在长三角文化产业发展中的定位，坚持错位发展，实现文化创新，使长三角文化产业发展在局部上趋于多样化，在总体上又具有统一性，让长三角地区的文化更富活力和竞争力，在世界文化产业中开拓出一条自己的道路。

3. 因地制宜，形成具有特色的文化品牌

面对外来文化对本土市场的侵占和对本地文化生存空间的挤压，不应该过于考虑限制其进入，而应该寻找自身文化可以提高的方面。一方面，各地区相关部门应该及时制订有效的计划与方案，树立保护文化产业、保障中国优秀传统文化发展的理念，大力宣传本地的特色文化，让人们认识、了解、主动学习并发扬自身的文化，防止文化消失。另一方面，相关部门应该加大力度扶持本土文化创意产业和本地文化公司的不断发展，让更多的人才加入文化创意产业，让优秀作品、优秀创意不断涌现。

目前，长三角地区的文化创意产业集聚模式主要有艺术家自发模式、产学研合作模式和创意产业园区集聚模式。文化创意产业集聚区的发展与当地的社会文化环境密不可分，现阶段文化创意产业的发展迫切需要提高城市地区的软实力，文化创意产业园区的发展应作为推动老城区内城市更新和历史建筑保护的动力，推动社会空间的转型，形成示范效应，创造更多集中展示的特色亮点。

以企业为主体，积极发挥市场主导作用，建立产学研相结合的文化创新模式，注重文化产业所需的核心技术，鼓励高校、科研机构与文化企业密切合作，开展具有自主知识产权的科技研究，加快更多文化科技成果向现实生产力的转化。同时，要更加重视金融业对文化产业发展的支持，进一步丰富

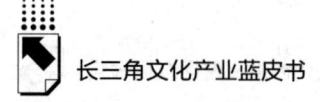

文化金融服务组织形式，努力构建以金融资本为导向、文化企业和社会资本参与的多样化文化创意产业投融资体系，依托中国传统文化资源，提高文化产品走出去的比重。

4. 文化与科技融合，占据数字文化产业前沿

在新冠肺炎疫情加速世界格局演进的新的历史交汇点上，发展文化创意产业必须瞄准新格局中的新方位，依托科技创新加以赋能，通过文化与科技的融合和发展，更好地帮助经济转型，促进国家生产能力的提升。在新一轮文化产业和智能技术的推动下，长三角地区将呈现一种新的模式，即促进企业主体内部产生自发驱动力，推动外部市场环境产生需求创新力。

由于数字技术的快速发展和文化内容创新的长期积累需要，二者并不同步，产业融合的步伐缓慢。因此，促进数字技术与文化创新的协调至关重要。目前长三角地区的传统文化产业产能过剩、效益下降、动力不足，亟待转型发展。新兴产业还处于萌芽阶段，"文化+"与其他产业的融合发展不够深入。人工智能、物联网、大数据等数字技术在文化创意产业融合生产领域方面的应用还不够广泛。新业态增长速度快，但整体规模小，内容创新产业比重低，经济效益和社会效益仍需继续统一，新技术投入大，发展缓慢，中小微文化创意企业的创新依然困难。未来长三角地区将在政策和市场层面进一步强化对数字技术与文化创意产业的融合，培育文化产业新业态，引领文化产业发展的方向。

参考文献

方清海，2010，《城市更新与创意产业》，湖北人民出版社。

理查德·佛罗里达，2010，《创意阶层的崛起》，司徒爱勤译，中信出版社。

高宏宇，2007，《文化及创意产业与城市发展》，博士学位论文，同济大学。

何金廖、黄贤金、司月芳，2018，《产业集群的地方嵌入与全球生产网络链接——以上海文化创意产业园区为例》，《地理研究》第7期，第1447~1459页。

洪进、余文涛、杨凤丽，2011，《人力资本、创意阶层及其区域空间分布研究》，《经济学家》第 9 期，第 28~35 页。

孔翔、钱俊杰、杨鸿雁，2011，《地方文化对文化创意产业集群的影响初探——基于北京 798 与上海 M50 的调研》，《中国文化产业评论》第 1 期，第 366~380 页。

卢志刚，2014，《集聚区视角的长三角文化创意产业一体化研究》，《中国发展》第 5 期，第 79~82 页。

史征，2011，《长三角城市群文化创意产业集聚合作发展的有效路径研究：以沪、宁、杭三地文化创意产业园区为视角》，《兰州学刊》第 2 期，第 76~80 页。

孙元欣，2004，《上海都市创意产业园呼之欲出》，《上海国资》第 7 期，第 28~29 页。

吴锋、孟磊，2014，《长三角文化产业发展研究》，上海三联书店。

杨国华，2013，《论长三角地区文化创意产业集群竞争力的提升》，《中国浦东干部学院学报》第 1 期，第 85~88 页。

易华，2009，《创意产业勃兴与创意阶层崛起》，《经济问题探索》第 11 期，第 45~50 页。

张新星，2011，《长三角地区创意产业集聚研究》，硕士学位论文，南京师范大学。

周国强，2017，《长三角城市群文化创意产业发展格局及效应研究》，硕士学位论文，宁波大学。

B.9 上海实体书店建设和发展报告

孙 哲*

摘　要： 近年来，实体书店随着互联网的发展不断探索新功能和特色经营模式，上海实体书店在转型发展的过程中分化出不同的发展路径。本文基于对上海30家实体书店的调研，分析了四类典型案例并总结出复合式经营方式、功能化的公共空间利用以及差异化的实体书店专业化发展方式是上海实体书店发展的三大策略。加大政策支持、提升服务品质、做好文化供给以充分满足大众需求，有利于实现上海实体书店的高质量发展。

关键词： 上海　实体书店　文化产业

一　上海实体书店概况

信息时代下，电商平台的价格优惠和便捷服务对线下实体书店行业造成了巨大冲击。据中华全国工商业联合会书业商会2015年的调查结果显示，过去十年间有约五成的实体书店相继倒闭，而令人担忧的是，这种停业倒闭的趋势还在加剧。面对行业低潮，实体书店纷纷开始寻求转型路径，探索多元化发展道路。与此同时，政府层面也相当重视实体书店的发展。截至

---

* 孙哲，法国巴黎-萨克雷高等师范学校社会学博士，上海财经大学人文学院经济社会学系讲师，研究方向为城市与发展、全球城市住宅政策。本文的调研数据和田野资料源于孙哲指导的"从文化消费到公共空间——上海实体书店转型路径研究"大学生"挑战杯"项目，该项目获得第16届"挑战杯"上海市大学生课外学术科技作品竞赛一等奖，特此致谢！

2020年，已有30多个省市出台了支持实体书店发展的地方性政策，上海在这方面则一直处在全国领先位置。在此基础上，上海实体书店行业涌现出了一批自主转型的成功案例。经过十年的转型发展之后，上海的实体书店迎来了新一轮的发展期，并找到了独特的空间升级发展道路。以新华书店为代表的国营书店不断创新经营业态，给广大读者带来了全新体验；以大隐书局为代表的民营书店不断扩张分店布局，探索垂直业态；一些"小而美"的特色书店也纷纷选择在上海扎根落户；上海各大大学书店也重现繁荣，激活了高校周边的社区空间。

实体书店的存在有助于提升城市文化竞争力。文化产业要发展，除生产端要发力之外，还须依靠优质的文化消费群体。培养具有优质审美品位、稳定阅读习惯乃至持续思考能力的市民群体绝非易事，因而转型后的上海实体书店成功介入这种文化消费习惯的再生产过程，在提供优质内容筛选服务的同时，为上海文化产业的发展培养了一批广泛的优质受众。上海的优秀实体书店在转型后期已经不仅是一个单纯的文化场所，其作用领域已经进一步延伸到了公共对话和社区治理领域。书店通过办讲座、办展览，吸引更多读者社群，降低书店门槛，打造社区中心；通过精挑书籍，打造专业阅读空间，发挥公共文化展示交流作用；通过餐饮文创挖掘经营特色，成为城市的文化符号。

二 上海实体书店发展现状分析

（一）政策支持

1. 基本保障和资金扶持

新形势下，实体书店从图书的销售场所逐步成为重要的文化宣传和文化创意产业展示场所。政府相关部门也开始重新认识到实体书店的公共性，在制定更加符合书店发展的政策的同时，通过资金支持鼓励当地实体书店发展。其一，保障实体书店建设用地。为实体书店预留经营场所，保障设施到

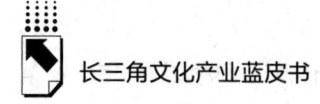

位。一方面，在新建商业场所中为实体书店预留场所；另一方面，鼓励房地产企业、综合性商业设施、公共服务设施等为实体书店提供免租或低租场所，支持高校给予校园书店场地和租金等方面的减免优惠，等等。其二，减免书店税收，降低书店市场准入门槛。参考欧美等国家低税率或零税率的做法，制定对国内实体书店减免税赋的政策法规。进一步实施简政放权，减少审批项目，简化审批程序，降低市场准入门槛，吸引更多社会资本开办书店。其三，对实体书店提供专项补助。2015年，上海市在两份重要文件中提出将划拨专项资金1500万元用以支持出版物发行网点建设，其中500万元用于定向支持各类实体书店，尤其是形成专业定位和品牌影响的民营实体书店。2016年，上海市政府通过奖励、贴息、项目补助等方式支持实体书店创新经营项目和特色中小书店转型发展。

2.为实体书店发展指明主要方向

其一，鼓励书店多元化经营发展。上海市提出应该强化"互联网+"思维，实现实体书店由传统模式向新兴业态的转变；创新发展实体书店经营模式，突出文化创意和品牌效应，支持书店连锁经营，向集团化和特色化发展；鼓励实体书店积极参与公共文化服务；推动实体书店与信息技术融合发展，将实体书店发展纳入文明创建指标体系；鼓励新华书店等国营书店升级改造，探索多业态发展。其二，鼓励实体书店积极参与公共文化服务。上海建立了公共文化内容供给统一采购平台申报系统，由书店自主申报，市级筛选，汇总为基层公共文化服务购买的"白名单"，以此鼓励优秀书店积极参与基层公共文化服务供给。近年，上海不断探索公共文化设施与书店合作推进全民阅读的渠道和路径，每年一次的上海书展也充分联合各大实体书店，最大限度地吸引社会力量参与公共文化服务。

（二）实体书店面临的现实挑战

在政策执行层面存在差异和融合的双重问题。其一，资金补助受到场地类型的限制。上海部分商场也开始对书店提供免租金场地，一些创意产业园区也会对区域内书店提供租金减免。但是目前场地优惠政策也存在实施差异，导致为实体书店预留的经营场所仅限于特定商业中心。政策文件中要求"在新建商业设施中为实体书店预留场地",对已建成商业设施持"鼓励"态度。上海书店主要集中于城区,新建商业设施少,这导致只有部分商场给书店提供了减租免租场地。其二,政府"输血"与自身"造血"有待进一步整合。一些书店认为,当前依靠免租的生存模式是不长久的,且随时面临着场地被收回,书店难以自立,以至于陷入被动状态的风险。只有自己通过盈利支付租金,才能实现长期生存。事实上,在商业性地产中,出于利润考虑,场地所有方可能随时对租金做出调整,过度依赖免租的书店无法适应当前市场,一旦失去场地,会立即陷入困境。因此,资金与场地支持政策应当作为一种保障性和辅助性政策,书店发展的当务之急应是发展出属于自己的一套盈利模式。

在现实层面,调研发现实体书店的经营问题主要集中在产权归属、线上竞争以及阅读文化三个方面。其一,就产权归属而言,产权与经营权分离导致房租居高不下。产权是书店经营场地所有权的归属,这是经济所有制关系的法律表现形式,反映书店与其周围环境的一种经济社会关系。书店可分为自有产权书店和非自有产权书店。自有产权书店是指书店或书店的控股公司拥有场地所有权,这一类书店无须承受过大的房租压力;非自有产权书店是书店以及书店的上级单位都没有场地所有权,其最显著特征为需要以营业收入支付高额房租。在调研中,多位书店店长表示,房租、物业管理费用、仓储费用已经成为书店的最大压力,想要保证客流就必须选址在商业密集区域及交通便利处,但这也意味着需要支付更高的房租。

其二,线上书店低定价威胁实体书店生存发展。根据北京开卷信息技术有限公司最新发布的数据,按照书籍标价计算,2018年中国图书零售市场规模为894亿元。其中,实体书店销售额为321亿元,网店销售额为573亿元。报告还显示,2012~2018年新书定价上涨远超36元,仅2017~2018年上半年,新书定价均价就上涨接近13元。书籍进价上涨,售价上升。但事实上,网店2018年平均折扣为6.2折,实体书店则保持无折扣或低折扣,这使得越来越多的人选择在网上以折扣价买书。实体书店并未从书籍价格上涨中获利,生存发展受到威胁。

其三，电子媒介环境下大众阅读习惯的改变是实体书店陷入困境的深层原因。随着电子阅读器的不断普及，许多人开始选择在电子设备上阅读。也有许多人依旧保持纸质阅读习惯，但不再选择到传统的线下书店购买。针对当前公众的书籍获取方式和生活方式，在上海市随机选择347位读者进行问卷调查。调查结果显示，更多读者倾向于通过线上阅读或者线上购买的方式来获取信息（见图2-1）。在生活方式方面，半数以上读者通过阅读、自习来提升个人修养，另外也有很多读者倾向于通过阅读进行休闲放松（见图2-2）。价值观念的变化所导致的阅读文化的改变，实质上是造成民营实体书店困境的深层原因之一。

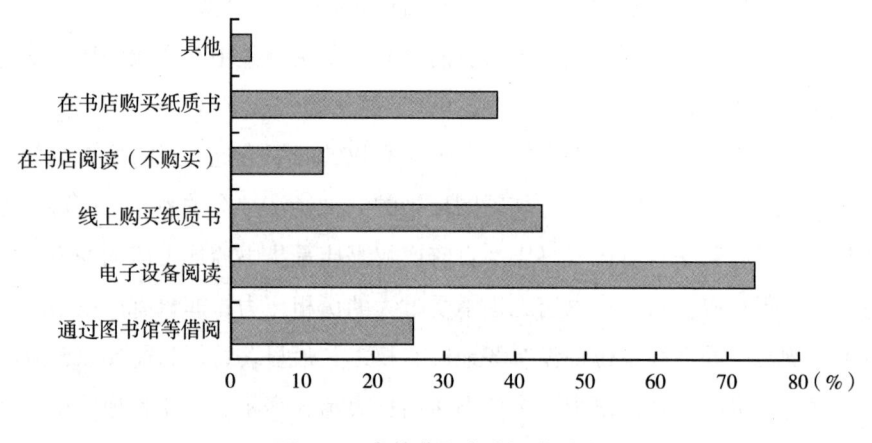

图 2-1　书籍获取方式调查对比

资料来源：《开卷发布2022上半年图书零售市场报告》，搜狐网，https://www.sohu.com/a/564908174_121418230，最后访问日期：2022年11月11日。

书店的阅读功能仍是民众最为重视的模块，大众对于公共空间生活的需求有待进一步被激发。书店可以通过对空间和业态的升级以及对文化符号的塑造来重新获得读者的认同。书店的存在不仅具有商业意义，还具有更为重要的公共意义。总之，尽管面临阅读习惯变迁、电子书产业兴起等外部环境变化，实体书店仍然需要抓住民众对于优质文化服务的高期望值这一核心要素，在当前这个信息泛滥的时代，承担起为民众精选优质文化服务的功能。

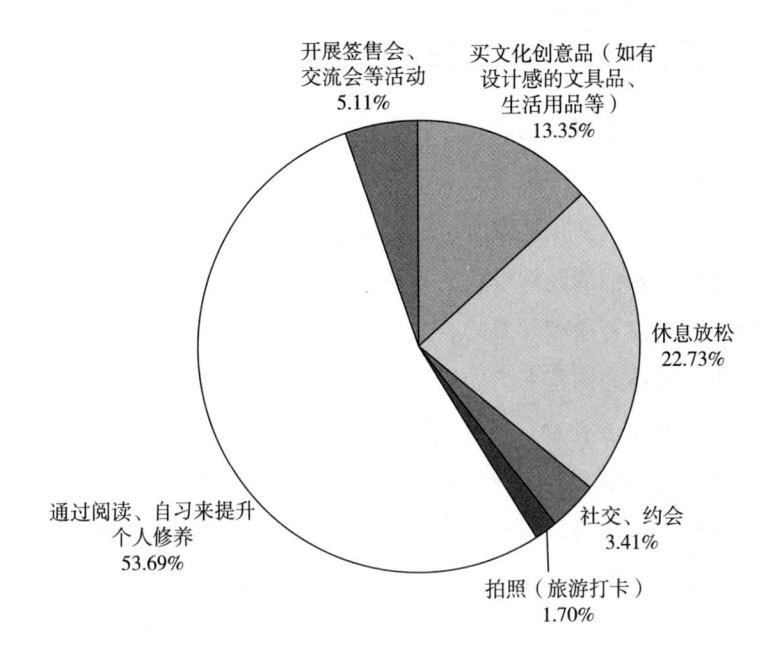

饼图数据：
- 通过阅读、自习来提升个人修养 53.69%
- 开展签售会、交流会等活动 5.11%
- 买文化创意品（如有设计感的文具品、生活用品等）13.35%
- 休息放松 22.73%
- 社交、约会 3.41%
- 拍照（旅游打卡）1.70%

图 2-2　生活方式调查对比

三　上海实体书店类型化分析

在整体分析的基础上，将上海实体书店分为国营书店、民营书店、大学书店、特色书店四种类型。在城市空间的尺度上，国营书店对应的是"市级空间"，也就是覆盖全市的"学习网络"；民营书店对应的是"区级空间"，也就是在核心商圈中的"城市客厅"功能；大学书店对应的是"街道空间"，也就是依托复旦大学、华东师范大学等高校书店形成的"知识街区"；特色书店对应的是"社区空间"，一些特色的小书店依据读者的口味偏好，在社区中形成了"趣缘角落"。依托于这种类型化分析，可以从"市—区—街道—社区"这一从宏观到微观的城市网络，从四位一体的角度分析实体书店对于提升城市文化软实力的作用。

243

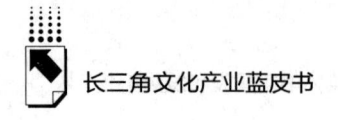

（一）国营书店：市域层面的学习网络

曾经星罗棋布的国营书店是一代人的回忆，然而它们在新经济环境下面临着巨大的转型压力。一方面，国营书店无法在电商的冲击中取得价格优势；另一方面，随着文化消费升级，消费者与读者更加注重消费体验。各地国营书店呈现出相似的经营模式，与特点鲜明的民营书店相比吸引力较差。

国营书店不仅有盈利发展的企业责任，更担负着构建学习型社会的社会责任。新华书店作为国营书店的代表，"努力成为传播社会主义先进文化的重要阵地"是其重要使命。新华书店遍布上海，覆盖所有行政区，具有大规模的文化服务网络。上海新华传媒股份有限公司总裁刘航表示："上海将调整全城新华书店布局，形成市中心东、西、南、北、中所在区域各设一家大型书城，郊区各设一家'一区一店一特色'的主力门店，建设若干'小而美'的童书书店、古镇书店、大学书店以及滨江滨河特色书店。"新华书店网络具有遍布上海的"知识节点"，如何发挥数量优势与文化传播作用是转型的关键。

新华书店是大众耳熟能详的国营书店，然而如何不止步于"教材教辅"的刻板印象，在互联网经济的冲击下保持发展，依然是实体书店所面对的重大挑战。在一系列转型实践中，位于闵行区爱琴海购物公园的"新华书店·光的空间"可谓成功案例。"光的空间"为自由产权书店，开业于2017年12月16日，建筑面积为1700平方米。爱琴海购物公园在建造时就预留出书店位置，由国际建筑大师安藤忠雄设计，用光来隐喻文化的聚合、流动与力量。

在经营模式方面，"光的空间"使用书店与美术馆相结合的复合经营模式，"一家有书店的美术馆"是其鲜明特色。位于八楼的明珠美术馆与位于七楼的书店，通过旋转楼梯围绕的"心厅"巧妙结合。在多功能的空间设计中，书店的经营与餐饮、展览等活动相融。处在美术馆和书店之间的心厅，平时可用作餐饮和阅读空间，在活动时亦可以撤掉桌椅转变成活动的空间。书店的活动不仅可以是读书会和签售会，也可以是和艺术展览有关的小型表演。选书和文创产品也会与展览相结合,让读者能够了解艺术展背后的故事,也能通过文创商品将艺术元素带回家。这种阅读、观展和休闲相结合的方式,形成了美美与共的文化体验。

在服务社会群体方面,"光的空间"以多元包容视角服务大众。选址在交通便利、人流密集的大型购物中心内,读者可以享受明亮的阅读空间和大量免费而舒适的阅读座位,不同年龄段的读者都能找到自己喜欢的读物。在书店的一侧,安藤设计的"有窗户的书架"形成了"光之通道",而这个最美的角落也正是主打亲子绘本以及儿童阅读的空间。"儿童友好"的设计安排,对周围的居民区产生了强大的辐射效应,许多市民携全家在商场用餐后来书店阅览,参加文化活动。如果将这种经营模式加以推广,众多老牌新华书店将会成为名副其实的公共学习空间和综合文化中心,帮助城市构建出一张庞大的城市文化学习网络。

在文化方面,"光的空间"通过举办大量高质量的活动丰富其文化内核。背靠老牌国营书店的经营背景,"光的空间"内举办的活动与上海的其他书店相比,能邀请到更多优质文化界人士,活动规模更大且视角更为多元,每月的活动更新频率也更为稳定。在展览区既可以看到路易·威登艺术展,也可以看到红色主题的党建历程展览和上海城市历史文化。从莫奈生平到国家宝藏节目幕后故事,每个月都有无数学者和文化界人士在"光的空间"与市民开展主题交流。

总之,"光的空间"实现了以售卖教辅书为主的传统国营书店的成功转型。这种经营模式的亮点是,既为传统国营书店的经营注入了新活力,又保持了新华书店"服务大众"的宗旨。大型国营书店和大型商场的合作成功实现了商业综合体空间和大众文化内核的完美结合,为大众提供了高质量的审美享受,也提升了上海的文化软实力。

国营书店自有产权的性质是其经济模式的优势所在,自有产权减少了书店的房租压力。国营书店在自有产权优势下通常可以在人流密集区域选址,并通过连锁形成规模效应。同时,借助科技力量,包括新华书店在内的国营书店纷纷推出线上购书商场,增加餐饮、文创、数码产品销售等复合式经营方式，使得国营书店在盈利方面成功升级。通过增强书店内建筑设计感、增加艺术馆空间、活动空间等方式，吸引越来越多不同年龄段的市民、游客进入书店，在互动与交流中感受文化氛围。依托国营书店遍布城市的数量与规模，国营书店升级助力上海打造全民阅读空间。国营书店在重构空间功能后成为遍布城市的公共学习空间与文化交流空间，让阅读空间对市民而言触手可及。

（二）民营书店：商圈中的城市客厅

民营书店困难与机遇并存。20世纪80年代，伴随着改革开放与市场经济的出现，经过几十年的发展，民营书店规模快速壮大。然而，民营书店同样面临着互联网电商冲击以及高昂的房租困境，如何在竞争激烈的市场中找到突破口是民营书店转型的关键。随着读者需求的不断细分和多样化，民营书店开始尝试"一店一特色"，个性化、品牌化的书店纷纷崛起。与此同时，政策也为民营书店发展营造更宽松的环境，《全力打响"上海文化"品牌 深化建设社会主义国际文化大都市三年行动计划（2021—2023年）》指出，要健全鼓励社会力量参与文化建设的机制，引导鼓励社会资本积极投资政策允许开放的文化领域。

上海独特的海派文化赋予民营书店创作空间。上海的文化被称为"海派文化"——这是在中国传统文化（吴越文化）的基础上，融合源于欧美的近现代工业文明而逐步形成的上海特有的文化现象。而书籍是文化的传承与载体，书店则成为文化的展示空间。结合海派文化特色，民营书店能吸引更多的读者到访，市民在此寻找文化归属感，而游客则可以通过这些空间沉浸式体验城市的历史文化脉络。因地制宜构建城市客厅是上海民营书店的转型之路。

2020年底，上海民营书店大隐书局已拥有13家分店并且预计第5年营业收入达到1亿元，是上海分店最多的民营书店。大隐书局是上海最具代表性的民营书店之一，它作为一个行业标杆为许多民营书店的经营发展提供了借鉴思路，成功做到了书店商业化和文化服务公共属性之间的平衡。

在经济模式方面，大隐书局实现了从"图书文创零售"向"公共场馆运营和文化内容提供商"的转变。随着书店规模的不断扩大，大隐书局面临的困境和大部分民营书店一样，前期投入过多导致经营成本过高。大隐书局选择通过开辟多元业务来弥补经营亏损，在大隐书店的整体营收中，文创、书籍售卖等 To C 端业务只占 40%，另外 50% 源于 To B 端文化场馆业务，包括场地租借、活动策划等。上海市财政局每年都会拨款向社会主体购买优质文化内容并配送给社区和学校，而大隐书局每年会有 30 多个项目进入政府的公共配送包，这为书店带来了可观的收益。此外，大隐书局的专业团队还能满足党委、共青团、妇联等政府机构的活动举办和公共空间设计需求。

在服务社会群体方面，大隐书局把书店变成了服务大众的综合体验空间。大学路上的大隐书局，其目标读者群体有 60% 是家庭群体，另外 40% 是学生和都市白领群体。因此在选书方面，文学、历史、哲学、社科类书籍永远是主要的选择。大隐书局大学路店还会积极举办针对儿童、老人或者全年龄段群体的艺术活动，打造出一种家庭客厅的亲切氛围。除了常规的阅读区、童书屋、茶空间，这家分店还新辟出录音棚、朗读亭，以及聚焦服装设计和人文设计类图书的美学屋等区域，尽力创造包括书、艺、茶、食、乐、工等内容的复合文化业态，而在其他分店，根据其所服务的主流群体的细微变化，它们也会设置新的分区来打造精准服务。

在文化提升方面，大隐书局坚信图书只是载体，其背后的多元文化服务才是核心。例如，大隐书局开在一大会址内的分店"思源书廊"，这家分店的经营重点不是卖书，它发挥的是一种更加纯粹的文化传播作用，琳琅满目的按照时间脉络排列的党史党建书籍能够给予参观者一种震撼，让市民直观感受到红色文化发展历程中的勃勃生机。大隐书局以文化服务为内核，创造了一个多维度的动态商业模式，在为自己增加营收的同时也为城市文化软实力的提升做出了贡献。在未来，大隐书局将会进一步落实"为城市提供多元文化服务"的宗旨，用发展"垂直品类"的方式服务大众。每一家分店的目标都是准确定位服务人群，在深入了解周围社区人群的特性的基础上，

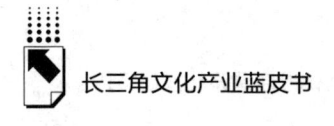

提供具有特色的文化服务。

民营实体书店的经济模式特色使商圈化逐渐成为趋势。民营书店一方面可以依托商圈保障稳定客流,另一方面可以借助商圈开展合作或特色活动。商圈化后的民营书店不仅成为该区域的无门槛阅读空间与交流空间,更是城市中不可缺少的文化空间。

民营书店成为城市地标与城市客厅,为上海游客与市民群体提供海派文化学习平台。民营书店在转型中结合海派文化、选择具有代表性的地址,打造独一无二的空间体验。在空间外部或建筑外部的基础上,在空间内部运用美学设计打造不一样的阅读空间,通过书籍与活动进一步深入展示上海文化。作为城市地标与城市客厅的民营书店,是城市文化交流、碰撞的空间。民营书店已成为上海文化品牌与特色文化旅游集群地,既承载发扬海派文化的使命,也承载以文化激发城市创新与活力的重任。

(三)大学书店:知识街区的氛围营造

上海高等教育资源丰富,高校与高校出版社数量多。上海目前拥有共41所本科院校,其中有4所985/211院校与6所211院校,其优质高校数量仅次于北京。高校为上海持续培养优质人才,促进文化交融,提高城市内涵。与此同时,大部分高校在雄厚的师资与学术研究中开始自己编写教材,并且成立高校出版社发行教材。从最初经营高校教材教辅到出版更多种类的图书,高校出版社逐渐发展壮大。复旦大学出版社、上海外语教育出版社、华东师范大学出版社等已成为读者耳熟能详的出版商。

一批大学书店依托校园与高校出版社建立起来。在校园提供场所的帮助下,大学书店具有拥有自有产权、免租金的优势。同时依托出版社提供资金与书籍,大学书店拥有其品牌特色。华东师范大学出版社推出大夏书店,复旦大学出版社推出经世书局,这些坐落于校园的书店拥有浓厚的学术氛围,以及师生集中的明显优势。

电商冲击下,大学书店需要思考如何转型、如何重新服务高校人才。由于师生可以通过线上更加低价购买到教材与课外书,出版社下设的大学书店面临书籍销售额下降的现状，而校园中其他不依托于出版社的书店更是在租金压力下处境困难，但依托校园的大学书店却始终拥有优势。人才是提升上海文化实力的关键，如何重新打造文化与学术空间、服务人才是它们的突破口。

大夏书店是隶属于华东师范大学出版社的校园社科人文书店。营业面积为200余平方米，经营图书1万余种，兼营咖啡、文创产品等附属品类。在经营模式方面，大夏书店采用多元复合模式经营。在"书籍售卖+餐吧文创"的运营模式下，书店部分收入来自咖啡饮品，由于是校园书店并且隶属于出版社，书店的房租有一定减免，因此大夏书店的经营可以做到收支平衡。在2020年，大夏书店通过品牌授权的方式在虹桥商务区商圈内开设了面向大众的分店，这样的分店经营思路有利于大夏书店的品牌打造，也是大学书店走向社会的一种尝试，可以将大学书店的文化基因传递到整个城市。

在服务社会群体方面，大夏书店坚持学术定位和服务大众。大夏书店的目标群体是学生、学者、作者和周边市民，选书定位是人文通识，选书标准严格，不售卖教辅书、畅销书、商业书。店内的图书分为人文、社科、文学、华东师范大学出版社四类。除了售卖书籍，书店还为读者提供现场活动场所，每个月都有不少人文讲座举办。在2019年，大夏书店还成为上海书展分会场，为全上海市民提供文化服务。2021年，上海举办庆祝中国共产党成立100周年图书联展活动，大夏书店同样参与其中。

在文化内核方面，大夏书店浓厚的学术氛围和它带来的文化效应也在反哺上海城市文化建设。2019年，由华东师范大学中国现代城市研究中心、上海市社会科学创新基地长三角区域一体化研究中心和澎湃研究所联合主办的"长三角议事厅"也在大夏书店举办。从城市公共服务一体化、高科技行业发展到财税制度，大夏书店内举办的这一沙龙活动为读者提供了了解国家政策方针、参与区域城市治理问题思考的机会。校园书店作为课堂和图书馆之外丰富学生生活的存在，提供了一个将垃圾分类、城市治理等社会生活现实议题投射到校园生活的渠道。

除大夏书店外，华东师范大学孟宪承书院和商务印书馆涵芬楼联合打造

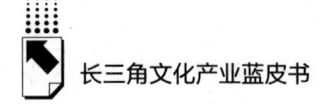

了另一个校园阅读空间。可以说，做书店是出版社企业发挥其社会效益的绝佳方式之一，而上海高校在校园书店的建设上充分发掘了自家出版社和其他龙头出版社的丰富资源。不论是复旦经世书局、华东师大大夏书店，还是上海交大曦潮书店、同济书店、华东理工陇上书店、绿瓦体育书店等上海其他高校的校园书店，它们走的都是依托大学品牌，深耕细分品类的道路，为上海的城市文化注入了新活力。

大学书店同样也要挖掘自身优势，升级复合式经营模式，吸引客流。大学书店也需要摆脱传统，挖掘经营特色。复旦经世书局在搬迁装修后的新书店增加大量阅读与学习空间，方便师生工作、学习。经世书局也同样提供餐饮服务以及活动空间，打造学术交流平台。大夏书店则延续其人文社科学科优势传统，主打人文社科类书籍，没有教辅。志达的网上书店——悦悦图书，在行业内的知名度相当高。据了解，悦悦图书是淘宝网第一家五皇冠书店，现在位列天猫图书类目专营店前五大卖家。志达书店的"线上+线下"盈利模式具有示范作用，其通过无人零售模式进行创新，以吸引街区居民。大学书店的可借鉴经验是结合高校特色或师生阅读需求，更新书店空间。

大学书店的目标在于服务师生，打造知识街区，助力上海人才培养。不同于其他书店，大学书店位于高校街区，受众主要是高校师生以及周边居民。高校是上海人才的生产空间，大学书店更肩负着为上海人才提供高质量服务的责任。从读者需求出发，高校师生需要适合讨论、交流的公共空间，而转型后的书店可以提供这个场所，成为思想交流碰撞的空间，如大夏书店定期举办主体化人文活动，为高校师生与周边居民提供多样化文化服务。大学书店作为街区中的对话空间，激活了街区的自由与活力，助力上海人才成长与高校发展。

（四）特色书店：社区空间中的趣缘角落

特色书店是类型突出的民营书店。这类特色书店通常由个人创办，服务于小众读者群体。它们不临近商圈，隐秘于城市社区之中。这类书店通常拥有一个趣缘主题，并且通过书店紧密连接着读者群体。特色书店的气质是注重人文关怀与精神的传承，它们的经营者往往有自己的信念与理想。特色书店也是社区中无门槛的公共空间，能为周边的居民提供阅读空间。

相较于其他类型的书店，特色书店面临着更大的压力与困境。相比于大型连锁或依靠于公司的民营书店，特色书店的经营者没有持续的资金链条，需要面对房租压力以及激烈的竞争，只有通过挖掘出独一无二的特性才能生存下来。

上海基于深厚的文化底蕴，拥有众多别具风格的特色书店。上海不缺装修精致的商业化大型连锁书店，而藏在市井街道中的小型特色书店同样也是上海都市精神的体现，它们是一张张独一无二的上海城市文化名片。特色书店不同于把复合模式应用于每一家分店的连锁书店，它们由店主运作，没有固定的管理经营模式，是以兴趣以及非利润取向创办的书店。特色书店对于城市文化的多样性建设发挥着不可替代的影响力，因此它们的生存与发展是一个公共议题，是店主、读者和政府管理部门要共同思考的问题。

特色书店通过精选书籍形成自身发展特色。以新华书店为代表的国营书店及连锁书店拥有丰富的书籍，而特色书店则依据主题侧重在某方面精选书籍。特色选书也把消费者重新从线上拉回到线下，基于爱好而选择在实体书店买书甚至养成消费习惯。

特色书店采取"线上+线下"读者社群模式建构趣缘角落。许多书店，如建投书局建立线上读者社群，将阅读习惯由线下延伸到线上，将读者由线上引流到线下实体书店中。而在特色书店中，"线上+线下"模式更普遍。特色书店让趣缘群体找到共同语与归属感，并且在思想交流碰撞中激发创作灵感。因此，特色书店建构的趣缘角落成为城市文化的一部分，并且从基层激发城市文化活力。

特色书店承担上海社区图书馆职能，形成全方位、多层次的城市文化空间。许多特色书店开在居民区之间，不单是趣缘读者群体，周围的居民同样可以享受阅读空间。书店中的精选书籍不仅可以拓展居民视野，而且可以提高人文素养。坐落于城市角落的特色书店在书店中发挥着巨大的文化教育作用，为趣缘群体与社区居民提供高品质的文化服务。

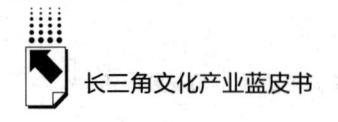

四 实体书店的经营模式分析

（一）复合式经营：助力形成实体书店专属文化景观

在书店探索复合式经营初期，转型方式主要是发展关联性消费。比如在书店中加入文创售卖区和咖啡餐饮休闲区。这种书店空间设置上的更新将都市人群的生活轨迹与书店更加紧密地结合到了一起。在转型初期，"餐饮+文创+阅读"的经营模式本质上都是将外来的商业运营模式内置于书店空间中，这种空间嵌套叠加的方式是基于基础的模式进行创新和模仿的。在书店复合式经营阶段后期，书店的探索方向越来越偏向空间场景的综合运营服务领域：经营品类增加，服务能力提升，书店越发注重空间的功能设计及美学路线。一些大型连锁书店则通过借鉴国外经验，探索在书店中融入家居生活馆、文化交流和展览空间，依托城市特色来建构书店独特的转型模式。

在对上海30家书店的调研中发现，有超过一半的书店在复合式经营后期采用了更加多样化的经营手段（见图4-1）。例如，许多书店将自身的特色场景与城市和公共讨论空间联系起来，增加开放区域面积来为人们提供足够的休憩空间。最值得注意的是，建立公众号、微信群几乎成了每一家书店的共同选择。疫情期间，手机端的新媒体内容传播模式让书店与屏幕外的读者社群维持较为紧密的联系。总而言之，书店在这一阶段成为进行空间复合运用的文化综合体，一定程度上满足了不断升级的多样化消费需求。复合式经营有助于书店文化与品牌的建构，而更重要的是，这种以"文化体验"见长的经营模式意味着不同状态的"人"在同一空间中的集合，能够给城市带来书本文化、创新氛围和对前沿观点的公共讨论。

（二）公共空间转向：强化实体书店"城市基础设施"属性

传统实体书店只是书籍售卖的文化消费场所，而现存的实体书店，除给读者带来休息阅读的公共空间以外，更重要的是为读者提供一种有助于社会

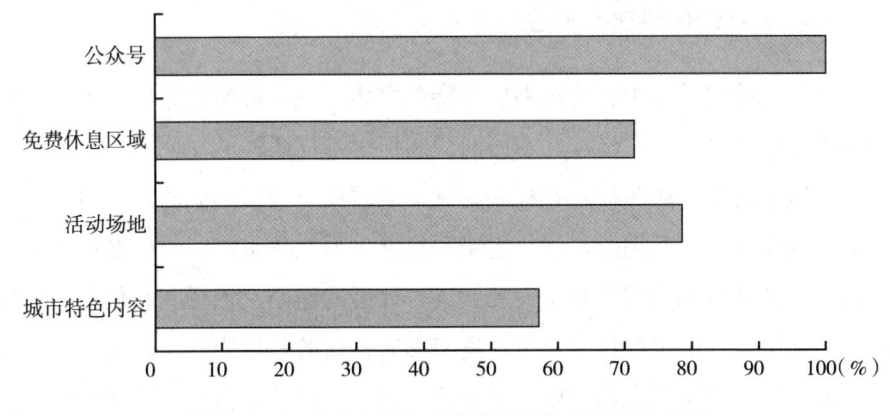

图 4-1　30 家书店复合式经营后期的手段对比分析

互动和交往的环境。公共空间是一个社会文化层面的概念，强调的是公共文化服务，无歧视和门槛，尊重每一个人的阅读和文化权利。因此，实体书店应该通过精准把握受众需求，培育自己的核心竞争力。我们不仅要将实体书店作为人与书发生关系的场所，还要将其作为人与人之间发生关联、产生互动的空间。一方面，可以通过社群营造建构公共性。为了吸引更多的消费者，特别是潜在消费者，多家实体书店均会举办讲座、签售会等活动。这些活动信息通常通过各书店公众号传递，从已有读者群体扩展到其他群体，促进阅读文化的传播与交流。另一方面，可以依托城市周边环境建构公共性。书店的发展不能脱离于外部环境，只有与外部环境相互作用，才能使其功能性得以延续。例如，一些大学书店可以依托周围的高校学生群体和居民群体开展活动，联结读者社群；社区中的书店可以开发图书租借业务以满足周边居民的阅读需求。举办优质的活动与社区进行互动，是实体书店转型的重要路径。

总之，在书店复合式经营转型初期，其所进行的一系列经营调整的主要目的是保持经营秩序与稳固自身，弥补资金亏损，提升利润率。而当转型进行到中后期时，书店的经营目标就不只是单纯的盈利，而是需要思考如何营造出富有特色的文化氛围，通过品牌吸引力充分发挥自身外部效应，为书店的可持续发展提供保障。

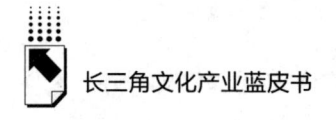

（三）差异化策略：形成特色专业化发展路径

在经营模式转型中，连锁书店和特色书店形成了鲜明的差异化策略。连锁书店能够通过复合式经营在不同的门店探索不同属性的文化空间，改变以往分店数量过多、服务模式死板等问题，通过借鉴与复刻成功经验的方式发展形成规模效应；利用连锁优势组织和承办大型文化讲座、大型展览，发挥有效整合公共资源的能力及培养壮大读者社群的作用。依托其面积更大的交流空间和综合性图书的售卖定位，连锁书店针对的是更为广泛的受众，不同年龄段和社会身份的人都可以通过阅读、讲座、展览的形式享受到优质的公共文化资源。连锁书店大多和专业的选书团队有定期合作，在保持水准、提高销售量的同时，连锁书店书局选取所遵循的原则是尽可能降低门槛，服务最为广泛的社会群体。一些书店对亲子模块书籍的选取格外重视，因此形成了良好的公共空间效应，不论是规模占比较大的童书区还是家庭创意手工坊的开设都吸引了大量人流。

相较于连锁书店，特色书店往往注重细分市场，侧重于不同的图书售卖领域。特色书店不具备规模优势和资金优势，无法像连锁书店那样依靠规模优势获得进货运输优惠，还面临着书籍积压的成本风险。因此，特色书店向着独特的专业化发展道路迈进。在管理模式的选择上，特色书店坚持其审美独立、思想独立与立场独立的文化定位，走的是特色化、专业化的发展路径。这些书店往往拥有自己独一无二的主题特色，为自己的受众提供专业性更强的书籍。同时，书店依托主理人的社会关系网络举办独特活动，通过店主自身的文化修养或其独特的魅力和理念赢得小众文化群体的喜爱。

精选书籍类型是特色书店成为城市文化符号的关键。在书籍选题和封面设计上，特色书店都有自己高标准的美学要求。只有在精简种类、精选书籍、确立自己独特的书籍资源深挖方向的前提下，特色书店才能与连锁书店共同发展，甚至发展出较连锁书店更具文化内涵的优势，不至于被连锁书店完全挤占生存空间。

五 上海实体书店发展趋势与展望

实体书店是厚植、夯实城市文化基础的重要组成部分。第十九次全国国民阅读调查结果显示，2021年我国成年国民图书阅读率为59.7%，较2020年的59.5%增长了0.2个百分点；报纸阅读率为24.6%，较2020年的25.5%下降了0.9个百分点；我国成年国民各媒介综合阅读率持续稳定增长，图书阅读率和数字化阅读方式接触率增幅一致。有35.5%的国民认为自己的阅读数量很少或比较少，并且对当地举办全民阅读活动的呼声较高。2021年，有80.1%的成年国民认为当地有关部门应当举办读书活动或读书节，[①]加之"全民阅读"的号召七入《政府工作报告》，说明了目前文化支持的迫切性和重要性。实体书店作为一个不可或缺的社会文化空间载体，在促进文化产业发展，满足民众精神与生活需要、提升文化软实力等方面都发挥着重要作用。

文化供给端是实体书店提升综合实力的主要发力点。国营书店通过规模效应，覆盖上海各区域，形成学习网络。以新华书店为代表的国营书店通过转型升级、融入海派文化、打造无门槛的全民阅读空间，成功优化对上海市民的公共文化服务。上海民营书店集聚社会力量助力"上海文化"品牌。民营书店与商业、海派文化深度融合，不仅成为城市地标，而且打造出区域文化品牌。民营书店更是成功实现了文化旅游高质量融合，形成特色海派文化旅游集群，大隐书局、西西弗书店、多云书店纷纷成为上海有知名度的文化景点与文化品牌。高校书店助力文教结合发展，打造校园文化展示牌。依托高校优势吸引师生建构知识街区的同时，也为师生与街区居民提供高质量文化服务。特色书店则是上海文化创新的代表，精选主题与书籍、鼓励群众文化活动。这些在社区、城市角落的特色书店从基层激发民众创意与文化活

[①] 《最新全国国民阅读调查：2021年成年国民人均阅读纸书4.76本》，https://new.qq.com/rain/a/20220423A09QRU00，最后访问日期：2022年11月10日。

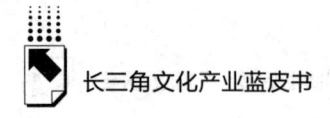

力,为他们提供分享交流平台。

各类型书店在经营模式、目标消费者选取和文化建设等方面具有显著的共性。在经营模式方面,实体书店促进公共服务数字化转型及文化与商业相结合。无论是国营书店还是民营书店,都纷纷推出线上商城、微信公众号等服务平台。此外,许多书店建立线上读者交流群,将文化服务延伸至线上,将客流拉回至线下。而在社会群体方面,上海实体书店致力于打造全民阅读空间、发扬文化教育作用,但不同类型实体书店的服务社群有所侧重。例如,民营书店为游客提供文化体验,高校书店更侧重师生服务,特色书店则为趣缘群体提供创作空间。在不同书店类型的共同作用下,上海实体书店为各个年龄段喜好不同的读者提供文化服务。在文化提升方面,上海实体书店作用显著,书店通过开展主题展览、文化活动丰富民众精神与文化生活,让民众了解和学习优质、先进的各类文化。与此同时,上海的实体书店深入推进城市记忆工程,创新海派文化的传承与发扬。

提升服务品质是上海实体书店发展主要的深耕方向。上海不同类型的书店不仅满足了多样化的阅读空间需求,更成为海派文化的传承与展示空间。上海实体书店助力民众文化素质提高与人才发展,进一步增强上海文化软实力与创新力。而实体书店作为公共空间的开放包容性、创新性、人文关怀与时代影响力更是助力上海建设成为社会主义国际文化大都市。

对于实体书店而言,实现长期的高质量发展需要政策制定者和书店共同努力。其中,政策治理重点主要集中在减少盗版和增加公共空间两个领域。

其一,不给盗版书籍生存空间,通过落实版权方面的规制,有效保护图书销售环境。盗版图书和侵权电子书是威胁实体书店发展的重要因素。由于版权问题的监管漏洞,读者在网上可以轻松获取许多书籍的电子版,甚至在一些电商平台上可以直接购买到影印版的书籍。此外,图书销售市场存在恶性竞争。众所周知,读者在线上书店可以以更为优惠的价格买到书籍,但是网络书店的低价行为其实并未获得超额利润。相反,这种恶性竞争行为与书籍作为文化产品的特殊性严重对立。大部分书店店主希望拥有公平竞争环境,线上线下同价格竞争。书店来自电商的压力减轻后,也能更好地履行其作为文化空间的新角色。因此，政府未来应该在规范图书售卖环境方面继续做出努力。其二，要鼓励书店积极参与公共项目，塑造良好的社会形象并提升公众认可程度。政府可以鼓励书店多开展社区项目，对这些发挥公共性的书店给予补助。由于直接补助不利于实体书店的生存和长远发展，对发挥公共性的书店给予正向激励成为一条新的道路。例如，书店可申请开展一些面向社区的公共讲座、展览，政府则对书店的这些项目给予补助。这不仅能够给书店提供帮助，更能鼓励书店更多地参与到公共服务中来，为所在社区的公共文化事业和公益事业做出贡献。

参考文献

弗雷格斯坦，尼尔，2008，《市场的结构：21世纪资本主义社会的经济社会学》，甄志宏译，上海人民出版社。
哈贝马斯，J. 1999，《关于公共领域问题的答问》，《社会学研究》第3期，第37~38页。
司新丽，2018，《公共文化传播空间的构建——以民营实体书店转型发展为例》，《国际新闻界》第5期，第145~159页。
苏婧，2018，《寻找一个完整而非碎片化的哈贝马斯——谈"公共领域"思想及其发展》，《新闻界》第5期，第67~76页。
王涵、方卿，2016，《网络环境下实体书店生存与发展——国外独立书店给我们的启迪》，《中国出版》第8期，第15~19页。
谢晓如、封丹、朱竑，2014，《对文化微空间的感知与认同研究——以广州太古汇方所文化书店为例》，《地理学报》第2期，第184~198页。
周雪光，2005，《"关系产权"：产权制度的一个社会学解释》，《社会学研究》第2期，第1~31、243页。
周正兵，2011，《实体书店的外部性与文化生态补偿——兼论实体书店倒闭现象及其应对》，《中国出版》第11期，第52~55页。
McFann, Jane C. 2005. "Independent Bookstores: Why many Surive and Thrive." *Reading Today* 2: 28.

B.10
上海红色文化旅游发展报告

尤莼洁　周泓宇*

摘　要： 自2004年以来，上海通过规划建设红色旅游整体布局，形成国内最具特色的红色旅游发展方式，在政治意义、社会发展意义和经济效益等方面不断彰显红色旅游对社会主义现代化大都市发展的积极作用。作为中国共产党的诞生地，上海抓住建党百年的契机，陆续推出一系列红色旅游发展的指导意见，通过推动红色旅游的高质量发展不断带动文旅融合进程、提升全域旅游发展的综合水平。新时代下，将上海建设成为世界著名的旅游城市，离不开红色文化与红色旅游的持续健康发展。

关键词： 上海　红色文化　红色旅游　产业化发展

一　上海红色文化资源概述

（一）上海红色文化资源的定义

上海红色文化应指自中国共产党成立以来，党围绕上海所开展的一系列革命、斗争与发展建设探索所遗留下来的物质财富与精神文化。上海红色文化资源则指可以保护、传承和利用的上海红色文化，主要包含新民主主义革命与社会主义建设两大历史时期。从党的成立和早期建设、中国革命的发展

---

* 尤莼洁，解放日报社数据新闻中心总监、主任记者，研究方向为传媒经营管理；周泓宇，黑龙江省社会科学院亚太经济专业2020级硕士研究生，研究方向为城市经济。

到改革开放的排头兵、新时代现代化都市建设等,都可以展现出上海丰富的红色文旅资源。从历史进程分析,上海近代工业的蓬勃发展和工人阶级的不断壮大促成了中国共产党在此诞生,20世纪30年代上海就已成为全国航空和航运枢纽,便捷的交通和通信网为中国共产党领导工人阶级开展革命和联系共产国际奠定了物质基础。此外,先进思想文化的传播与先进知识分子的集中又为上海成为马克思主义思想传播的主阵地创造了条件。因此,上海历史发展的独特性所积淀的红色文化资源不容忽视。

(二)上海红色文化地标统计概况

2021年,上海市委党史研究室经过长期调研和汇编整理,基于1919年五四运动至1949年上海解放的历史阶段,从600余处上海红色文化资源中筛选出379处红色文化地标,其中包含195处革命旧址、83处革命遗址以及101处纪念设施。① 作为中国共产党的诞生地和中国革命的摇篮(见表1-1),上海承载着中国共产党党史、中国革命史遗留下来的丰富的红色文化资源。自2004年中共中央办公厅、国务院办公厅联合下发《全国红色旅游发展规划纲要》以来,上海成为全国首批十二个重点红色旅游区之一,不断深化的政策指引也使其逐步优化和开发市内的红色文化资源,着力加强文物保护和管理。随着时间推移,上海市内的红色文化纪念地的认定已经从六百余处新增至千余处,为上海红色旅游发展奠定了物质前提。

表1-1 上海各历史阶段的主要活动及标志性事件

历史阶段	主要活动	标志性事件
新民主主义革命初期	1915年,《青年杂志》(《新青年》前身)创刊	
	1919年,上海工人罢工声援五四运动,"中华民国学生联合会"成立	
	1920年8月,由陈望道翻译的《共产党宣言》中文全译本在沪出版,上海社会主义青年团成立	
	1921年7月,中国社会主义青年团成立	1921年7月,中共一大召开

---

① 郝江震、岳弘彬:《上海发布"红色地图" 379处地标展现红色文化资源》,http://politics.people.com.cn/n1/2021/0610/c1001-32127972.html,最后访问日期:2022年10月6日。

续表

历史阶段	主要活动	标志性事件
国民革命时期		1922年7月,中共二大召开
	1925年5月,上海工人学生示威游行,发生五卅惨案	1925年4月,中共四大召开
	1927年4月,蒋介石在上海发动"四一二"反革命政变,第一次国民革命战争以失败告终	1927年3月,上海武装起义成功,成立上海特别市临时市政府
抗日战争时期	1930年,中国左翼作家联盟在上海成立	1930年,《资本论》(第一卷)、《反杜林论》、《政治经济学批判》、《唯物主义与经验批判主义》等马克思主义著作中译本出版
	1932年1月,日军进攻上海,蒋光鼐、蔡廷锴指挥第十九路军进行反侵略作战	1935年,《义勇军进行曲》在上海诞生
	1937年8月13日,"八一三"淞沪会战爆发,日本"三个月灭亡中国"的计划被粉碎	1938年,《文汇报》创刊
	1945年9月12日,日军受降仪式在上海举行,上海正式光复	
解放战争时期	1947年10月,上海学生发动"反对非法逮捕、反对特务、反对屠杀青年"的反迫害斗争	
	1949年6月,上海市军管会查封证券大楼,"银元之战""米棉之战"取得胜利	1949年5月27日,上海解放 1949年5月28日,《解放日报》在上海复刊

资料来源:《中国共产党简史》编写组,2021。

二 上海红色旅游发展现状

(一)总体发展情况

红色旅游是传播红色文化及革命传统、促进人文交流、提升精神素养的桥梁,是人民生活水平提升的重要表现。上海具有独特的区位交通、资源禀赋要素市场和消费市场,具有丰富的红色旅游资源,"十三五"期间,上海集聚金融、科技、人才等优质要素资源投入红色旅游的发掘和建设之中,为推动红色旅游成为上海全域旅游的独特名片奠定现实基础。"十四五"期间，上海持续在红色旅游供给端发力，以红色文化为引领、制度建设为主导、红色旅游资源为依托、城市交通运输基础设施为基础，推动长三角红色旅游产业集聚发展。据携程于2021年6月发布的《2021年上半年红色旅游大数据报告》，2021年上半年全国十大热度最高的红色旅游目的地中，南京位列第二，上海排名第三，嘉兴位居第六；十大最受欢迎的红色景区中，中共一大会址排名第四，嘉兴南湖景区位列第六。[①] 2021年，上海在"十一黄金周"期间监控的8家红色主题类景区景点累计接待游客16.78万人次，[②] 其中中共一大会址累计接待游客近5万人次，占比近30%，开设的"红色专线车"也有近万人乘坐，全程90分钟"打卡"走遍上海红色地标。据统计，2021年上海31家革命场馆累计接待游客约650万人次，开设公共讲座600余次。[③] 据中国旅游研究院与马蜂窝自由行大数据联合实验室发布的《中国红色旅游消费大数据报告（2021）》（以下简称《报告（2021）》），在全国红色旅游客源地排名中上海位列第二；上海四行仓库抗战纪念馆、《新青年》编辑部旧址入围全国红色旅游新兴景区前十名[④]。当前上海红色旅游总体日益发展，在制度建设、红色设施和区域资源联动三个方向形成主要发展成果，由于2022年上半年上海疫情较为严重，上海红色旅游发展面临一定风险与考验。

1. 制度建设体系化

2021年6月，上海为积极应对疫情给旅游业带来的负面冲击，在2020

---

① 颜颖：《携程发布上半年红色旅游报告，南京热度位列第二》，https：//jnews. xhby. net/v3/waparticles/1220487be1914126acb63d3f6ec0f827/MPpM0BgSfpmtVGdf/1，最后访问日期：2022年10月6日。
② 《上海共接待游客1794万余人次，一江一河、古镇乡村、红色场馆和主题公园受青睐》，http：//www. wenlvnews. com/p/576537. html，最后访问日期：2022年10月6日。
③ 施薇：《2021年，党的诞生地和初心始发地上海续写了这些重要红色篇章》，http：//news. sohu. com/a/511642691_120244154，最后访问日期：2022年10月6日。
④ 《中国旅游研究院和马蜂窝旅游联合发布〈中国红色旅游消费大数据报告（2021）〉》，http：//www. ctaweb. org. cn/cta/gzdt/202112/d72ca9beaf8f474b80d62caca 4d03a69. shtml，最后访问日期：2022年11月10日。

年实施旅游助企纾困的"12条"的基础之上提出"新12条",即《关于支持上海旅游业提质增能的若干措施》,重点强调打造红色旅游、品牌旅游,以红色文化为亮色、江南文化为底色、海派文化为特色,全方位提升上海红色文化旅游,积极推动形成长三角资源联动互通的红色旅游圈。同年7月,市政府发布《全力打响"上海文化"品牌 深化建设社会主义国际文化大都市三年行动计划(2021—2023年)》,重点突出红色文化在传承和发扬中的凝心铸魂作用,计划到2023年将上海建设为集建党历史资源、建党精神研究和建党故事传播于一体的现代化都市。推动实施《上海市红色资源传承弘扬和保护利用条例》,稳步推进上海红色文化理论研究,强化红色文化的新闻宣传及文艺创作,逐步优化红色教育培训和红色旅游的创新发展,通过以红色文化为基础的"上海文化"品牌推进上海旅游城市建设。同年9月,《上海市"十四五"时期深化世界著名旅游城市建设规划》正式发布,明确上海在"十四五"期间将布局"六大板块"以强化主城区的集聚效应及辐射带动作用,通过"五个新城"加快建设生态宜居宜游环境,借助"六大功能空间"提升上海红色旅游发展质量,围绕"党的诞生地"形成红色文化旅游系列集群。

2. 红色设施完善化

一是上海在红色场馆的修缮中注重对文物的保护和利用。自2018年以来,上海不断修缮具有重要价值的革命遗址遗迹,加快中国共产党第一次全国代表大会纪念馆的建设步伐。在全面加强功能设施建设和提升展陈水平的同时,不断加大对革命文物的保护力度,以期建成上海红色历史资源库。二是与红色旅游相关的旅游产品相继推出和城市基础设施建设也如期完工,进一步提升上海红色旅游发展硬实力。上海推出"红色旅游+交通""红色旅游+科技""红色旅游+展览""红色旅游+演出"等多类创新主体的红色产品,并在市区开设每日8:30~16:00,发车间隔为30分钟的"红色旅游专线",形成上车聆听历史讲解,下车打卡红色地标的独特模式。与此同时,串联14个红色景点,长达7.1千米的首条红色经典步道在上海建成,让人们在探寻中国共产党的诞生历程中感受建党精神的磅礴力量。①

3. 区域资源联动化

长三角地区是我国经济发展水平最高、产业集聚效应最好、创新水平最高的区域之一。区域总体红色历史持续时间悠久、红色文化鲜明。近年长三角各省市联合推动长三角红色旅游一体化发展，积极开展长三角文化和旅游信用建设及红色文化传承保护与创新利用，城市之间相互交流合作、协同联动、错位发展，以嘉兴南湖、上海、南京等地作为全国红色旅游经典目的地，打造了一批红色旅游精品线路。以"开天辟地·革命起航"为主题的红色精品线路串联上海及浙江嘉兴，让游客沿着早期共产党人的足迹重温初心。该线路也成为文化和旅游部"建党百年红色旅游百条精品线路"之一，通过线路整合城市间的文化资源，实现充分利用与共享。上海将持续抓实红色文旅，着力推动长三角红色文化旅游繁荣发展，江苏及安徽将在长三角文化和旅游联盟的工作中持续发挥积极作用，在积极防控疫情的同时以红色文化为引领，充分利用地方红色文化资源，助力区域红色文旅产业集聚化发展。

（二）主要红色地标发展现状

中共一大于1921年7月在上海法租界召开，自此，上海成为中国共产党的"产床"；中共二大和中共四大的相继召开又为上海的红色历史增添了新的印记。进入21世纪以来，我国对文旅融合的不断深入，兼具爱国主义教育和体验式游览的红色旅游成为其中具有标志性的旅游形式，上海围绕中共一大会址规划多条市内红色旅游精品线路、开设串联市内多个红色旅游景点的红色交运专线、联合井冈山和西柏坡等党的重要景点景区，开展线上线下主题活动。中共一大会址、上海四行仓库抗战纪念馆、上海解放纪念馆成为上海最具标志性的红色文化集合地，与陆家嘴的建设一起

---

① 《上海首条红色经典步道建成，7.1公里串联14处红色景点》，https：//www.so hu.com/a/474016508_260616，最后访问日期：2022年10月6日。

成为各具时代意义的著名景点。

1. 红色政权的诞生地——中共一大会址

中共一大会址早已成为广大人民群众见证党的成长、党员及党员干部加强政治信仰的最佳选择。2018年中共一大会址年游客接待量首次突破百万人次，2019年达到146万人次的高景气度。① 为庆祝中国共产党成立100周年，中共一大会址进行了近半年的修缮，于2021年6月与新建展馆组合开放。新展馆的基本陈列展厅面积超过3000平方米，按照历史推进的顺序共分为"历史选择 伟大起点""前仆后继 救亡图存""民众觉醒 主义抉择""早期组织 星火初燃""开天辟地 日出东方""砥砺前行 光辉历程""不忘初心 牢记使命 永远奋斗"七大专题。馆内包括文物展品612件，展品总量由278件扩容至1168件：72种版本的《共产党宣言》、2本《新青年》杂志、"南陈北李相约建党"的雕塑、"日出东方——从石库门到天安门"的历史浮雕组画等珍藏物品和文艺作品全部悉数展出，展现出一代代中国共产党人不忘初心、牢记使命的坚定信念，书写出一大幅气壮山河的人类史诗，凝聚起亿万人民群众的磅礴力量。② 从2021年6月开馆至9月23日，短短3个月内，在预约限流的前提下，中共一大会址共计接待游客85万人次，超同期近一倍；自开馆以来，日均参观游客保持在8000人次左右。

2. 抗日战争的重要阵地——上海四行仓库抗战纪念馆

位于上海静安区的四行仓库抗战纪念馆是苏州河畔独有的一处遗址类红色景点，占地3000平方米，是我国抗战纪念基地和爱国主义教育基地。自2015年8月13日淞沪会战78周年纪念日开馆以来，通过实物、雕塑、图文展板、巨幅绘画、模拟场景等形式展现以谢晋元为首的"八百壮士"在守卫四行仓库期间"舍小家、保国家"的家国情怀、对抗日战争胜利的坚定决心和爱国主义的民族精神。在上海四行仓库抗战纪念馆翻修维护的过程中

---

① 顾一琼、王宛艺：《时隔5个月！中共一大会址完成修缮，风华正茂》，https://www.sohu.com/a/460977435_120244154，最后访问日期：2022年10月6日。

② 《中共一大纪念馆开馆 集中展示建党时期珍贵文物》，http://www.xinhuanet.com/politics/2021-06/03/c_1127526262.htm，最后访问日期：2022年10月6日。

尽可能保持整个遗址的原迹原貌，所复原的8个炮弹孔和420余处枪弹孔见证了414人四天四夜舍生忘死、坚持抗日的历史，也让现今在此驻足的人们的脑海中一遍遍浮现出当年战火纷飞与400余名战士拼死坚守的情景。随着2020年8月电影《八佰》的上映，让原本模糊的想象最终以影片的形式更生动地展现出来，随着电影的热映，上海四行仓库抗战纪念馆成功出现在观众眼中，当月客流量便直线上升至2500人次的每日限流上限，日均客流量为以往的两倍多；纪念馆在做好疫情常态化防控的基础之上，曾一度启动大客流预案延长开放时间，但依旧热度不减。值此热潮，2021年4月，中国文化用品商品交易会围绕红色主题举办系列展会、行业论坛及高端论坛，通过老建筑所焕发出的红色文化内涵丰富创作思路。同时该会展举办方还与中国百货商业协会、上海市文化创意产业推进领导办公室等相关企业和部门联合举办"四行仓库文创作品设计"征集活动，以四行仓库IP设计元素为基础，聚焦四行仓库这一历史名片，设计创新一批全新的文创产品，用别样的方式展现和演绎当代的爱国情怀。据《报告（2021）》，上海市静安区得益于热门影视助推成为红色旅游年度热度涨幅之最，达1124%；四行仓库抗战纪念馆业已成为如今上海的热门景点之一，与中共一大会址不分伯仲。

3. 解放战争的关键节点——上海解放纪念馆

1949年5月，时任第三野战军司令员兼政治委员陈毅、副司令员粟裕采用钳形攻势和分割包围战术解放上海，上海战役的胜利为保卫东南沿海和恢复国民经济创造了有利条件。2004年，上海解放纪念馆建成开放，该馆是详细展现上海战役这一历史阶段的纪念馆，展馆面积大约1500平方米，由布设有艺术场景、主题雕塑和功勋柱的序厅，陈列200幅图片、100余件实物及动态军事地图的主展厅和围绕上海战役这一主题展开的大型多媒体主题情景剧场三大部分场馆组成。陈列顺序以上海战役所实施的"钳击吴淞、解放上海"战役决策为主线，重点展现当时解放军吸引国民党部队至城外决战，保护城市建筑的史迹；运用现代技术，通过声、光、电等方式复原战斗场景及军事地图，给进馆游客以近距离接触当时解放上海时的可视化图景，从局部战役的场景再现中让游客感受深刻教育。

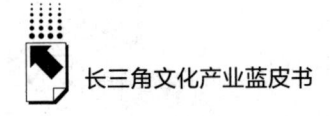

4. 改革开放的伟大成就——陆家嘴

浦东新区在改革开放的过程中扮演着重要角色,是党中央在20世纪80~90年代做出的重要战略决策之一,浦东的30年巨变令人叹为观止:地区生产总值自1990年以来翻了二百余倍,已经高达12734亿元,人均生产总值达到中等发达国家水平。浦东不仅完成了经济产业的快速发展,也在制度层面进行了多方向的探索和创新,留下了宝贵的物质财富和精神财富。陆家嘴是整个浦东最为成功的地区之一,在多个国内外设计规划院的联合规划下,陆家嘴被打造成为结合金融与贸易的功能性片区,1990年全国唯一一个金融贸易区在上海陆家嘴成立,自此之后,一个由金融推动城市活力增强和经济产值提升的浦东新区展现在世人眼中,充分发挥陆家嘴的区位优势和级差效应,开发开放的预期目标成功实现。如今的陆家嘴已经成为金融机构和银行总部的所在地,成为中国乃至全世界最具影响力的金融中心之一。2021年8月,《自贸试验区陆家嘴片区发展"十四五"规划》正式发布,上海陆家嘴将继续巩固其金融影响力,对标国际国内切实需要,朝着三大方向持续加快建设步伐,进一步巩固金融中心的地位,"十四五"期间规划实现集聚和容纳近万家金融机构、150家高能级全球资产管理机构、200个跨国公司总部,将陆家嘴金融城变为国际一流金融城。

上海作为我国早期党的建设和共产主义运动的发源地、反法西斯战争的重要阵地、解放战争的关键节点、中国改革开放伟大成就和现代国际化大都市的典型代表,在新时代将立足于更好、更快地建设世界著名旅游城市,不断挖掘红色文化内涵。

(三)建党百年之际上海红色旅游精品线路简介

建党百年之际,上海市文旅局推出10条各具特色的上海红色旅游精品线路。从建党的不忘初心到感受当代中国的大国力量、从当年文化号角唤醒国民意识到浦东的日新月异、从彼时的烽火硝烟到此时的和谐静谧,10条红色旅游精品线路,给游客带来的是历史演变下发展的上海、英雄奉献下革命的上海、党的领导下进步的上海、勤劳双手下奋斗的上海、城市现代化下绿色的上海，让游客在充分满足物质需要的同时感受红色文化所带来的精神力量，充分满足精神需求。2021年5月，文化和旅游部联合多部门推出"建党百年红色旅游百条精品线路"，连接上海和嘉兴的"开天辟地·革命启航"红色旅游线路位列其中。一方面肯定了上海作为党的诞生地的关键地位，另一方面给予上海立足新时代，发展成为世界著名旅游城市的重任。

三 上海红色文旅资源发展特征

为全面贯彻习近平总书记关于"把红色资源利用好、把红色传统发扬好、把红色基因传承好"的重要指示精神，从红色文旅资源供给端进一步推动上海红色文化旅游高质量发展。[①] 上海从红色资源的保护利用出发，全面发掘地方红色资源、研究地方红色文化。

（一）沪内红色文旅资源分布兼具广泛性与集中性

上海红色文旅资源在空间上存在着分布广且区域集中的特点。截至2021年9月，上海已认定612处红色文化资源、250处不可移动的革命文物。[②] 根据中共上海市委宣传部、中共上海市委党史研究室、上海市文化和旅游局、上海市规划和自然资源局共同发布的《上海红色文化地图（2021版）》，徐汇区、静安区、虹口区、黄浦区的红色文旅资源较为集中。对上海红色文旅资源的空间结构进行分析，可以发现上海市内存在的陵园类红色文旅资源呈现均匀分布，上海故居旧居类、遗址旧址类、纪念场所类和其他类的红色文旅资源呈现凝聚分布。同一区域内的红色文旅资源兼具广泛性与集中性的特征，可以使抵沪游客或市民在参观的过程中更具选择上的多样性，每个行程更具调节上的灵活性。红色交通专线也在给游客带来红色景点

---

① 姚亚平：《人民日报"弘观"新语：传承红色基因 滋养精神家园》，http://opinion.people.com.cn/n/2015/0215/c1003-26569589.html，最后访问日期：2022年11月10日。
② 《上海："初心之地"再掀红色旅游热潮》，http://k.sina.com.cn/article_1882481753_7034645902000ului.html，最后访问日期：2022年10月6日。

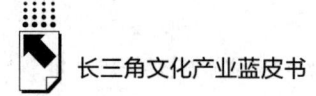

目的地多样化的同时增添了交通的便利化。基于此，上海红色文旅资源能够得到较为充分的利用，从原有的红色旅游建设经验中初步构建起红色旅游的产品和服务体系，这不仅反映在资源方面的多元，还更多地反映在红色景区景点接待的游客量上。以中共一大纪念馆为例，受疫情影响，虽然其实行预约限流制度，但在不到3个月的时间便接待游客近85万人次，热度不减以往。基本实现馆内红色文化资源最大限度、最高水平地向大众开放，由人民共享。

（二）沪内红色文旅资源内涵兼具丰富性与交融性

中国共产党在沪开展革命与探索的演变使上海具备丰富性，上海的城市文化也因历史悠久而具备包容性。第一，政治上的历史发展给上海增添了特有的红色底蕴。上海作为中国共产党的诞生地，不可磨灭的建党精神融入其中，自此之后，党的组织规模、活动范围、党员队伍得到源源不断的扩大。大陆的解放和港澳的回归也让无数党员和群众不断回望当年的"产床"；在全球文化交融的时代，鲜明的政治色彩成为国际竞争中不可多得的软实力，上海市内的红色旅游景点也为新一代青年人政治意识的树立提供了物质基础，足以见得这一红色政治底蕴永远镌刻在上海市的发展历史中。第二，经济改革的突破创新加快了上海的现代化步伐。作为改革创新的时代精神的典型代表，上海40多年的改革开放经验给中国沿海地区和边疆地区的发展提供了绝佳样板与可借鉴的开放经验。自设立上海自由贸易试验区以来，党中央先后批准广东、天津、福建、重庆等共计21个自由贸易试验区，结合自身发展特色不断由沿海向内陆地区延伸。上海的经济腾飞依托于以改革开放为主题的时代精神，让东方明珠在红色政权下熠熠生辉，举世瞩目。第三，东西方文化交融使上海另具风格。上海作为中西方文化的交汇点和结合部，其饮食文化、建筑文化、园林建设风格、艺术创作特色等多方面都展现出围绕中华文化的多元融合，所留存的物质、非物质文化特色也成为现在吸引游客驻足的主要方面。

（三）长三角红色文旅资源呈现一体化趋势

长三角三省一市地域相近、人文相通、经济相融，是全国旅游产业最为发达的地区之一，随着长三角一体化发展战略的不断深入，交通出行、旅游观光和文化体验等多方面实现不同程度的跃升，这也为红色旅游的区域与一体化发展创造了更大的空间和机遇。长三角地区拥有共同的红色记忆与红色血脉。近年来，苏沪浙皖持续推进红色旅游资源融合，在红色文旅产品设计及开发、开拓红色旅游市场等领域加强对接工作，在项目建设、市场监管及服务提升等方面加强协调工作，区域内红色旅游资源有机结合，形成系列"红色风景线"。2021年6月，长三角地区的文化和旅游主管部门在金寨县举办长三角红色旅游创新发展合作交流活动，以各地红色旅游资源禀赋优势形成22条长三角地区的红色旅游精品线路，不断提升区域资源协调和利用能力，从供给端着手形成旅游产品的有效供给。这不仅扩大了长三角地区线路共推、资源共用、充分共享的协作成果，还对上海在长三角红色文化资源的引领和带动上提出了更高水平的要求。

四 上海红色旅游产业化发展的建议

上海红色旅游产业是从20世纪二三十年代至今的历史积淀中产生的，以红色文化纪念地为物质载体，通过海纳百川、追求卓越、开明睿智、大气谦和的上海城市精神所展现出来的旅游发展形态。基于建党精神和改革开放的时代精神所形成的近代上海红色革命文化和现代上海改革创新成就是整个上海最具地方特色的文化资源核心竞争优势。从中不难看出上海在旅游产业化发展的过程中，多方面、多维度地对市内的红色文化资源进行整理，形成包含6条红色资源探寻线路在内的《上海红色文化地图（2021版）》，相较于2020版、2019版和2018版，新版地图创新制图方式，更加详细地收录了自五四运动起至上海解放时期内具有代表性的红色文化资源。同时，依托市内各类文化节庆活动形成系列红色文化活动，借助文化创意园区形成一系列富有海派特色的红色旅游新型业态,通过国际文化交流平台向世界各地不断传播红色文化,为将上海建设成社会主义现代化国际大都市提供扎实基础,充分展现上海的红色文化之美。

(一)持续做好红色文化保护与内涵的深度挖掘

依据红色文化资源而形成的红色旅游,正在实现从教育基地的设立向产业化发展的转变。文旅融合发展的趋势使文化在旅游产业发展的过程中起到关键作用。上海自2018年开始针对红色文化资源进行系统性梳理和深入挖掘,在高校及包括科研院所在内的研究机构和红色文化景点的共同协作下形成较为完善的研究体系、研究方法、研究内容以及研究力量,在取得丰硕成果的同时激发上海红色文化新活力,并力求多视角、全方位地展现上海红色文化资源,实现现有成果由人民共享。在产业化道路建设的过程中,上海的红色旅游产业架构逐渐清晰起来。在和平与发展是世界主题的当下,以史为鉴,学史明理,激发人民群众尤其是青年人的民族凝聚力与自豪感是传承和弘扬中国优秀红色文化的必由之路。

一方面,需要上海做好红色文化遗产的保护与传承。以中共一大会址为例,为期600多天的修缮,可谓下足功夫,精细到家。无论是修缮顺序、修缮流程还是修缮工艺,都需要按照当时的建设顺序和原貌进行1∶1的全流程复刻,涉及传统手工艺、建筑风格与装修风格等多个方面。因而从一大会址的修缮中延伸出多条物质或非物质文化传承路线,并借助现代科学技术,在数字化存储与应用上提高中共一大会址及其纪念馆的文物保护的能力和水平。与此同时,科学技术的运用使观众在馆内观游时能够通过扫码获取"云解说""云视频"等方式增强对展示文物的理解。上海红色文化资源因其历史的特殊性而极具传承价值,不断发掘、保护和利用红色文化独有的价值功能,不仅有利于社会主义核心价值观的构建,也有助于提升上海形成红色文化及旅游产业的能力。

另一方面,从红色文化的知名度和品牌效应出发,让群众对上海的革命史和斗争史印象更加深刻。自中国共产党创立以来,党内无数党员和民主人士一起在上海奉献自己的青春甚至生命，党在当时的历史条件下所展现出的艰苦卓绝、不畏困难、迎难而上、吃苦耐劳的革命精神值得社会各界学习和传承，这也正是中国革命为什么只有在中国共产党的领导下才能成功的根本所在。市内的学术界和档案管理部门可以在党史、新中国史、改革开放史、社会主义发展史中持续补充中共四大之后至改革开放前的上海足迹，不断探寻党员及爱国民主人士在上海进行革命和寻求民主的事迹。利用上海作为中国共产党的诞生地建设一批以建党精神为核心的文化产品及品牌；利用上海作为抗击日寇、粉碎日本帝国主义"速胜论"的关键战场树立和创作一批以民族精神为核心的文艺形象及文艺作品；以文化产品和品牌在多行业、跨学科的广泛布局提升上海红色文化的独特性和知名度。

（二）充分利用市内红色资源，仔细规划红色精品线路

上海统筹市内红色文化资源，已形成"开天辟地"旅游区（以中共一大会址纪念馆为中心）、龙华烈士陵园旅游区、"文化先驱"旅游区（以中国左翼作家联盟成立大会会址纪念馆为中心）、"伟人风范"旅游区（以陈云故居、东方绿洲及朱家角为中心）、"走向未来"旅游区（以宋庆龄陵园、虹桥开发区和古北新区为中心）五大红色旅游功能区。随着上海对红色文化保护和传承工作的不断深入，更多的红色文化资源得以发掘与利用。在整体规划过程中按照主题和功能逐一整理和划分，旅游区内的红色纪念地由点及线形成系列红色文化景观，主题色彩的丰富多样给上海增添了浓厚的文化底蕴和城市内涵，也为红色旅游线路的实际设计奠定了现实基础。

从上海红色旅游的发展规划上看，规划的合理性得到延伸，对整个上海旅游产业的发展有所延拓，全国重点红色旅游景区和红色旅游线路的建设力度将有所增强。从现有的精品旅游线路来看，得益于千条公交线路和16条轨道交通编织而成的交通基础设施网络和千余家酒店和旅游公共服务中心的完备，让游客在驻足于各个红色旅游景点的同时给予其充足的文创产品和旅游服务体验。弹性的时间安排和灵活的日程安排给游客以多样的选择。动态

的"红色之旅"让上海在着力塑造具有海派文化特点的同时不断擦亮上海作为"红色政权诞生地"这一鲜明底色。2021年正值建党百年，上海推出10条红色旅游精品线路，更注重对上海市内的红色资源的开发和利用。在包含上海红色著名景点的同时新添入革命时期爱国民主人士和进步青年在政治探索和文学艺术等方面的内容，增加党组织和党员在隐蔽战线上屡立奇功、不忘初心的内容，以及改革开放以来在工业制造业、对外贸易、金融等方面的内容，充分展现上海在不同历史时期的历史特征。此外，充分发挥红色文化的教育价值功能，通过精品旅游线路的规划设计和成体系的服务体验，将革命历史、革命传统和革命精神传播给广大人民群众，加强红色文化和先进文化的传播，提高人民群众的整体素质，增强爱国主义教育的成效，为上海的红色之旅增添别样的旅行体验。

（三）现代传播技术应用促进上海红色文化的保护传承与发展

红色文化不仅体现于静态的烈士陵园、展览馆、陈列馆、名人故居等特色建筑或建筑群，而且包含在学习教育和梳理历史的过程当中。在现代传播媒体快速发展、不断融合的大背景之下，上海充分利用互联网技术以及新媒体、融媒体等传播技术不断加强红色文化的传播，通过技术创新的手段实现新兴媒体与传统媒体的交互融合，在红色文化传播的网络化中形成全面覆盖线上线下的红色文化传播网，逐步实现红色文化资源的互联互通与资源共享，形成红色文化的传播合力。因此，在传统书本教育的过程之外插入新媒体时代下的网络平台，通过网络交互性的优势解决原有的单向传播和被动接受的问题。这些问题的解决所形成的优势借助现代互联网技术得到传播，真正实现红色文化的广泛传播和有效传播。主流新闻媒体充分发挥社会影响力和舆论引导力，上海利用本地媒体和国家权威媒体机构，在中华人民共和国成立70周年、建党100周年的重大历史时刻开设专版专栏、发布上海红色专题片、刊载上海党史专题文章等，从电视直播到网络直播再到发布小视频等多渠道多方式报道和推送相关内容；从红色景点数量、各个景点的游客量、红色旅游消费等多个数据反映和宣传上海红色旅游发展的成果。各红色旅游景点内也逐步成为前沿技术的应用平台，人工智能、VR 虚拟等技术的应用让游客的体验性和互动性更强，也使得许多不便于静态展示的文物得以公之于众。同时，依托本市红色经典景区不断推广一系列人民群众所喜闻乐见的红色主题文艺创作及演出活动。此外，在近年的红色旅游宣传中，对上海其他红色经典景区进行了相应报道，以不断促进上海整体的红色文化形象的提升，让更多的人了解上海红色文化。

（四）与文艺活动有机结合以增强民族归属感和凝聚力

不断更新新时代中国共产党在上海的政治、经济、文化、社会上的重要举措，形成新的红色文化时代印记。以音乐会、歌舞剧、评弹等多种文艺汇演及地方特色文艺活动进行艺术加工和演绎，唤醒和激发群众的民族凝聚力和民族自豪感，将传承和弘扬红色文化与建党精神有机结合，将城市的红色精神底色和文化底蕴紧密结合，彰显"上海文化"，讲好上海故事。此外，现代青年群体学习和传承红色文化对其树立正确的人生观和价值观具有积极作用。新时代的抗疫精神也成为现在奏响的主旋律之一。一大批以"00 后""10 后"为主的新时代青年并未经历当年的烽火硝烟与艰难情景，只能通过爱国主义教育切身体会到党一路走来的艰辛，了解和感悟到立国的不易。以中共一大纪念馆内的中共一大文创商店中陈列的系列商品为例，店内所展示的服饰、笔尺、伞具等文创产品既保持原有的红色文化内涵，也将红色文化的物质载体进行延展化，将传统与潮流充分结合。数字化产品也在其中表现突出：学习强国平台、数字图书馆、数字博物馆等依托现代科技所形成的电子化、可视化产品为更多年轻人认识历史、了解历史提供了便利条件。

参考文献

褚劲风、周晶晶、刘思瑶、邓喜褚，2021，《上海红色文化资源研究综述》，《党政论坛》

第 4 期，第 16~18 页。

孔亮、高福进，2020，《上海红色文化资源的特色、优势及研究述评》，《上海文化》第 10 期，第 14~23、125 页。

刘思瑶，2021，《上海红色文化旅游资源空间结构研究》，《合作经济与科技》第 4 期，第 20~24 页。

吴宁、孙鲁，2019，《上海红色文化资源的形成、图谱和意义》，《红色文化资源研究》第 2 期，第 1~6、14 页。

B.11
长三角文化产业一体化研究报告

王学成 车丽娟*

摘 要: 长三角区域是区域一体化战略、"一带一路"建设的实施地,承担多项国家战略和政治使命。当前背景下,长三角一体化建设迎来重大机遇期,文化产业一体化发展是长三角区域一体化发展的重要组成环节,且极大程度影响区域整体经济发展质量。本文基于一体化背景,分析长三角文化产业一体化的必要性、优势、战略机遇和发展特色,深刻认识到长三角文化产业一体化发展的经济效益和社会意义。

关键词: 长三角 文化产业 一体化

一 长三角文化产业一体化必要性

一是长三角高质量发展的必然要求。"一体化"和"高质量"是辩证统一、相互联系的。习近平总书记明确指出,要"紧扣一体化和高质量两个关键词抓好重点工作,推动长三角一体化发展不断取得成效"[①]。推进长三角一体化发展,要在"一体化"中实现"高质量",把高质量作为衡量一体化发展的重要指标。面向"十四五",在"内循环、双循环"新发展格局

---

* 王学成,上海财经大学人文学院教授、经济新闻系主任,研究方向为文化产业、媒介管理;车丽娟,上海财经大学经济学院2020级博士研究生,研究方向为产业经济、政治经济。
① 《习近平主持召开扎实推进长三角一体化发展座谈会并发表重要讲话》,http://www.npc.gov.cn/npc/c30834/202008/55b2783cbb364c9a919754b7d5642e92.shtml,最后访问日期:2022年9月2日。

下,加快推动长三角文化产业一体化发展已成为长三角区域一体化的题中之义。文化产业作为"软实力"的代表,制约着长三角经济社会高质量发展水平,更高质量的长三角一体化须文化产业一体化先行。相比于第一、第二产业,文化产业整合了文化的优势和产业的效益及向度,具有无污染、低能耗、潜力大、附加值高的特点,是长三角地区经济高质量发展的突破口。长三角文化产业一体化既以共通的江南文化为纽带,又根据地方优势培育各具形态的特色产业,从供给侧和需求侧两端激发新动能,先试先行建立文化强区。近年来,长三角各城市纷纷认识到发展文化产业的重要性,地方政府应围绕"十四五"时期长三角文化产业发展的新机遇和新使命,加强对长三角文化产业一体化发展的系统性研究,共同探寻长三角文化产业更高质量一体化发展的路径模式,使文化产业以更快的速度进入以规模化经营、创新驱动为特征的高级发展阶段。

二是市场经济的必然结果。市场在资源配置中起决定性作用。长三角文化产业一体化不是人为的,而是市场经济的结果。近年来,长三角文化产业在蓬勃发展的同时矛盾与冲突也不断升级。各地文化资源、信息资源、人力资源等不能共享,文化产业结构失衡,地区发展不平衡,产品同质,等等,成为阻碍长三角文化产业发展的主要障碍。一体化发展是比协调发展更高的发展要求,要想解决长三角文化产业的发展弊端,一体化发展势在必行。通过文化产业一体化,建立健全的现代文化产业体系与文化市场体系,盘活存量资源,促进沪苏浙皖资源协同开发,为长三角文化产业发展增添更多的活力、更强的动力。

三是保护传统文化,提升文化自信的重要要求。文化是一个地区的名片,文化产业能体现区域的文化理念、文化价值和文化追求,发展文化产业的同时也是保护与创新长三角文化的文化。在文化强国这样的历史伟大征程的目标下,长三角文化产业一体化具有重要意义。首先,有利于增强文化认同感。长三角文化区域同宗同源的历史背景形成如今独特的长三角文化,文化产业的发展加速了长三角江南文化核心内涵的传播,有利于构建当代长三角文化认同,增进长三角文化凝聚力,树立文化自信。其次,加强了文化遗产的联动合作保护。截至2022年，长三角地区总共拥有593项国家级非物质文化遗产，占总数的38%。昆曲、南京云锦织造技艺、龙泉青瓷传统烧制技艺等也被列入人类非物质文化遗产代表作名录。以旅游协同为手段，将文化资源和自然资源融于文化旅游的规划框架，采用跨区域集群保护思路探索打破区域行政分割的文旅融合政策体系，形成区域联动保护机制。最后，助力文化"走出去"。把江南文化打造成新时代宣传中国形象、展示中华文明、彰显文化自信的独特名片，为中国其他区域文化"走出去"提供示范。

二 长三角文化产业一体化优势

1. 全国前列的文化产业水平

作为全国第一个实现文化产业成为国民经济支柱产业的地区，长三角文化产业的发展水平和规模始终位居全国前列。从主营业务收入、资产、产业法人单位、从业人员、规模以上文化制造业企业数量等多项数据看，长三角文化产业在增速和体量上领跑全国。从具体行业看，长三角的新闻媒体、广播影视、会展服务、出版印刷、动漫游戏、网络文化、演艺娱乐、文化装备等重点门类的发展水平和产业规模也均位于全国前列。目前，长三角已成为中国文化产业的强大增长极。

一是规模总量持续增长。数据显示，长三角文化产业增加值从2014年的7310亿元增至2018年的12200亿元，增长幅度为66.89%，占全国文化产业增加值的比重始终在30%以上（见图2-1）。文化产业对GDP的贡献程度显著增加，2018年文化产业增加值占地区生产总值的比重，上海为6.09%、江苏为5.00%、浙江为6.57%、安徽为4.52%，三省一市的文化产业增加值占比均超过全国比重的4.48%。

二是文化产业实力不断壮大。截至2021年，长三角地区产业实力不断增强，其中，上海、江苏、浙江均位列文化产业发展综合指数全国前十（见图2-2）。上海文化产业保持稳步增长，文化金融发达，文化商贸及高科技赋能文化业突出，文化产业在推动上海经济高质量发展中起到重要作

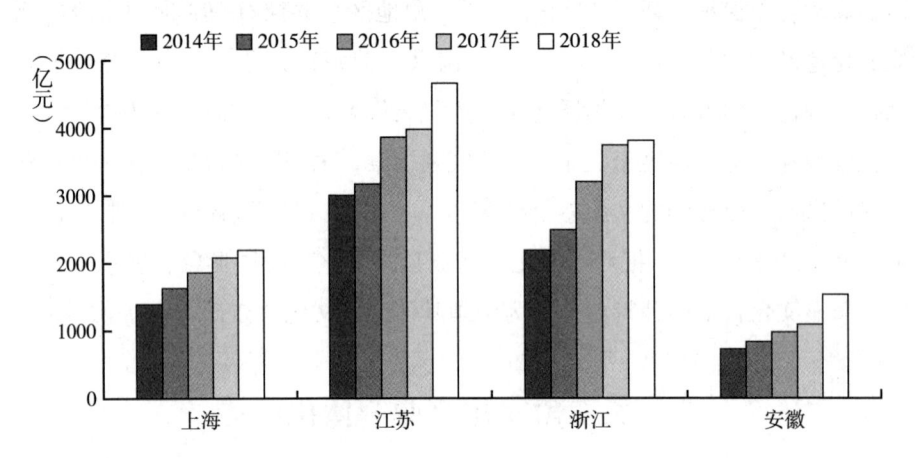

图 2-1　2014~2018 年长三角文化产业增加值

资料来源：国家统计局。

用；江苏历史名城繁多，旅游业尤其发达，科教实力领跑全国；浙江民营文化企业资源丰富，继承了越文化"敢为人先、善于创造、勇于创新"的精神，互联网和文化产业结合方面表现突出；安徽乡村旅游特色明显，出台了一系列促进文化产业发展的相关政策，文化产业快速发展。

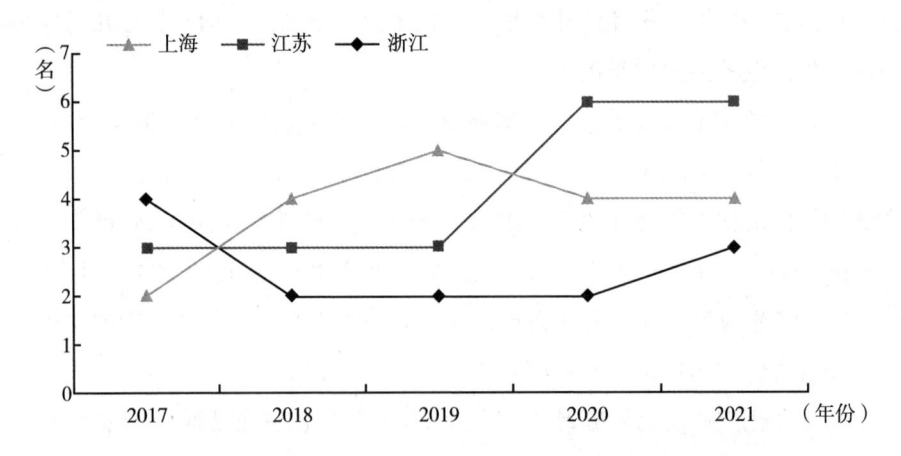

图 2-2　2017~2021 年上海、江苏、浙江文化产业发展综合指数排名

资料来源：中国人民大学文化科技园、中国人民大学文化产业研究院发布的《中国文化产业系列指数》。

三是文化市场繁荣发展。2020年，长三角地区规模以上文化及相关产业企业总数达到19537家，占全国比重为30.57%，约占全国的三成。其中，江苏位列第一，拥有规模以上文化及相关产业企业8191家，约占长三角地区企业总数的42%；安徽文化市场规模以上文化及相关产业企业数最少，其文化产业整体水平与长三角地区其他三个省市相比较低（见表2-1）。长三角地区文化及相关产业从业人员总计5066929人。其中，江苏从业人员最多，为2247846人，占全国比重为11.87%，占长三角地区比重为44.36%。长三角地区文化及相关产业实现营业收入46125.83亿元，全国占比为33.18%，文化市场发展趋势向好（见表2-2）。

表2-1 2020年长三角地区规模以上文化及相关产业企业基本情况

地区	企业单位数（家）	占全国比重（%）	资产总计（亿元）	占全国比重（%）
上海	3548	5.55	13990.50	8.95
江苏	8191	12.82	21692.51	13.89
浙江	5406	8.46	15579.23	9.97
安徽	2392	3.74	3649.06	2.34

资料来源：国家统计局社会科技和文化产业统计司、中宣部文化体制改革和发展办公室，2021。

表2-2 2020年长三角地区文化及相关产业企业基本情况

地区	年末从业人员（人）	占全国比例（%）	资产总计（亿元）	占全国比重（%）	营业收入（亿元）	占全国比重（%）
上海	727780	3.84	18355.15	6.70	11596.36	8.34
江苏	2247846	11.87	42461.88	15.49	15355.53	11.05
浙江	1460806	7.71	24648.01	8.99	15274.98	10.99
安徽	630497	3.33	7781.83	2.84	3898.96	2.80

资料来源：国家统计局社会科技和文化产业统计司、中宣部文化体制改革和发展办公室，2021。

2. 超强的居民文化消费能力

文化发展离不开消费，长三角文化消费能力独占鳌头，巨大的文化消费市场为长三角文化产业一体化奠定了基础。长三角地区居民文化消费需求不断增加，人均文化娱乐消费逐年增加。上海、南京、宁波、合肥、苏州、杭州、芜湖七个城市入选国家文化消费试点城市，长三角地区文化支出逐步增加，居民文化消费意识不断增强。2020年，上海、江苏、浙江和安徽的人均文化娱乐消费支出占人均消费支出的比重分别为3.45%、2.59%、2.77%和2.42%，居民文化消费潜力巨大，居民文化娱乐需求有待进一步提升。

除安徽外，长三角其他地区的居民消费能力均高于全国平均水平。其中，上海表现尤为突出，人均文化娱乐消费支出不仅远超全国人均文化娱乐消费支出，也是长三角地区的最高水平。与此同时，上海居民文化消费能力也呈现逐步递增态势，2020年人均文化娱乐消费年均增长率高出全国平均水平，但受新冠肺炎疫情影响，2020年人均文化娱乐消费支出相比2019年降低1429元。浙江居民消费能力在长三角地区仅次于上海，人均文化娱乐消费支出不断攀升。尽管受新冠肺炎疫情影响，2020年浙江人均文化娱乐消费支出较2019年降低500元，但仍高于全国大部分地区，浙江居民文化消费能力较强。2020年江苏人均文化娱乐消费支出较全国人均文化娱乐消费支出高111元，这说明江苏居民文化消费能力高于全国平均水平，但是最近几年有下降的趋势，某些年份的增长率甚至为负。安徽是长三角三省一市中居民文化消费能力靠后的地区，由于经济发展较长三角其他地区稍显不足，2020年人均文化娱乐消费支出低于全国人均文化娱乐消费支出113元（见图2-3）。

3.一流的文化企业竞争力

文化企业是文化产业一体化进程中的主体力量，企业竞争力的高低极大地影响着一体化的速度和质量，长三角文化企业拥有一流的竞争能力。

一是文化产业领军企业多。长三角地区是全国拥有文化产业领军企业最多的地区之一。在全国文化企业30强的评选活动中，长三角地区拥有30强企业数量呈波动上升趋势（见图2-4）。2021年，长三角有11家企业被列入第十三届"全国文化企业30强"，占全国总数的36.67%，在全国各地区中遥遥领先。长三角领军企业并非各立山头，而是在各个细分领域发挥了"一马当先，万马奔腾"的领军作用。上海精文投资有限公司、江苏文化投资管理集团、浙江省文化产业投资集团、安徽省文化投资运营有限公司联合

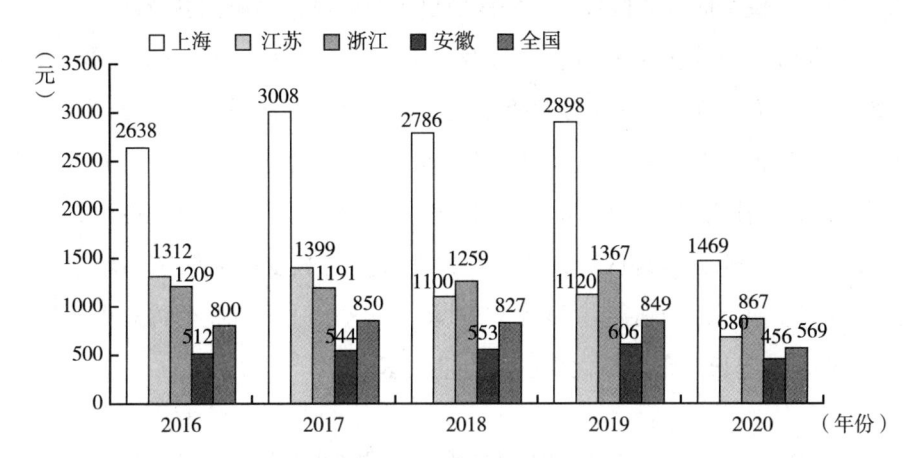

图 2-3　2016~2020 年长三角地区人均文化娱乐消费支出情况

资料来源：国家统计局社会科技和文化产业统计司、中宣部文化体制改革和发展办公室，2021。

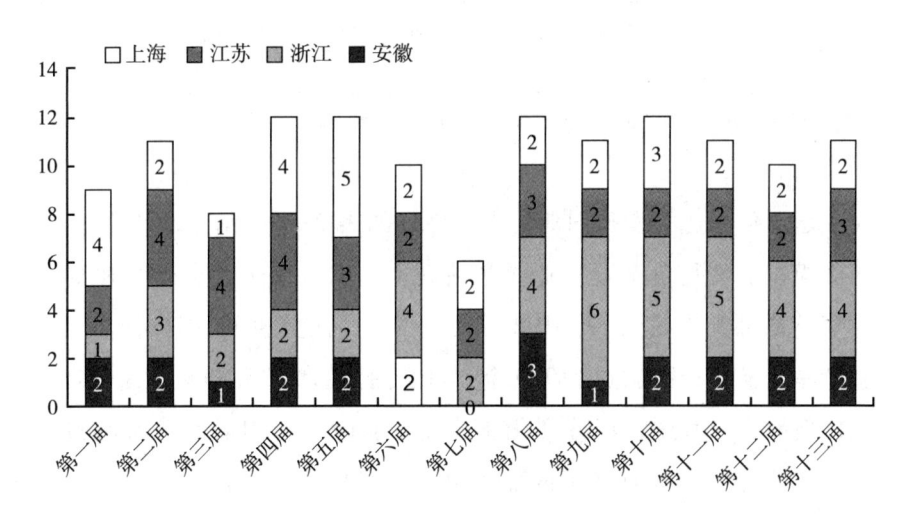

图 2-4　历届长三角三省一市拥有的全国文化企业 30 强数量

资料来源：根据全国文化企业 30 强名单汇总整理。

发起长三角文化产业投资联盟。安徽出版集团、上海世纪出版集团、江苏凤凰出版传媒集团、浙江出版联合集团共同规划，打造上海总部、四个地区分部、N个特色基地发展模式，引领区域出版产业体系和协同创新体系。

二是独角兽企业数量众多。独角兽企业代表着强大的创新发展动能。《2021长三角独角兽与未来独角兽企业榜单》显示，截至2021年3月31日，长三角城市群共有独角兽企业113家、未来独角兽企业103家，文旅教育领域拥有13家独角兽企业和10家未来独角兽企业（见表2-3），占比分别为11.50%、9.71%。分地区看，长三角独角兽企业数量排名前三的城市是上海、杭州、南京，分别拥有53家、37家、12家；上海和杭州的总占比达到79.65%，扛起长三角区域优质创新力量大旗。

表2-3 文旅教育领域独角兽企业名单

类别	具体企业
文旅教育独角兽企业	阿里体育、灿星文化、高顿教育、华人文化集团、界面、乐刻运动、美术宝1对1、柠檬影业、苏宁体育、淘票票、网易云音乐、喜马拉雅、掌门1对1
文旅教育未来独角兽企业	Finger、傲梦、河小象、兰迪少儿英语、亲宝宝、小码王、校宝在线、timing、Uniccareer、米读小说

资料来源：《2021长三角独角兽与未来独角兽企业榜单》。

三是文化企业开发与创新实力雄厚。如表2-4所示，2020年长三角地区规模以上文化制造业企业科技活动中，R&D（全社会研究和试验发展）经费内部支出达到1710102万元，占全国比重为32.47%；长三角地区新产品开发项目数达到11979个，占全国比重为36.83%，具有较强的文化创新能力。其中，江苏文化制造业企业研发与创新活动遥遥领先于长三角其他省市，R&D经费内部支出、新产品开发项目数和新产品开发经费支出的占比都达到全国的10%以上，江苏文化制造业企业研发与创新活动在长三角地区一骑绝尘。浙江规模以上文化制造业企业研发与创新活动的各项指标均高于上海和安徽，浙江在新产品开放方面投入较多，达到65亿元，新产品开发项目数达到5510个。上海是四省市中规模以上文化制造业企业研发与创新活动使用经费最低的，因资金投入不足，新产品开发项目数也落后于长三角其他地区，但上海文化制造业企业研发与创新活动的效率最高，新产品开发项目数与新产品开发经费之比高于长三角其他地区（见表2-4）。

表2-4 2020年长三角地区规模以上文化制造业企业科技活动情况

地区	R&D经费内部支出（万元）	占全国比重(%)	新产品开发项目数（个）	占全国比重(%)	新产品开发经费支出（万元）	占全国比重(%)
上海	124945	2.37	541	1.66	113918	1.67
江苏	813949	15.46	4161	12.80	1161112	17.03
浙江	461932	8.77	5510	16.94	658180	9.65
安徽	309276	5.87	1767	5.43	377027	5.53

资料来源：国家统计局社会科技和文化产业统计司、中宣部文化体制改革和发展办公室，2021。

4. 高水平的文化产业集聚效应

产业集聚是指同一产业在某个特定地理区域内高度集中，一体化是更高层次的产业集聚。长三角是全国文化聚集度最高的地区之一。据统计，长三角拥有14个国家级文化和科技融合示范基地①，拥有在全国文化产业园区综合实力100强中排名第一的张江文化产业园；此外，长三角还拥有全国规模最大的数字出版产业集群、网络广播和网络教育基地、网络文学集群、对外文化贸易企业集群、影视生产综合基地和电视剧生产与流通平台，也是全国主要的动画电视生产基地之一。

5. 广泛的文化产业对外合作

长三角是我国文化产业对外合作最广泛、对外文化贸易最发达的地区之一。长三角拥有全国规模最大的国家对外文化出口重点企业集群和文化出口重点项目集群，在首批13家国家对外文化出口基地中占有4家。中国第一个国家对外文化贸易基地、全国唯一以出口为导向的国家级影视产业

---

① 《第四批国家文化和科技融合示范基地名单》，https://view.inews.qq.com/a/20211111A09UL100，最后访问日期：2022年9月18日。

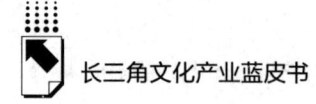

园区、投资规模最大的中美合资文化产业项目、第一个中法合作的上海西岸美术馆与蓬皮杜中心五年展陈合作项目、全球第一个"丝绸之路国际艺术节联盟"等众多国际文化合作项目落户长三角。长三角也是全国对外文化投资最活跃、规模最大的地区，既包括向发达经济体的投资，也包括向"一带一路"和发展中国家与地区的投资，为打造人类命运共同体做出了积极的贡献。

6. 领先的文化研发能力

一是文化人才集聚。长三角拥有"985工程"高校8所，"211工程"高校24所，拥有文化部命名的国家文化产业研究中心3个、一批高校或科研院所设有专门研究文化产业的学术机构，为文化产业发展提供智库支持，充分发挥人才荟萃、汇集众智的优势。二是文化科技高端。长三角是全球重要的先进制造业基地，聚集了大量高新科技企业，拥有国家级文化和科技融合示范基地8处。技术革新和创新成果纷纷涌现，数字媒体展示、大数据建设等新兴技术优势推动传统文化产业与科技不断融合，催生了新的文化业态、延伸了文化产业链。三是科研投入力度加大。上海发挥龙头带动作用，提供高水平科技供给，支撑全国高质量发展。江苏和浙江在长三角文化科技创新方面处于活跃状态。2020年，江苏的R&D经费支出占地区生产总值的比重为2.85%，R&D人员达到89万人[①]。2020年，浙江全年R&D经费支出与地区生产总值之比为2.8%，比上年提高0.13个百分点。财政一般公共预算支出中科技支出为472.1亿元。[②] 安徽创新馆是全国首座以创新为主题的场馆，将深入推进"政产学研用金"六位一体的科技成果转化体制，进一步建设创新成果转化形式，进一步建立现代产业体系。

---

① 《2020年江苏省国民经济和社会发展统计公报》，http：//www.js.gov.cn/art/2021/3/10/art_63906_9713663.html？from=singlemessage，最后访问日期：2022年9月18日。

② 《2020年浙江省国民经济和社会发展统计公报》，http：//tjj.zj.gov.cn/art/2021/2/28/art_1229129205_4524495.html，最后访问日期：2022年9月18日。

三 长三角文化产业一体化战略机遇

1. 区域一体化战略畅通文化发展内循环

长三角是我国经济发展最具活力的地区之一，要深刻认识长三角地区在国家经济社会发展中的地位和作用，其不仅是国内地区发展的"先行军""领头羊"，也是参与全球竞争的"战略堡垒"。长三角具备配套性强且完整的工业体系，产业链颇具规模，新兴产业的发展水平全国领先，具有完善的产业基础和强大的区位优势，长三角一体化发展纵深推进对推动国内大循环起着至关重要的作用。长三角一体化不仅是三省一市自身发展的内在要求，也是推动形成双循环发展新格局的共同使命，三省一市已经从共识、共谋走向共同行动。

长三角一体化发展激发了区域内前所未有的融合动力，也给文化产业带来了重大历史机遇。文化创新是一个地区经济社会实现可持续发展的强大动力，激发供给端和需求端的新动能，培育发展消费新业态，有助于拉动消费、扩大就业、扩大内需、刺激国内流动、促进经济高质量发展。长三角文化产业高质量一体化发展是长三角一体化战略的重要内容，长三角文化产业应当抓住这一重要发展机遇，努力在危机中育新机、于变局中开新局。长三角一体化战略有利于推进区域文化产业构建一种连接、赋能、共生的模式，在新观念和新机制的基础上推动区域内文化产业分工明确、互通有无，推动长三角文化产业协同发展，把长三角建设为区域一体化文化强区。

当前，沪苏浙皖三省一市要树立长三角命运共同体意识，积极主动地融入长三角区域一体化发展进程，牢牢把握文化产业发展黄金时期，构建文化产业合作联盟，深化文化市场改革，促进文化要素流通，依托长三角一体化战略畅通文化产业发展内循环，将文化产业打造为长三角高质量发展新阵地。

2. "一带一路"国际合作助力文化走出去

"一带一路"不只是一个空间概念和经济合作战略，而是一个建立在历

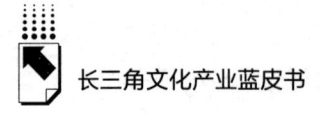

史文化概念影响基础之上的文化影响力范畴，它通过文化将历史、现实与未来联结起来，成为中国面向全球化的战略架构（隗斌贤，2016）。"一带一路"倡议不仅体现在经济、商业、贸易领域，而且是国家文化建设的一项重要举措。党的十九大报告明确了文化建设在中国特色社会主义建设总体布局中的定位，提出了新时代文化建设的目标，指出了新时代文化建设的着力点，提出了新时代文化建设的基本要求。党中央将文化建设作为中国特色社会主义事业建设的总布局的重要方面，只有将我国先进的文化转化为软实力，才能全面提升我国在国际社会的影响力。"一带一路"增进了我国文化的对外交流与合作，在一定程度上加强了文化建设，加快了我国文化"走出去"的步伐，扩大了我国文化的国际影响力。

当前单边主义、霸权主义和保护主义抬头，经济逆全球化趋势显露，新冠肺炎疫情冲击全球产业链的协调机制，国际环境复杂多变，长三角地区作为我国改革开放前沿阵地，是沟通国内市场与国际市场的重要桥梁，对于我国维护和引领经济全球化有积极作用。长三角地区将"丝绸之路经济带"与"21世纪海上丝绸之路"连接起来，是"一带一路"的重要交汇点。长三角地区在高质量推进"一带一路"建设中具有重要战略地位，"一带一路"高质量发展是长三角一体化发展进程的重要助推力，长三角一体化发展与"一带一路"高质量建设互相配合，有利于进一步深化我国对外开放水平。

3. "十四五"规划对文化产业发展提出新要求

党的十九届五中全会着眼全局，对"十四五"时期的文化建设做出顶层设计，明确提出到2035年建成文化强国的远景目标，这为新发展阶段繁荣发展文化产业提供了"时间表"和"路线图"。2021年公布的《"十四五"文化产业发展规划》明确要继续加强文化产业区域布局，壮大各类文化市场主体，发展新型文化业态；要求"十四五"时期长三角文化产业要充分利用长三角地区经济发展优势，加快构建现代化文化产业体系和文化市场体系，推动长三角文化产业一体化、高质量发展。"十四五"时期，长三角文化产业发展要因地制宜，充分利用各自的资源禀赋和文化产业发展特色，实现资源互补、协同发展，打造新时代文化领域建设新典范。

上海提出"十四五"时期要在具有世界影响力的社会主义国际文化大都市的建设上取得新突破，到2035年基本建成令人向往的人文之城；江苏则提出要建成文化建设高地、旅游高质量发展示范省、文化和旅游深度融合发展样板区，推动江苏成为水韵人文魅力充分彰显的世界著名旅游目的地，推动文化和旅游融合发展；浙江提出要努力打造新时代文化新高地，共建杭黄世界级文化旅游廊道、环太湖生态文化旅游圈、江南水乡文化体验廊道，形成具有国际影响、中国气派、古今辉映、诗画交融的文化浙江新格局；安徽提出要优化文化旅游产业空间布局，全面推进与沪苏浙协同合作，打造长三角文化旅游休闲康养示范基地，向建设创新型文化强省迈进。

四　长三角文化产业一体化发展特征

1.区域联动催生更高质量的分工合作

长三角各城市充分利用区域内文化资源要素，力促差异化联动发展。上海在长三角地区拥有比较优势，其创新能力突出、经济实力强劲且与周边地区经济黏性较强，以上海为增长极发挥上海在长三角城市群文化产业交流合作中的龙头带动作用，有利于上海文化产业在文化要素相互作用过程中更好地通过诱导机制对其他区域的文化产业形成支配效应。通过构建网络化增长极，形成完善的文化增长极体系，延长长三角文化产业链，加快长三角一体化发展进程，从根本上实现区域联动，加快形成聚集效应和规模经济。各城市充分梳理自身资源比较优势，结合自身比较优势、产业基础和产业特色，做大做强优势产业，明确自身在体系内的分工，发挥地缘优势及文化内在聚合力，拓宽文化合作渠道，创新文化联动方式，提高城市群分工合作质量，协调共建长三角文化产业。

建设长三角一体化示范区，进一步发挥上海在长三角城市群交流合作中的龙头带动作用，不断推进长三角区域合作、区域协调共建，破除长三角地区之间的行政壁垒。长三角各地区通过加强顶层设计完善文化产业协同发展体制机制，促进各生产要素自由流动，提高资源配置效率。长三角各地区推动示范区海外人才同城化服务和专业技术人才资格和继续教育学时互认，以最大力度破除限制人才流动的门槛；共建共享共用跨区域公共服务，包括实现"异地就医免备案，基本医疗广覆盖"、开通跨省公交线路等；政府、市场和社会力量通力合作，构建形成业界共治、机构法定、市场运作的跨域治理新格局，并在示范区组建业界共治、双向赋能的示范区开发者联盟，为探索区域一体化发展奠定了坚实的体制保障；探索开展金融同城化服务，降低金融跨域交易成本，构建金融监管合作新模式，促进金融资本在区域内自由流动。推动区域内文化要素资源共享共建，提升长三角文化产业的发展水平和效率，共享文化产业发展成果。

2. 文化产业园区建设推动更高程度的产业集聚

长三角文化产业园区建设增强省际产业合作程度，推动产业跨区域转移和生产要素双向流动。《长江三角洲区域一体化发展规划纲要》提出共建省际产业合作园区，推进长三角跨界共建共享。2021年，江苏无锡惠山经济开发区、浙江头门港经济开发区、安徽合肥蜀山经济开发区升级为国家经济技术开发区。至此，长三角共有68个国家级经济技术开发区，约占全国近三成。目前长三角区域集聚了148家国家级各类园区，其中包括国家级经济技术开发区、国家级高新技术产业开发区、海关特殊监管区，350多家省级各类园区，超过25000家地市级及以下各类园区。

长三角文化创意产业区以上海为发展核心，辐射带动苏州、南京、杭州等城市发展，各地区之间彼此关联，在合作和竞争中提高市场竞争力。近年来，长三角文化产业发展势头强劲，产业聚集效应推动了产业园区快速发展，文化产业园区已成为长三角文化产业发展的一大特色。长三角文化产业园区将文化产业资源和要素集中起来，在借鉴外来先进管理经验方面具有区位优势，吸纳了各地优秀文化人才资源、资金资源、科学技术、管理经验等。长三角打造文化产业园区，利于优化产业布局，提高产业集中度，推动长三角区域文化产业向规模化、集约化转变，进一步推进长三角文化产业一体化发展进程。

据统计，长三角地区拥有14个国家级文化和科技融合示范基地。近年来，随着文化和科技融合工程深入推进，文化产业为物联网、云计算、大数据、人工智能、全息投影等前沿技术的应用扩展了新平台，促进创新链和产业链的有效对接，形成了一系列文化科技类的实用新型专利，催生出大批互动性强、体验性好的文旅产品。第三届长三角文博会成立了长三角文化产业投资联盟和长三角数字出版协同创新平台暨长三角数字出版创新发展联盟两个平台，这两个平台的建立促进资源打破行政壁垒，使文化资源在长三角地区协同开放共享，通过资本和项目的有效链接，推动长三角文化产业进一步协同发展，加速长三角一体化进程，形成沪苏浙皖互动效应。

3."文化+"促进更宽领域的融合协调

文化产业是长三角现代产业体系的重要组成部分，长三角文化产业发展稳中有进，已经形成具有一定规模和各地特色的文化产业，提升长三角产业竞争力和综合实力。长三角文化产业不断创新，加快推进其他产业与文化产业相结合，有利于培育消费新业态，形成新的文化产业增长点，构建错落有致、分工协作的产业发展新格局，推动产业转型升级，为文化产业发展带来新动能。

文旅一体化是长三角一体化的重要组成，文化旅游深度融合推动长三角文化产业一体化发展，文化赋能和旅游带动作用明显。作为我国文化旅游资源集中分布区之一，长三角具有文旅一体化发展的先天优势和比较优势。截至2022年，长三角三省一市的5A级景区总数达61家，约占全国5A级景区总数的20%。[1] 近年来，长三角地区充分利用各地文化产业要素资源，融合生态、文化、康养等资源，积极探索文化产业和旅游产业深度融合促进共同富裕的有效路径。据统计，2021年上海接待旅游总人数达2.95亿人次，较2020年增加了0.58亿人次，同比增长24.47%，旅游产业增加值达

---

[1] 《5A景区数量：重庆11家排第一，北京、苏州和西安前四名》，https://new.qq.com/rain/a/20220725A00X2Q00，最后访问日期：2022年9月18日。

1500.52亿元，同比增长14.19%。① 江苏主动适应常态化防控下大众旅游出行和消费偏好变化，拉动文旅行业加速复苏。2021年江苏接待境内外游客达7.07亿人次，实现旅游业总收入11672.72亿元，接待国内旅游人次、国内旅游收入恢复程度分别高出全国23.3个和28.5个百分点。② 浙江文旅部门大力推进新政策为企业纾困解难，文旅企业"花式"自救，定制化的旅游服务、智能的数字化游玩体验等，颠覆了大众对"诗和远方"的认知。2021年安徽文旅行业克服疫情影响加快复苏，全年接待国内游客达到5.8亿人次，国内旅游收入达到5578亿元，分别恢复至2019年的70.9%和67.3%，高于全国平均水平。③ 未来，沪苏浙皖三省一市将统筹疫情防控和文旅行业复苏振兴，统筹规划，协同打造长三角地区文旅特色板块，以文旅一体化助力长三角地区高质量发展。

金融支撑长三角文化产业发展，文化金融互补合作为长三角文化产业发展赋能。长三角文化产业吸引投资能力强，2017~2019年，长三角地区文化产业各渠道合计流入资金高达2682.37亿元，占全国的比重为27.85%。④ 上海徐汇区与南京、杭州、宁波、绍兴、蚌埠五市建立长三角文化金融合作论坛，整合文化金融领域的经验，鼓励企业聚集要素资源，推进长三角文化金融产业蓬勃发展。长三角各地政府加强顶层设计，大力优化银行信贷服务，努力营造良好的融资氛围，金融与财政政策配合为文创企业融资风险化解提供保障，充分发挥财政资金的引导激励作用，吸引民营资本参与文化金融合作。

---

① 《2021年上海旅游行业发展现状分析：旅游产业增加值达1500.52亿元》，https://c.m.163.com/news/a/HB70LKT60552YGNW.html，最后访问日期：2022年9月18日。
② 《2021江苏文旅成绩单来了 靠前发力稳中求进 江苏推动文旅市场加快全面复苏》，https://baijiahao.baidu.com/s?id=1723123078284211619&wfr=spider&for=pc，最后访问日期：2022年9月18日。
③ 《安徽2021年接待游客5.8亿人次，旅游恢复高于全国平均水平》，http://wlj.hefei.gov.cn/wldt/hfwl/18210335.html，最后访问日期：2022年9月18日。
④ 《〈中国城市文化报告2018/2019（长三角卷）〉首发，长三角文化发展共同体"雏形显现"》，https://baijiahao.baidu.com/s?id=1683893402102922866&wfr=spider&for=pc，最后访问日期：2022年9月18日。

"文化和科技融合，既催生了新的文化业态、延伸了文化产业链，又集聚了大量创新人才，是朝阳产业，大有前途。"① 长三角地区文化和科技融合发展，5G、人工智能、大数据、区块链等科学技术深刻影响了长三角文化产业发展，推进文化产业一体化发展，吸引高等院校、研发机构、大量资本要素、创新创业人才、科技成果在长三角地区集聚。近年来，长三角地区出现了一大批"数字研发+文化创意"的重点文化企业，数字经济极大地开拓了文化消费的空间，推动了流量经济的增长，长三角先进的数字文化平台吸引了大量资金、人才、技术等要素在此实现价值的创造。

4. 会展经济拓宽更大的产业辐射范围

《2020年度中国城市会展业竞争力指数报告》显示，在4个直辖市中，上海凭借区位经济优势以及会展产业的全面发展，会展业竞争力指数远高于其他3个城市。在统计的10个副省级城市中，杭州、南京分列2020年城市会展业竞争力指数排名榜第三、第四位。在报告统计的111个地级市中，苏州和无锡2020年城市会展业竞争力表现亮眼，位列地级市会展业发展第一梯队，城市会展业竞争力指数高于其他城市，且得分在30分以上。大部分长三角地区的直辖市、计划单列市、副省级城市、省会城市和地级市，会展业竞争力都高于其他城市。

长三角会展产业发展为国内国际文化企业交流合作、收集信息、推广品牌、促成贸易提供了平台和窗口，会展业的发展刺激了餐饮、交通、旅游、住宿、购物等第三产业的消费，对区域内各城市文化产业有较强的财富效应和福利效应。人力资本、资金资源、信息技术通过会展业发展在长三角汇聚交融，会展经济对长三角文化产业的辐射带动作用初显。长三角三省一市通力协作、互相赋能，打造上海虹桥国际开放枢纽，围绕大交通、大会展、大商务三大功能，紧扣"一体化"和"高质量"两个关键，共建国际会展制度，加强各区域分工合作，推动长三角更高质量一体化发展，不断深化长三

---

① 《习近平在湖南考察时强调：在推动高质量发展上闯出新路子 谱写新时代中国特色社会主义湖南新篇章》，http://gs.people.com.cn/n2/2020/0919/c183342-34303445.html，最后访问日期：2022年9月2日。

角对外开放水平，持续增强长三角产业竞争力。

长三角国际文化产业博览会打破省级地域界限，包含报业、出版、广播、影视、网络视听、动漫游戏、创意设计、艺术品交易、文化装备、演艺娱乐等领域。长三角依托文博会平台，不断加强文化产业各领域合作，不断推动长三角文化产业更高质量、更高水平一体化发展。

5.数字文化产业开辟更新的业态模式

《2020长三角数字文化消费研究报告》显示，长三角城市群的数字文化指数以"又快又稳"的态势发展，长三角数字文化产业的规模、体量和增长速度都呈现出强劲势头。报告显示，长三角数字文化指数总量和区域数字文化指数增速在全国11大城市群中均位列榜首，长三角数字文化指数总量占全国总体的17.2%。超级城市上海领衔长三角数字文化产业发展，杭州、南京、苏州紧随其后，上海、杭州、南京、苏州共同构成长三角数字文化消费的四大中心，四大中心的数字文化指数总和约占长三角数字文化指数的50%。长三角一线、二线、三线城市的数字文化消费占比高达70%，长三角数字文化发展较为均衡。与珠三角、京津冀城市群相比，长三角城市群的数字文化发展更为均衡、一体化态势更为明显，长三角区域各城市的数字文化指数中位数和均值均低于珠三角和京津冀城市群的数字文化指数，并且离散程度也较低。

数字文化产业如今已成为推动城市产业高质量发展的新引擎。"数字+文化"融合发展可培育发展新业态，降低文化产业发展成本，提高文化产业核心竞争力，推动文化产业向更高水平发展。数字技术融入文化产业，形成新的数字文创业态，数字内容、动漫游戏、网络直播、数字出版等文化新业态将成为文化产业发展新动能和新的增长点。2020年前三季度，全国规模以上的文化及相关企业营业收入同比下降0.6%，但"互联网+文化"融合发展的文化新业态发展势如破竹，营业收入同比增长21.9%。[①] 2018年以来，三省一市开展5G先试先用联合行动，共同推动5G外场技术试验和5G

---

① 国家统计局。

网络布局,并联手保障网络信息安全。截至 2021 年 10 月,长三角地区已经建成 22.1 万个 5G 基站,约占全国总数的 26.9%,在工业互联网、车联网等重点领域创新应用示范项目超过 1000 个。[①] 此外,长三角多个城市将 VR 技术应用于博物馆中,多元化、多角度展现文物,增加文化体验维度;VR 技术应用于旅游中,可代替传统导游引导游客游览,创造旅游体验新模式,VR 技术与文化产业不断融合,将逐步形成发展势头迅猛的新兴文化产业。数字经济的发展对传统行业释放了极大的经济发展潜力,文化数字化发展改造提升传统业态,数字技术如今已成为推动长三角文化产业发展的重要动力,为全国提供了数字文化产业的先行示范经验。

6. 自贸区助力更大范围的对外开放

2020 年,国务院印发《中国(安徽)自由贸易试验区总体方案》和《中国(浙江)自由贸易试验区扩展区域方案》,长三角三省一市实现自贸区全覆盖,区域一体化发展有望迈上新台阶。长三角是我国自贸区最为集中的地区,四个自贸区发展特色鲜明、功能定位清晰。三省一市自贸区协同共建长三角自贸试验区联盟,深入推进长三角一体化发展,进一步推动自贸试验区深化改革,打破区域间阻碍要素流动的壁垒,冲破行政边界的约束,实现长三角一体化高质量发展。

长三角自贸区将发挥长三角地区的对外开放引领作用,进一步拓展投资贸易网络,推动长江经济带发展,全面提升长江经济带开放型经济水平。长三角自贸区将成为对外开放的重要平台,依托长三角地区产业基础、基础设施、人力资本等优势,吸引更多以市场为导向的外部企业将高附加值环节转移到长三角地区,利于主动融入"一带一路"倡议,推动要素资源在全球范围内流动,形成分工明确、协同共建的区域协调发展新格局。自贸区建设进一步深化文化市场对外开放水平,自贸区凭借其特有的市场开放标准,为中外文化合作交流搭建了重要桥梁,扩宽了国际优质资本和经验进入文化产业的渠道。

---

① 《长三角地区累计建成 5G 基站 22.1 万个 占全国总量的 26.9%》,https://m.gmw.cn/baijia/2021-10/25/1302651806.html,最后访问日期:2022 年 9 月 18 日。

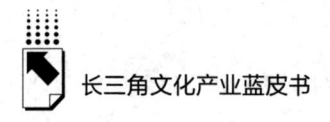

参考文献

陈柳、于明超、刘志彪，2009，《长三角的区域文化融合与经济一体化》，《中国软科学》第 11 期，第 53~63 页。

陈雯、兰明昊、孙伟、刘伟、刘崇刚，2022，《长三角一体化高质量发展：内涵、现状及对策》，《自然资源学报》第 6 期，第 1403~1412 页。

国家统计局社会科技和文化产业统计司、中宣部文化体制改革和发展办公室编，2021，《中国文化及相关产业统计年鉴（2021）》，中国统计出版社。

韩鑫，2022，《长三角一体化发展不断取得新成效》，《人民日报》9 月 19 日，第 1 版。

胡慧源、李叶，2022，《长三角文化产业集群一体化发展：现实瓶颈、动力机制与推进路径》，《现代经济探讨》第 9 期，第 117~123 页。

孟歆迪、苏雁、曾毅、常河、陆健、刘已粲，2022，《长三角一体化发展一直在加速》，《光明日报》8 月 19 日，第 3 版。

隗斌贤，2016，《"一带一路"文化先行》，《浙江日报》3 月 31 日，第 15 版。

张旭，2015，《关于碳货币理论研究的述评》，《经济学家》第 2 期，第 91~98 页。

周锦，2022，《长三角一体化战略、文旅融合与产业结构升级》，《现代经济探讨》第 9 期，第 107~116 页。

周锦、顾江，2021，《城市群文化产业一体化发展的机理、绩效与路径——长三角、京津冀和珠三角的比较分析》，《江海学刊》第 3 期，第 92~97 页。

Abstract

At present, cultural factors are playing an increasingly prominent role in economic competition. Cultural industry is a new growth pole with great development potential and space under the background of new normal economic development. The active development of cultural industry is of great significance to enhance regional comprehensive competitiveness. The Yangtze River Delta region has active economic development, high degree of openness and strong innovation ability. Its cultural industry development is closely integrated with the market economy, and it has good internal conditions and external environment.

Report on the Development of Cultural Industry of the Yangtze River Delta Region (hereinafter referred to as the Report) analyzes the development status and trend of cultural industry and its related industries in the Yangtze River Delta region based on authoritative statistical data over the years. This report is divided into three sections. The general report objectively describes the current situation and characteristics of the development of cultural industries in the Yangtze River Delta from the dimensions of cultural industry scale, cultural consumption, cultural enterprises, industrial parks, and the development of cultural sub-industries, and puts forward ideas and suggestions on the high-quality development of the cultural industry in the future from the perspectives of innovation-driven development, overall sustainable development, building a cultural community and playing a key role of the government; The industry report respectively elaborated the development status of publishing, animation, film, advertisement and music industries in the Yangtze River Delta region, as well as the problems and shortcomings faced by the development; The special report mainly analyzes the development status of the cultural industries with Jiangnan characteristics, and puts forward targeted development suggestions, in order to provide beneficial theoretical reference and intellectual support for the high-quality development of characteristic cultural industries. The Report focuses on the pain points and highlights of various categories of cultural industry in the transformation and development, and is committed to serving the government's decision-making, providing research reference for scholars, helping enterprises grasp the industry dynamics, cooperating with the efforts of industry, education and research, and boosting the development of cultural industry in the Yangtze River Delta region to a new level.

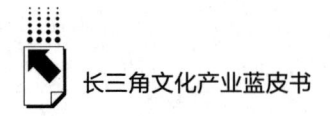

According to the Report, as new technologies and new business pattern continue to promote the transformation and upgrading of the cultural market, only by promoting the quality and upgrading of the cultural industry through innovation, making market subjects bigger and stronger, cultivating cultural talents and activating cultural consumption can the development of the cultural industry in the Yangtze River Delta seize the opportunity and form a joint force for the high-quality development of the cultural industry. In addition, it will promote the co-development of cultural industries in the Yangtze River Delta, constantly enhance people's sense of cultural acquisition and happiness with high-level cultural supply, and build a socialist modern cultural industry system.

Keywords: Yangtze River Delta; Cultural Industry; Cultural Enterprises

Contents

Ⅰ The General Report

B.1 General Report on the Development of Cultural Industry in the Yangtze River Delta

Wang Xuecheng, Chen Zhishan / 001

Abstract: During the 14th Five-year Plan period, China entered the new development stage. The cultural industry will be deeply integrated into the national economic system and play a greater role in promoting economic development. By analyzing the development data of culture and related industries in the Yangtze River Delta, the development of cultural industry in Yangtze River Delta has the following opportunities and advantages. For example, the competitive advantage is further strengthened, the digital culture industry enjoys a strong momentum of development, the aggregation effect of cultural industries is strengthened, science and technology drives the development of cultural industry, the cultural industry is rich in development elements, cooperation between cultural industries has deepened and the security system creates a favorable environment for the market. At the same time, the industrial development of the Yangtze River Delta is faced with the problems of the development of cultural industry is homogenized and simplified, the development of the cultural industry is unbalanced, the low correlation of the cultural industry and the mechanism of cultural industry is backward. In the future, we should promote the sustainable development of

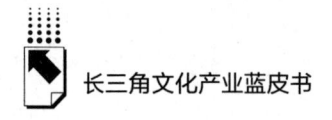

Jiangnan culture mainly by protecting and inheriting culture, formulate the development framework of the cultural industry by the government in order to promote the orderly development of the cultural industry in the Yangtze River Delta, upgrade the cultural industry of Yangtze River Delta through independent innovation and adjust the structure of cultural industry to promote the formation of the Yangtze River Delta regional cultural development community. Finally, these measures will promote the symbiotic development of cultural industries in the Yangtze River Delta and constitute the cultural industry system of socialist modernization.

Keywords: Yangtze River Delta; Cultural Industry; Jiangnan Culture

Ⅱ　The Industry Reports

B.2 Report on the Development of Publishing Industry in the Yangtze River Delta　　　　　*Qiao Rui* / 038

Abstract: Due to the advantages of the level of economic development, openness and ability to innovate, the Yangtze River Delta region is one of the most developed regions in China's publishing industry for a long time. With the integration of the Yangtze River Delta rising to a major national strategy, the development of the publishing industry in this region has ushered in a new round of opportunities and challenges. In this context, we carries out diachronic and cross-regional comparative analysis of the overall scale, subdivision business, market entities and other core indicators of the development of the publishing industry in three provinces and one city of Yangtze River Delta from 2016 to 2021. And we also concentrate on a number of key events, key areas and future development trends of the publishing industry in Yangtze River Delta region. Our aim is to provide enlightenment for the high-quality development of China's publishing industry.

Keywords: Yangtze River Delta; Publishing Industry; Integrated Development; Digital Publishing

B.3 Report on the Development of Animation Industry
in the Yangtze River Delta　　*Chen Hong, Yang Haochen* / 093

Abstract: This paper focuses on the development of the animation industry in the integrated regional development of the Yangtze River Delta, briefly analyzes the industrial policy background, and analyzes the current development situation of the industry from the dimensions of the overall development pattern, industrial chain pattern and industrial competitiveness, in order to reveal the current development characteristics of the animation industry in the Yangtze River Delta region. On this basis, we discuss the development prospect of animation industry in Yangtze River Delta based on the future direction of inter-regional synergistic development.

Keywords: Yangtze River Delta; Animation Industry; Industrial Policy

B.4 Report on the Development of Radio and Television
Industry in the Yangtze River Delta
　　　　　　　　　　　　　　　Zhou Xiaohong, Sun Luhan / 123

Abstract: In the context of the the integrated regional development of the Yangtze River Delta, Shanghai, Jiangsu, Zhejiang and Anhui have given full play to their respective advantages, grasped the key nodes and market new forms of business, and combined the new technology with the radio and television industry. They steadily promoted radio and television public services, improved the quantity and quality of content, gradually they've broken the regional boundaries, showing a center, multi - core market pattern. In the future, the technological innovation of the Yangtze River Delta region will be further integrated, the advantages of content production will continue to emerge, and the level of cooperation and integration will also continue to advance. Against the backdrop of the COVID-19 epidemic, the three provinces and one city still need to continue to explore new market formats such as MCN, and innovate new revenue generating methods such as precise content delivery with big data.

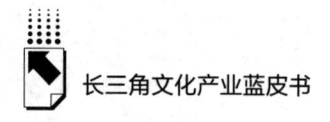

Keywords: Yangtze River Delta Integration; Radio and Television Industry; Convergence Media

B.5 Report on the Development of Advertising Industry in the Yangtze River Delta *Jiang Shiping, Tan Rong* / 148

Abstract: Influenced by the advertising policy and the economic development of the cities themselves, the advertising enterprises in the Yangtze River Delta are mainly concentrated in the central part of the Yangtze River Delta, and the distribution of quantity shows the state of "one line and more points". The development of the advertising industry in the Yangtze River Delta is characterized by large advertising enterprises driving small enterprises, the combination of "importing" and "going out", and the promotion of the advertising industry through exhibitions and digitalization. The advertising industry in the Yangtze River Delta is developing synergistically through diversified integration, parkization, and deep integration of science and technology innovation and industry, breaking the original geographical distribution pattern and advancing to the overall advertising industry cluster, which will promote the advertising industry in the Yangtze River Delta to move toward higher quality integrated development.

Keywords: Yangtze River Delta; Advertising Industry; Industry Cluster

B.6 Report on the Development of the Film Industry in the Yangtze River Delta
Wang Xuecheng, Lan Tianning and Zhang Junjie / 171

Abstract: This report starts with the policy environment of the film industry in the Yangtze River Delta region (Shanghai, Jiangsu, Zhejiang, and Anhui) and discusses the current situation of the film industry in the Yangtze River Delta region in detail. Then we turns to the structure and market behavior of the film industry in the Yangtze River Delta, analyzing representative films and listed film companies. Finally, from the perspective of the industry chain, we analyze the general situation of the Yangtze River Delta film industry, its characteristics and highlights, and the room for improvement, and provide relevant opinions and possible trends for the future development of the Yangtze River Delta film industry.

Keywords: Film Industry of Yangtze River Delta; Market Structure; Industry Chain

B.7 Report on the Development of Music Industry in the Yangtze River Delta *You Chunjie, Zhang Yu* / 194

Abstract: This paper focuses on the development status and trends of the music industry under the national strategy of the Yangtze River Delta integration, analyzes the current situation of the music industry in the Yangtze River Delta region and its formation causes from the macro policies of the music industry and the current situation of the industry. Through the macro survey and micro analysis of the music industry in the Yangtze River Delta region, the paper outlines the characteristics and shortcomings of the development of the music industry in the Yangtze River Delta region, and offers thoughts and suggestions on the development of the music industry in the Yangtze River Delta from the perspective of the national strategy.

Keywords: Yangtze River Delta; Music Industry; Digital Music

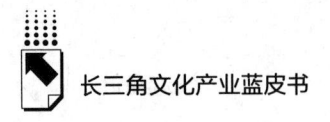

III The Special Reports

B.8 Research on Cultural Industry Integration
in the Yangtze River Delta *Wu Shufeng, Yang Yuqing / 219*

Abstract: This paper selects the Yangtze River Delta region as the research object. First, it analyzes the relationship between creative cities and space production in the past, and sorts out the relevant policies at the central and local government levels. On this basis, the development background of the cultural and creative industry agglomeration area in the Yangtze River Delta is introduced. Then, it summarizes the situation of enterprises in the cultural and creative industry parks in the Yangtze River Delta, and describes the distribution of cultural creativity in the industrial agglomeration area to explore the impact of changes in spatial production on urban transformation, including urban renewal. Finally, this paper takes the cultural and creative industry agglomeration area of three provinces and one city in the Yangtze River Delta as a case, summarizes and analyzes the agglomeration development model of the relevant industrial chain, and puts forward suggestions for further promoting the agglomeration development of cultural and creative industries under the new development model.

Keywords: Cultural and Creative Industry; Agglomeration Area; Space Production

B.9 The Research on the Reservation and Development
of the Offline Bookstores in Shanghai *Sun Zhe / 238*

Abstract: Along with the development of online economy, there are different paths of transformation for offline bookstores. Based on the field study on the 30 concrete bookstores in Shanghai, this paper illustrates their culture typology through and three paths of transformations, which are composed management, functioned public space and specialized content supply. These facts suggest the offline bookstore could gain a better reservation and development through more policy support, higher service quality as well as featured culture content.

Keywords: Shanghai ; Offline Bookstores; Cultural Industry

B.10 Study on the Industrialization Development of Shanghai Red Culture Tourism *You Chunjie, Zhou Hongyu* / 258

Abstract: Since 2004, the scale of Shanghai red tourism development has been continuously expended, including system improved and political efforts and economic benefits, playing an important role in building a modern socialist international metropolis and a high-quality world-famous tourism city. As the birthplace of the Communist Party of China, Shanghai seize the opportunity of the centenary and launched a series of red tourism development guidance, by promoting the high-quality development of red tourism to constantly drive the process of cultural tourism integration, improve the comprehensive level of the development of regional tourism. Building Shanghai into a world-famous tourist city in the new era can not be separated from the sustainable and healthy development of red culture and red tourism.

Keywords: Shanghai ; Red Culture; Red Tourism; Industrialization Development

B.11 Report on the Integration of Cultural Industry in the Yangtze River Delta *Wang Xuecheng, Che Lijuan* / 275

Abstract: The Yangtze River Delta region is the implementation site of regional integration strategy and the construction of "One Belt, One Road", and undertakes many national strategies and political missions. In the current context, the integrated construction of Yangtze River Delta ushers in a major opportunity period, and the integrated development of cultural industry is an important component of the integrated development of Yangtze River Delta region, which greatly affects the quality of the overall economic development of the region. This paper analyzes the necessity, advantageous conditions, strategic opportunities and development trend of the integration of cultural industries in the Yangtze River Delta based on the integration background, and deeply recognizes the economic benefits and social significance of the integrated development of cultural industries in the Yangtze River Delta.

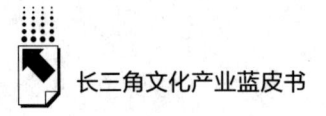

Keywords: Yangtze River Delta Region; Cultural Industries; Regional Integration

权威报告・连续出版・独家资源

皮书数据库
ANNUAL REPORT(YEARBOOK) DATABASE

分析解读当下中国发展变迁的高端智库平台

所获荣誉

- 2020年，入选全国新闻出版深度融合发展创新案例
- 2019年，入选国家新闻出版署数字出版精品遴选推荐计划
- 2016年，入选"十三五"国家重点电子出版物出版规划骨干工程
- 2013年，荣获"中国出版政府奖・网络出版物奖"提名奖
- 连续多年荣获中国数字出版博览会"数字出版・优秀品牌"奖

皮书数据库　"社科数托邦"微信公众号

成为会员

登录网址www.pishu.com.cn访问皮书数据库网站或下载皮书数据库APP，通过手机号码验证或邮箱验证即可成为皮书数据库会员。

会员福利

- 已注册用户购书后可免费获赠100元皮书数据库充值卡。刮开充值卡涂层获取充值密码，登录并进入"会员中心"—"在线充值"—"充值卡充值"，充值成功即可购买和查看数据库内容。
- 会员福利最终解释权归社会科学文献出版社所有。

数据库服务热线：400-008-6695
数据库服务QQ：2475522410
数据库服务邮箱：database@ssap.cn
图书销售热线：010-59367070/7028
图书服务QQ：1265056568
图书服务邮箱：duzhe@ssap.cn

社会科学文献出版社　皮书系列
卡号：256833232437
密码：

S 基本子库
SUB DATABASE

中国社会发展数据库（下设 12 个专题子库）

紧扣人口、政治、外交、法律、教育、医疗卫生、资源环境等 12 个社会发展领域的前沿和热点，全面整合专业著作、智库报告、学术资讯、调研数据等类型资源，帮助用户追踪中国社会发展动态、研究社会发展战略与政策、了解社会热点问题、分析社会发展趋势。

中国经济发展数据库（下设 12 专题子库）

内容涵盖宏观经济、产业经济、工业经济、农业经济、财政金融、房地产经济、城市经济、商业贸易等 12 个重点经济领域，为把握经济运行态势、洞察经济发展规律、研判经济发展趋势、进行经济调控决策提供参考和依据。

中国行业发展数据库（下设 17 个专题子库）

以中国国民经济行业分类为依据，覆盖金融业、旅游业、交通运输业、能源矿产业、制造业等 100 多个行业，跟踪分析国民经济相关行业市场运行状况和政策导向，汇集行业发展前沿资讯，为投资、从业及各种经济决策提供理论支撑和实践指导。

中国区域发展数据库（下设 4 个专题子库）

对中国特定区域内的经济、社会、文化等领域现状与发展情况进行深度分析和预测，涉及省级行政区、城市群、城市、农村等不同维度，研究层级至县及县以下行政区，为学者研究地方经济社会宏观态势、经验模式、发展案例提供支撑，为地方政府决策提供参考。

中国文化传媒数据库（下设 18 个专题子库）

内容覆盖文化产业、新闻传播、电影娱乐、文学艺术、群众文化、图书情报等 18 个重点研究领域，聚焦文化传媒领域发展前沿、热点话题、行业实践，服务用户的教学科研、文化投资、企业规划等需要。

世界经济与国际关系数据库（下设 6 个专题子库）

整合世界经济、国际政治、世界文化与科技、全球性问题、国际组织与国际法、区域研究 6 大领域研究成果，对世界经济形势、国际形势进行连续性深度分析，对年度热点问题进行专题解读，为研判全球发展趋势提供事实和数据支持。

法律声明

"皮书系列"（含蓝皮书、绿皮书、黄皮书）之品牌由社会科学文献出版社最早使用并持续至今，现已被中国图书行业所熟知。"皮书系列"的相关商标已在国家商标管理部门商标局注册，包括但不限于LOGO（ ）、皮书、Pishu、经济蓝皮书、社会蓝皮书等。"皮书系列"图书的注册商标专用权及封面设计、版式设计的著作权均为社会科学文献出版社所有。未经社会科学文献出版社书面授权许可，任何使用与"皮书系列"图书注册商标、封面设计、版式设计相同或者近似的文字、图形或其组合的行为均系侵权行为。

经作者授权，本书的专有出版权及信息网络传播权等为社会科学文献出版社享有。未经社会科学文献出版社书面授权许可，任何就本书内容的复制、发行或以数字形式进行网络传播的行为均系侵权行为。

社会科学文献出版社将通过法律途径追究上述侵权行为的法律责任，维护自身合法权益。

欢迎社会各界人士对侵犯社会科学文献出版社上述权利的侵权行为进行举报。电话：010-59367121，电子邮箱：fawubu@ssap.cn。

社会科学文献出版社